元宇宙大投资

焦娟 易欢欢 毛永丰·著

Metaverse

中国出版集团
中译出版社

图书在版编目（CIP）数据

元宇宙大投资 / 焦娟, 易欢欢, 毛永丰著. -- 北京：中译出版社, 2022.1
ISBN 978-7-5001-6787-7

Ⅰ.①元… Ⅱ.①焦… ②易… ③毛… Ⅲ.①信息经济—资本投资 Ⅳ.① F830.59

中国版本图书馆 CIP 数据核字（2021）第 220973 号

元宇宙大投资

著　　者：	焦 娟　易欢欢　毛永丰
策划编辑：	于 宇　刘香玲　张 旭　薛 宇
责任编辑：	于 宇　刘香玲　张 旭
文字编辑：	薛 宇　方荟文　龙彬彬　黄秋思　华楠楠
	李梦琳　赵浠彤　张莞嘉　张程程
营销编辑：	张 晴　吴一凡　杨 菲　顾 问　毕竞方
出版发行：	中译出版社
地　　址：	北京市西城区车公庄大街甲 4 号物华大厦六层
电　　话：	（010）68359827；68359303（发行部）；
	68005858；68002494（编辑部）
邮　　编：	100044
电子邮箱：	book@ctph.com.cn
网　　址：	http：//www.ctph.com.cn
印　　刷：	北京顶佳世纪印刷有限公司
经　　销：	新华书店
规　　格：	787mm×1092mm　1/16
印　　张：	26.5
字　　数：	302 千字
版　　次：	2022 年 1 月第 1 版
印　　次：	2022 年 1 月第 1 次印刷

ISBN 978-7-5001-6787-7　　　　定价：78.00 元

版权所有　侵权必究

中　译　出　版　社

编写委员会

白梓余　刁心玉　方　向　冯静静　焦　娟　李诣然
凌润东　刘子琪　毛永丰　聂凯旋　申　健　沈　琤
王晶晶　邢　杰　徐远重　严诚幸　易欢欢　余　晨
袁先智　张文明　赵国栋　赵旻灏　曾　途　朱　阳
王利慧

序一

进入互联网时代以来,新概念眼花缭乱,新事物层出不穷。最近火起来的概念叫"元宇宙",最新的消息是脸书(Facebook)改名为Meta。作为英文前缀词,Meta通常表达两个意思:一个是"变化"或"改变",另一个是"位于"或"超出",也可译为"元"。根据扎克伯格的说法,人类正在进入一个新时代,正处于"互联网下一个篇章的开端"。互联网不仅可听、可视、可移动,未来还可浸入,可在实体化的互联网中亲身体验和参与。他把重构下的移动互联网称作为"元宇宙"(Metaverse)。

对于生于互联网时代的新新人类来说,这无疑是一个令人兴奋的消息,他们迫不及待地希望看到新的硬件入口、新的虚拟世界、新的人生体验。为此,勇于攀登前沿的科技界和追逐风口的全球资本巨头们也争先恐后、积极参与、乐此不疲。"元宇宙"概念的产生使得重构一切的力量势不可当。

现实中,"元宇宙"概念的边界也在不断扩大,它不仅是社交应用互联网的下一站,也开始被应用到其他领域,包括企业元宇宙、城市元宇宙、国际全宇宙等,甚至也出现了"元宇宙金融学""元宇宙生命科学""元宇宙军事学"等理论,真是琳琅满目、五彩缤纷、眼花缭乱。

我不是追逐新概念的人，但我一直支持年轻人对新生事物的追逐和尝试，哪怕最终结果是失败的。尤其在北大，创新是一种文化，是一种精神。正如鲁迅先生所说，"北大是常为新的，改进的运动的先锋"。所以，当北大校友易欢欢和焦娟找我替他们的新书写序时，我同意了。这并不意味着我对这一行业的熟悉，更多的是我对他们追逐前沿的支持。

这本书从投资的视角，剖析元宇宙的本质、历史观、终局，是经典的科班式手笔，大胆前瞻又严谨细致，呈现研究的高度，也给予了缜密的投资脉络（六大投资板块、三大发展阶段、计算文明 85 年的回溯、全球 20 个经典案例、推演各版图未来竞争格局、中国的弯道超车之处）。本书告诉读者，在三个阶段中，每个阶段如何选择标的；在六大版图中，哪些是中国特有的投资机遇进而可以下重注。元宇宙在全球均处于发轫阶段，这本书试图建立起投资框架与研究脉络，不愧有海阔天空的想象力和脚踏实地的执行力。

焦娟是北大汇丰商学院 2008 级研究生，易欢欢是北大优秀的金融界校友，很欣慰他们能在元宇宙的领域建立起独特的影响力，也衷心希望在元宇宙时代里，孕育出更多、更伟大的公司，创造出更美好的未来。

海闻

北京大学汇丰商学院创院院长

二〇二一年十一月　于深圳

序二

移动互联网的下一代：全真互联网

（2020 年马化腾《三观》撰文）

不管时代怎么改变，在商业世界里有一些基础的原则是不会变的，比如说为用户创造价值，去一线发现问题。

腾讯已经走过了 22 年的历程，我们积累了自己的企业文化。我也常常思考什么是"腾讯人"最基础的素质？不管是对人，还是公司，重大挑战时刻的选择，往往最能凸显你真正的价值观和最朴素的信仰。2020 年无疑是充满挑战的一年。在这一年，我们为新冠肺炎疫情和国际局势的变化担忧，也为公司上下在面对挑战时展现出的团结协作、坚韧担当感到欣慰。从 2020 年年初疫情在武汉和全球各地暴发，中美关系不断恶化，8 月微信在美国被卷入争端，各种不确定性前所未有地加大，行业格局也发生了很大变化，新的独角兽，从几十亿、几百亿到几千亿美元的公司迅速成长起来。

在互联网这个快速迭代的行业，企业的发展只有进行时，没有完成时。作为一家 22 岁的公司，我们如何继续成长，回顾过去这特殊的一年，我有一些感悟。

今年冲到亿级用户的腾讯会议，是从开会投屏这个最简单的内部需求入手的，经过两三年时间打磨成型。张小龙他们当时做 QQ 邮箱时，包括我在内，团队都把 QQ 邮箱变成了自己的工作邮箱。用户需求复杂多变，有时用户自己很难清楚地表达到底需要什么。所以往内看，把自己当成用户是一个很好的方法。真正重要的需求是有共性的。我们最早做即时通信时，判断一个功能好还是不好，用户喜不喜欢，都会问自己：这个是不是实用，是不是好用，是不是容易用？我们以一种用户的心态去本能地捕捉用户价值，不是基于理性，而是本能。就是这样一个简单的做法，朴素、直接、有效。

腾讯广告数据管理平台（DMP）今年经历了大规模重组，数据团队走到一线，和投手（在客户企业负责操作平台广告投放的人——编者注）直接沟通后才理解了客户的痛点，并以此为起点，开始了后台系统的改造。

过去工程师很少走到前台与客户接触，但在数字化过程中，从消费互联网到产业互联网，各行各业都在发生深刻的变化，甚至工作的流程、生意的逻辑、行业生态都在发生剧变。广告、内容领域已全面转向数据驱动，金融、零售、教育、医疗的变革也已开始。技术正在全链条地重塑产业生态的每一个环节，从生产制造到物流营销。对于新的技术趋势的理解需要跨部门、跨公司、跨领域的协作，环环相扣，步步衔接。这是一个共同进化的过程，如同生物进化一样，每一个个体的选择将影响到最终演化的路径。反应的速度也是影响的关键因素。在这样的变革面前，无论"to B"还是"to C"，每个人都要打破传统的界限，尽可能去一线寻找解决问题的方法与思路，才能重新定位，更快到达下一个路标。

今年是公司成立的 22 周年，也是深圳经济特区建立 40 周年。站在这个节点，能够更真切地感受到我们与这座城市、与国家命运的同频共振。公司在成长过程中，经历过几次大的跨越。22年前，公司在赛格园区办公室起步时，一无所有，最艰难的时候连服务器都买不起。但我们一直有一种敢拼敢闯、不服输的精神，一路从即时通信拓展到内容服务更多领域，从PC时代走到移动互联网时代，这两年又深耕产业互联网，不断打开了新的空间和战场。在企业的成长中有一些关键机会，跨过去能飞得更远，跨不过去会掉队，甚至倒下。

现在，一个令人兴奋的机会正在到来，移动互联网十年发展，即将迎来下一波升级，我们称之为"全真互联网"。从实时通信到音视频等一系列基础技术已经准备好，计算能力快速提升，推动信息接触、人机交互的模式发生更丰富的变化。这是一个从量变到质变的过程，它意味着线上线下的一体化，实体和电子方式的融合。虚拟世界和真实世界的大门已经打开，无论是从虚到实，还是由实入虚，都在致力于帮助用户实现更真实的体验。从消费互联网到产业互联网，应用场景也已打开。通信、社交在视频化，视频会议、直播崛起，游戏也在云化。随着VR等新技术、新的硬件和软件在各种不同场景的推动，我相信又一场大洗牌即将开始。就像移动互联网转型一样，上不了船的人将逐渐落伍。

长期来看，如何应对内外各种挑战，把握关键机会？外部环境很难左右，关键还在于发展自己的能力。在《基业长青》中，詹姆斯·柯林斯推崇那些更注重自我改进，而不是把对手当作最终目标的公司。对我们而言也是如此，在这个黑天鹅满天飞的时代，我们更需要目光向内。从这本年刊里，我们可以看到公司不同团队的努力方向，都聚焦在打造科技与文化的基础实力上，在不同领域践行公司"正直、进取、协作、创造"的价值观。企业就像一个火车头，在路上需要有人不断贡献，才能推动火车不断前进。在我们的价值观里，正直是最基本的。正直是一种信仰，正直也是规则和底线。我们坚持正直，是因为相信这样做是好的、对的，不是为了"成功"。当然，不能剥夺我们坚持正直、纯粹也能成功的机会，尽管可能会更难一些。对正直的坚持，吸引了一批秉持同样价值观的同路人，也帮助我们自省、反思与向善，这是腾讯一路走来的基石。

虽然外部困难和变化在常态化，我们要以正为本，迎难而上。在疫情中，我们全体总动员，在科技向善的使命感召下，跨越障碍、同心战疫，与很多国内外合作伙伴、机构结下生死之交，也让我们更加坚定了我们的选择。六年前，我们提出，腾讯要做连接器，不仅要把人连接起来，也要把服务与设备连接起来。新冠肺炎疫情期间的特殊经历让我们更进一步认识到连接的价值，一切的技术最终都要服务于人。继续深化人与人的连接、服务与服务的连接，让连接创造价值，这是我们不断进化的方向。

自序一

元宇宙的本质、历史观、终局

本书为《元宇宙》系列的第三本书,沿袭前两本书的框架体系,聚焦元宇宙投资。

从投资角度,我们首先定义了元宇宙——囊括现实物理世界、数字化 everything 的虚拟集合。基于这一定义,我们认为元宇宙投资,首先要清楚两点:一是元宇宙并非与现实物理世界割裂或并列的虚拟世界,而是囊括了物理世界的更大集合;二是区块链与 NFT(非同质化代币)是支撑元宇宙经济体系运行的核心。按照本套书前两本的价值链图谱,我们提炼出投资视角下的六大版图——硬件及操作系统、后端基建、底层架构、人工智能(核心生产要素)、内容与场景、协同方。参照游戏行业二十年的发展史,我们选取其关键节点,截取了关键十年的迭代史,以此去映射元宇宙的十年投资赛道,回归出三个投资阶段。

接棒互联网这一先进生产力的工具作用,我们总结出元宇宙的本质——所有感官体验的数字化,元宇宙作用于人有三个维度,即时间、空间、体验;结合元宇宙的定义及本质,统领元宇宙投资须紧密围绕且协力于"所见即所得"。所见即所得有两层含义:一是元宇宙中人的感官体验高度仿真,所见即能体验到,所体验到等同于所具有/所得到；二是元宇宙中的所有体验，都能与现实世界互通。

根据前两本书回溯的通信、计算机、互联网的85年历史，从电报、电话到计算机、手机，信号、信息、数字的传输效率是空间、也是时间的含义；从文字、声音、图片、视频、直播的视听体验，到未来的部分、所有感官体验，元宇宙展示了第三次计算文明的一种范式——继信息化走向了数字化后，数字化必将走向智能化，故元宇宙不仅是面向普通用户（to C），而且面向企业、城市等，企业元宇宙、城市元宇宙均是元宇宙的子集。从这个角度来看，元宇宙会成为充满活力与生产力的全球经济活动新蓄水池，物联网是元宇宙的副产品。硬件将是巨头们的兵家必争之地——智能化必须要实时产生的数据，没有硬件哪来数据？元宇宙的投资必须升维，可以借鉴互联网独角兽的围猎经验，但更多是基于交互、算力、应用、内容等的重构。

我们也大胆推演了元宇宙的终局——生物与数字的融合：人作为用户的需求是"扩大世界观"，科技的进化需求指向了"数字化everything"，生物与数字融合衍生出的数据智能有望继基因变异及文化后成为第三条递归改善路径——数据智能增强人类，人机协同在中外的科技前沿都落座于生物智能与数字智力的合并、生物特征与数字信息的融合。终局思维是元宇宙投资的终极指南，以终为始，则为元宇宙投资的一开始就奠定的大格局、宽视野。

元宇宙扩大了人的世界观，扩展了物理城市的尺寸与增长空间的蓝图，吸引了全球巨头们跑步入场。纵观全球巨头们的排兵布阵图（20个案例），元宇宙的中国版本则更值得期待——中国文化土壤（庄生晓梦、黄粱一梦、凉州梦、《红楼梦》《夏洛特烦恼》《你好，李焕英》）着眼于扩大人的世界观后，修正价值观进而改变人生观，较国外（《头号玩家》《盗梦空间》）更有价值。国内企业元宇宙方向上的阵列前行图（六大版图上的 N 家中国企业），也是中国高端制造、智力资源的弯道超车迭代回归图。

在科技投资趋势中，元宇宙是未来二十年最宏大的全球叙事，我们推演了六大投资版图的未来格局。竞争格局决定了如何下重注——是围猎独角兽，还是广泛且均等下注？是长期持有，还是阶段性轮动？

此时此刻，我正在去北京出差的路上，出发之前我叮嘱上二年级的宝宝认真完成未来几天的作业，托付我父母每天照顾他并检查他的作业细节。我在两个维度的时空投放的"努力"，本质、历史观、终局均是三代人共同向往的美好生活，也映射了科技应该有的本质、历史观、终局——科技向善。我们强烈呼吁在元宇宙如火如荼的当下，无论中外、大小，各入局方（产业资本、金融资本）均须前置"科技向善"，并给出"科技向善"的第一公式：$y=f(x)$，$x=$用户时长。如何善待用户基于信任所放置的使用时长，在碳中和、共同富裕、人类命运共同体的今天，尤为重要。

服务于元宇宙投资，我们创新性地构建了元宇宙时代的价值评级，并整理出元宇宙全球英雄榜，以飨读者。

焦娟

2021 年 11 月 5 日

自序二

元宇宙：投资全球大浪潮

元宇宙是从物理世界通过各种信息和技术手段，形成的一个非常庞大的虚拟世界，且自身内部还在不断演绎和进化。在过去，参与者是一个个单独的人；在未来，元宇宙中会产生各种各样的信息人、智能人，而且这些人会进一步影响到物理世界，形成一个虚实共生的形态。

随着脸书（Facebook）收购Oculus，微软（Microsoft）收购Altspace，元宇宙的雏形逐步显现，在虚拟现实的大趋势下，图形引擎变得愈加关键与重要。但近年来技术的迭代速度不及预期，直到2021年初，Facebook收购的Oculus推出了划时代产品——Quest2，使得整个市场上产品的价格门槛下降至2 000元左右，并且具备大量丰富的应用与场景。同时，腾讯在面临第一增长曲线的压力下，提出了"全真互联网"的概念，试图寻找第二个增长曲线。由此看出，全球的巨头公司都逐渐开始关注现实虚拟技术（Virtual Reality，VR）、增强现实技术（Augmented Reality，AR）以及元宇宙。

在经过对全球每家公司的软件产品进展情况进行全面扫描之后，我们可以得到一个重要的结论：Oculus的销量只要突破了1 000万台的临界点，到2022年的销量则可能是3 000万台甚至是5 000万台，而这只是 Facebook 一家公司，待其他竞争对手入局之后，就有可能变成一个宇宙的大爆发。

元宇宙是值得未来 10—20 年全部押进（All in）的赛道。按 Facebook 的讲法，它相当于是下一代互联网所延伸的一个最重要的形态。它把二维的互联网变成三维，使其变得立体，而且可以实现多维化，用户可以在不同宇宙中来回穿梭，这其中所带来的影响是非常大的，相较以前是颠覆级的。同时，在元宇宙发展的过程中，人们会逐渐形成一个新的共识，相当于一个很长的"雪道"，在未来不断进步和完善的 50 年"雪道"上，将会出现大量的投资机会。但是，元宇宙的奇点就像宇宙大爆发的那样，各种因素结合在一起，压强在不断加大，到了某一个时间点，突然间爆发，这个是最重要、最关键的时刻。目前，我们看到接入技术、区块链技术等已经逐步成熟，在这个时间点里，系统性的描述是非常重要的。现在，不管是做云计算、网络、互联网的公司，还是大平台公司、小创业公司，都对元宇宙非常感兴趣，形成了一个非常广泛的共识，元宇宙未来将会变成一个深入人心的概念。

元宇宙的发展可以分为三个阶段：第一个是物理世界到虚拟世界；第二个是虚拟世界影响物理世界；第三个则是虚实共生。每个阶段可能都需要 10 年的时间来完成，而这三个阶段的变化不是一蹴而就的。就像宇宙大爆发，虽然我们看到的是第一天绚丽过程，但在之前就已经有了大量的加温，有一个量变到质变的过程。我们现在每天都使用的微信，其实都只是一个初步元宇宙的基础和雏形。在元宇宙的发展期间，可能会出现四家平台级的公司，分别是美国的 Facebook、中国的字节跳动和腾讯、俄罗斯的以太坊（Ethereum），其中以太坊的确定性会相对更高一些。在产业链中，硬件、引擎、核心计算平台、游戏引擎均对元宇宙十分重要，只要抓对时机，便可能带来很大的收益。在区块链方面，随着数据资产的迅速增长，未来虚拟世界中的经济价值会远高于物理世界。

从底层技术支撑来看，支持元宇宙发展的技术支柱可以被归纳为"BIGANT"。区块链（B，Blockchain）暂时不是瓶颈；交互（I，Interactivity）是当前需要迈出的重要一步；游戏技术引擎（G，Game）未来实现的开放式场景才是元宇宙的雏形；人工智能（A，AI）、网络（N，Network）、物联网（T，Internet of Things）当前的目的是如何让交互做到极致。根据安迪-比尔定理，硬件产生的所有的功能都会被软件消耗掉，一旦软件发展到瓶颈的时候，硬件又会通过创新来满足。所以只要我们能想象到，同时有大玩家愿意 All in，随着技术的进步，元宇宙就一定能发展起来。

在元宇宙三部曲完成之际，我们同步推出"元宇宙"第一课，在各大视频、音频平台都可以看到对元宇宙最为系统且深度的解读。正如比尔·盖茨所说，不高估元宇宙产业三年的变化，不低估十年的超级大浪潮，未来十年一起同行！

易欢欢
2021 年 11 月 5 日

目录

第一章
备战元宇宙大浪潮

第一节　投资元宇宙全球大浪潮的两大基石 · 003

第二节　投资元宇宙全球大浪潮的六大版图 · 018

第三节　十年赛道迭代，投资三阶段 · 072

第二章
紧抓元宇宙本质

第一节　互联网本质：信息与视听体验的数字化 · 095

第二节　元宇宙本质：所有感官体验的数字化 · 102

第三章
决胜元宇宙投资

第一节　第三次计算文明，数据洪流带来的计算架构升级 · 111

第二节　元宇宙将成为全球经济活动的新蓄水池 · 123

第三节　元宇宙投资，是升级还是升维 · 137

第四章
元宇宙的终局：生物与数字的融合

第一节　用户的需求指向"扩大世界观" · 163

第二节　科技的需求指向"数字化 everything" · 172

第三节　元宇宙的终局：生物与数字的融合 · 180

第五章
元宇宙全球产业地图

第一节　全球巨头跑步入场 · 193

第二节　抢滩元宇宙：20 个案例 · 203

第三节　全球全方位产业地图 · 292

第六章
元宇宙中国之崛起

第一节　中国文化土壤或更适配元宇宙精神 · 305

第二节　元宇宙在中国的投资洼地：高端制造、智力资源 · 306

第三节　中国元宇宙产业地图 · 314

第七章
全球投资脉络下的元宇宙价值

第一节　元宇宙是未来最宏大的全球叙事 · 321

第二节　推演各版图未来格局 · 325

第三节　前置"科技向善" · 342

附　录　支持元宇宙数字资产定价评估框架的建立 · 345

推荐语 · 369

第一章

备战元宇宙大浪潮

罗布乐思（Roblox）首席执行官大卫·巴斯祖齐（David Baszucki）曾说："元宇宙是科幻作家和未来主义者构想了超过三十年的事情。而现在，随着拥有强大算力设备的逐步普及与网络带宽的提升，实现元宇宙的时机已经趋于成熟。"

人类对元宇宙的憧憬，Roblox 在这一领域具有绝对的先发优势，显然让用户、资本愿意为之下注——2021 年 3 月 10 日，Roblox 上市当天涨幅 54%，相比其半年前的最后一次上市前融资，公司的估值增长了 7 倍，市值超 400 亿美元。

我们之所以能看到 Roblox 在 2016 年后的腾飞，那是因为它在此前准备了十七年。

2020 年，美国超过一半 16 岁以下的孩童都玩过 *Roblox*。Roblox 平台上运营着 4 000 多万款游戏，超越了苹果系统商店里的游戏数量。最受欢迎的游戏往往是那些"模拟器"，玩家们可以在不同场景中扮演不同角色。一旦开发者赚到了足够多的"Robux（Roblox 拥有的两种虚拟货币之一，通过充值和创建游戏获得）"那么他就可以使用一个名叫"开发者交易所"（Developer Exchange，DevEx）的程序将"Robux"转换为现实货币。

寻找下一个 Roblox 的投资者们，应该需要怎样备战呢？

第一节 投资元宇宙全球大浪潮的两大基石

元宇宙如火如荼,但交流起来却尚未有确切定义,投资是非常缜密的系统性工程,故我们首先来定义元宇宙。元宇宙是囊括物理世界、数字化 everything 的虚拟集合。为何一谈元宇宙,总是离不开区块链与 NFT?元宇宙囊括物理世界的前提,是已建立起高效、良性的经济系统。

一、元宇宙的定义:囊括物理世界、数字化 everything 的虚拟集合

"元宇宙"的概念从何而来?这一概念最早可以追溯到 1992 年,科幻小说家尼尔·史蒂芬森(Neal Stephenson)在其科幻小说《雪崩》中首提元宇宙(Metaverse)。根据其设想,在一个脱离于物理世界,却始终在线的平行数字世界中,人们能够在其中以数字替身(Avatar)自由生活,进行娱乐、工作、社交、经济等活动。

2003 年,互联网已得到大力普及,数字化的发展让初步尝试虚拟世界建设成为可能。从某种意义上说,游戏是最早具备元宇宙部分特质的产品。2003 年 7 月,美国林登实验室(Linden Lab)发行了《第二人生》网络游戏,玩家可以在游戏中创造出自己的"第二生命",

即虚拟人物。玩家在游戏中叫作"居民",居民们通过自由创作,创造了一个与现实世界平行的虚拟世界,并且可以随心所欲地在虚拟空间中进行生活、社交等。

《第二人生》可算作是元宇宙一个重要发展节点,它不只是一个游戏,特殊之处还在于:一是极度的自由,游戏并没有设置具体的目标,其巨大的场景所包含的内容全部是由用户自己生产出来的,一些实体企业也将社会生产的一部分搬到了网络游戏中,比如IBM(国际商业机器公司)建立了自己的销售中心,CNN(美国有线电视新闻网)建立了自己的游戏报纸;二是将真实社交场景映射到网络,人们与在游戏中进行外出、工作等活动中遇到的其他玩家,都可以相互社交,比如建立友谊、组建家庭;三是实现了虚拟和现实货币的自由流通,用户在虚拟空间创造和经营的游戏币(林登币)按照浮动汇率可以兑换成美元,即转化为现实的货币。

2014年发行的一款3D(三维)第一人称沙盒游戏《我的世界》,游戏中的玩家可以在三维空间中自由地创造自己想象中的世界,然后在这个世界里交友、购物、旅行和生活。然而,受科技发展水平的限制,虚拟游戏《第二人生》《我的世界》依然缺乏沉浸式体验,其所描绘的极度自由的游戏化世界,只能算是对元宇宙的初步探索。

2018年上映的电影《头号玩家》,再度引爆了市场对虚拟世界的期待。电影中的虚拟世界"绿洲",进一步具象呈现了元宇宙的可能样貌,用户可以通过体感服或者VR(虚拟现实)设备在虚拟世界得到仿真的感官体验,绿洲具有运行完备的经济系统,跨越实体和数字世界的数据、数字物品、内容及IP(网络互联协议)都可以在其间通行,用户、企业都可以创作内容或提供商品与服务,并可以获得真实的经济收益。

2020年的新冠肺炎疫情加速了整个虚拟内容端的发展，越来越多线下场景被数字化，为元宇宙概念做好了铺垫。因居家隔离需求，人们部分生活场景被迫转为线上，比如工作、生活、娱乐、学术等诸多线下行为被投射到视频会议、游戏等在线数字化场景中。具体来看，以Zoom（多人手机云视频会议软件）为代表的在线视频会议工具在疫情期间得到了广泛应用；美国加州大学伯克利分校选择沙盒游戏《我的世界》作为毕业典礼的举办场所，毕业生们以虚拟形象齐聚校园参加毕业典礼；美国著名流行歌手特拉维斯·斯科特（Travis Scott）在游戏《堡垒之夜》中举办了一场虚拟演唱会，容纳了全球千万观众参加。随着线上线下部分场景的打通，真实世界与虚拟世界的边界进一步模糊，强化了人们对虚拟世界的感知与想象力。

图1-1 "元宇宙"概念的由来和发展

2021年3月10日，元宇宙概念股Roblox在纽交所上市，作为第一个将元宇宙概念写进招股说明书的公司，Roblox上市首日市值近400亿美元，其独特的商业模式引爆了科技与资本圈。此后，关于元宇宙的概念迅速弥漫市场。

现在来看，虽然作家史蒂芬森所描绘的虚拟世界远超当时的科技发展水平，但并非彻底虚构。2021年语境下"元宇宙"的内涵已经超越了 1992 年《雪崩》中所提及的"元宇宙"。随着 5G 通信网络、VR/AR（虚拟现实／增强现实）、人工智能等技术的发展，元宇宙正从科幻走进现实。

那我们如何来定义和理解元宇宙？

到了 2021 年，人们对于"元宇宙"的特性和期许有了更加具象的表达。数字资产研究院学术与技术委员会主席朱嘉明教授对"元宇宙"给出了这样的解释：在 2021 年语境下，"元宇宙"的内涵吸纳了信息革命、互联网革命、人工智能革命，以及 VR、AR、ER（拟真现实）、MR（混合现实）、游戏引擎等虚拟现实技术革命成果，向人类展现出构建与传统物理世界平行的全息数字世界的可能性。简言之，"元宇宙"为人类社会实现最终数字化转型提供了新的路径。

元宇宙并非一个严谨的学术概念，至今尚无统一的定义。关于元宇宙的特征，市场普遍引用了 Roblox CEO 所提出的元宇宙必要的八大要素，以及风险投资家 Matthew 给出的六大关键特征。

我们根据其共性总结出元宇宙的六大特征，包括沉浸式、社交性、开放性、永续性、丰富的内容生态、完备的经济系统（见图 1-2）。这六大特征，既是元宇宙与其他现有技术和应用的本质区别，也是人类未来构建元宇宙所要满足的需求指标。

- 沉浸式：元宇宙可以带来极致沉浸式体验，具备对现实世界的替代性。随着技术进步，这种极致的沉浸感可以通过体感服、VR/AR 头显，乃至脑机互联达到。
- 社交性：作为现实世界的替代品，元宇宙必须有较强的社交性，因为现实世界中的人类是社交动物。
- 开放性：元宇宙不属于任何一个国家或企业所有，是足够开放的，一方面允许各类玩家加入并自由活动，另一方面须向第三方机构开放技术接口，让其自由地添加内容或服务。
- 永续性：作为一个正在进行时的平行世界，元宇宙的运营会永久持续下去，任何一个巨头的破产，都不会影响元宇宙的存续。
- 丰富的内容生态：元宇宙的内容或服务生态须足够丰富，可以满足众多人群的生活与娱乐需求，具备广阔的可探索或可开拓空间，每个人既是内容和服务的需求方，又是创作方。
- 完备的经济系统：元宇宙需要有一套支持其运作的经济系统与文明规则，且这一经济系统是打通虚拟和现实的，意味着用户在元宇宙中所拥有的虚拟资产可以转化为现实的货币。

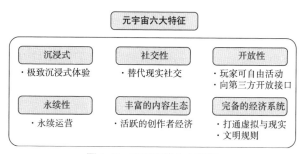

图 1-2 元宇宙的六大特征

对于元宇宙，不同的人有不同的认知，也可能存在理解误区。如果我们将以上的六个特征与现有的元宇宙概念产品进行对照，可以首先去判断"什么不是元宇宙"。那元宇宙是 VR 游戏，是电影《头号玩家》中的"绿洲"，还是类似于 Roblox 所打造的 3D 虚拟世界平台？

都不是！元宇宙不仅仅是一个简单的虚拟世界。就如同智能手机、App应用、底层开发工具等都不等同于移动互联网，元宇宙如同移动互联网的变革一样，也是集硬件、基建、工具、应用、产品等于一身的综合体，《头号玩家》所描绘的绿洲更多的是以游戏为主的虚拟世界，游戏只是元宇宙的其中一种活动方式，可能是元宇宙第一阶段的展望。

目前多数人认为Roblox平台比较接近元宇宙的形态，但还是不够，因为沉浸感不足。事实上，目前市场上所有主流游戏，包括VR游戏，在沉浸感方面离元宇宙都还差得很远。如果将社交性的开放世界做得更大一点，通过VR等技术手段加强沉浸感，开放第三方接口以丰富内容生态，那就很接近元宇宙的愿景了。但这个目标说起来容易，其实困难重重，实行起来也需要极高的成本。

那元宇宙到底是什么？我们认为元宇宙既不是虚拟世界，也不是现实世界虚拟化的简单投射。站在投资的角度，我们的定义是：囊括物理世界、数字化everything的虚拟集合。这里面有两层含义：一是元宇宙是囊括了现实世界与虚拟世界的一个更大集合；二是虚拟世界与现实世界实现高度共融，这个高度共融是指人的感官体验无差别，以及两个世界的运行规则顺利接轨。

现阶段元宇宙肩负着虚拟与现实的双重期待，也存在着现阶段物理与技术难以调和的矛盾。但我们必须认识到，元宇宙的重要性堪比互联网和移动互联网的出现，元宇宙不只是下一代互联网，更是未来人类的生活方式。

二、元宇宙的运行，区块链与 NFT 不可或缺

为什么一个早在 1992 年就存在的概念，到 2021 年元宇宙又重新成为市场关注焦点？我们认为主要有以下两个原因。

- 移动互联网流量红利见顶。建设元宇宙思路的本质，不是为了变而变，其中一个重要的因素是移动互联网红利消退，各巨头为了争抢用户时长迅速内卷，需要通过创新以提升用户体验。在此背景下，Facebook、腾讯等巨头相继布局元宇宙。互联网的投资逻辑在于把握内容消费场景变革所催生的红利，而元宇宙被认为是下一代互联网革命，新内容、新消费场景有望开启新的红利期。
- 技术成熟度的拐点似乎已经到来。一方面，元宇宙所需要的 5G、VR、AR、MR、脑机接口、人工智能、计算机视觉渲染、云端虚拟化等多种技术，都已经发展到一定阶段，这为元宇宙的落地奠定了技术基础；另一方面，加密等相关技术的发展提速，区块链 +NFT 有望为元宇宙构建起经济系统的雏形。

1. 元宇宙与区块链

在前面内容中我们指出，元宇宙不是游戏，也不是虚拟世界，只是目前尚处萌芽时期的元宇宙探索者都在用游戏的形态去承载而已。如果我们没有区块链这项技术，元宇宙可能永远都是一种游戏形态，或者是脱离于现实之外的虚拟世界。

我们之所以把虚拟世界当成娱乐，而不是真的当成自己的人生，

主要原因在于以下两点。

- 虚拟世界的资产无法在现实世界中流通，比如用户在游戏中打到的装备或获得的其他资产，难以提取到现实世界中。
- 虚拟世界中用户的命运不掌握在自己手中，而在相关运营商手中，如果运营商倒闭或关闭游戏服务器，用户将损失惨重。而区块链的出现则解决了上述两点问题，得以对虚拟经济重塑。

虽然区块链不能塑造出元宇宙，但却是元宇宙被塑造过程中最关键的一环，帮助元宇宙完成了底层的进化。元宇宙其中一大重要特征是具备一套虚拟与现实相通的经济体系，区块链则是这个经济体系的底层架构之一。众所周知，在互联网生态中，没有一套合理的信任与利益分配机制，很难保证参与者公平地参与整个生态链条中，进而无法形成体系的创造力。而区块链技术正是为元宇宙提供了一套可行的经济运行规则。

区块链技术，表面上看解决的是技术性问题，本质上解决的则是信任问题。区块链是分布式数据存储、点对点传输、共识机制、加密算法等计算机技术的新型应用模式，其中"共识机制"是指区块链系统中实现不同节点之间建立信任、获取权益的数学算法，直观理解，即区块链能够帮助人们之间建立起信任关系。

如果说TCP/IP（传输控制协议/互联网络协议）是网络之间的通信协议，那么区块链就是被普遍认可的信任机制和合作协议。计算机之间信息传输，对于不需要验证真假的信息来说，TCP/IP已经足够可用，但是一旦涉及不同计算机之间进行自动化的沟通与协作，甚至是价值传递的时候，问题就出现了。在现实世界中，公司与公司之间的合作可以靠合同条款约定来建立信任，那网络世界靠什么来建立信任机制？区块链就可以起到这样的一个作用。

如果说互联网实现了信息的传递，那么区块链则实现了价值的传递，所以在区块链行业中有一句话叫"代码即信任"。区块链首次建立了一个基于数字网络的信用系统，而在这之前，这样的信用系统均是由国家建立的，在这样一个信用系统的基础上，网络由信息的传递进化到可以传递价值，可以进行像货币发行这样的以前只能由实体国家从事的行为。比如中本聪在创造比特币的时候就明确说过，因为美元的不可信任，所以他要创造一个可信赖的、永不增发的货币体系。

从机制上看，区块链协助人们在元宇宙中构建起信任关系。未来在元宇宙中，现实世界的事物将会越来越多地投射到虚拟世界中，需要基于互联网而传递的价值也会越来越多且更加繁杂。那由谁来承担解决价值传递过程中的信任问题？区块链是目前看来最为适配的可行的技术解决手段，也就是说，区块链不只解决虚拟世界的信任关系，还可以解决现实世界的信任关系，可以从以下具体的区块链落地应用端来看。

元宇宙经济的核心问题之一，就是数字货币的应用。比特币是区块链在数字货币发行方面的一个成功的应用，这是网络朝着与现实世界平行的另一个世界迈出的一大步。到目前为止，区块链的影响范畴已经不仅仅是针对金融系统的革新，虽然区块链的发明是建立在互联网之上，但也能解决现实世界的问题，如在知识产权、身份认证、食品安全与溯源、能源、公益慈善等诸多领域的应用场景中。

比如在知识产权领域，相较于欧美，我国在知识产权保护领域较为薄弱。鉴于此，中共中央、国务院2021年9月印发《知识产权强国建设纲要（2021—2035年）》，明确了未来五年和十五年我国建设知识产权强国的目标，这体现了知识产权作为国家发展战略性资源和国际竞争力核心要素的作用更加凸显。根据相关研究，知识产权保护强度的变化对技术创新与技术扩散存在直接影响，并以此为传导工具，可有效带动其他各要素禀赋对经济增长的正向作用。若元宇宙中用区块链技术对知识产权、海量的数字内容或资产进行确权，将极大地提升整个元宇宙经济的运行效率。知识产权只是区块链在元宇宙中应用的一个方面，是区块链所能够发挥应用价值的方向之一，若推行顺利，未来元宇宙中知识产权的保护将没有现实世界这种问题的烦恼。

基于以上分析，目前来看，区块链将会是连接虚拟世界与现实世界的最佳桥梁，即在未来元宇宙的塑造中，区块链是不可或缺的一环，其将提供一套正反馈的经济运行体系，链起千千万万的跨越虚拟与现实的个体，且所承载的资产将具备现实的价值，而这个虚拟空间上所发生的一切，也具备了直接作用于现实物理世界的基础。

2. 元宇宙与 NFT

提起区块链不能不提"币"，但区块链不等于各种币，币只是区块链经济生态中的一部分，比特币也只是区块链技术的应用之一。区块链技术的应用不一定非要有币，但不得不承认，正是源于比特币的火爆，区块链技术才得以被广泛地关注，客观上推动了区块链应用的实质性发展。

区块链上的数字加密货币分为原生币（Native Coin）和代币（Token）两大类。原生币如比特币（BTC）、以太币（ETH）等拥有自己的主链，使用链上的交易来维护账本数据；代币则是依附于现有的区块链，使用智能合约来进行账本的记录。

代币又分为同质化代币和非同质化代币两种（详见表1-1）。同质化代币（Fungible Token，FT），是可以互相替代、可接近无限拆分的代币，比如不同用户各拥有一枚比特币，本质上没有任何区别，具有相同的属性、价格；而非同质化代币（Non-Fungible Token，NFT），具有不可分割、不可替代、独一无二等特点，类似艺术品，每件都不一样，因而它们之间无法相互替换，所以称之为不可互换代币或非同质化代币。就像一枚比特币可以分割成很多份，但一个小学生画的NFT鲸鱼头像是不能分割的。

虽然同质化代币的优点很多，比如可以无限拆分、互相兑换、可以在交易所交易等，但在现实生活中真正具有价值的，其实是不可替代的、具备唯一性的，比如一件艺术品、一段珍贵无比的回忆等。为呈现出其价值（发现价值并流通），这时NFT就出现了。

表1-1 同质化代币（FT）与非同质化代币（NFT）

同质化代币	非同质化代币
可互换性	不可互换性
FT可与同种FT进行互换。举例来说，美元可与其他面额的美元进行互换，且不影响价值	NFT不可与同种NFT进行互换。如将NFT借出，返还为同一NFT，而不是其他NFT。举例来说，自己的出生证明不可与别人进行互换
统一性	独特性
所有同种FT规格相同，通证之间相同	每个NFT独一无二，与同种NFT各不相同
可分性	不可分性
FT可划分为更小单元，每单元价值同等即可。举例来说，1美元可兑换成2个50美分或4个25美分	NFT不可分割。基本单元为一个通证，也只存在一个通证

续表

同质化代币	非同质化代币
方便性	防盗性
易于拆分和交换	每个通证具有独特性，应用场景多种多样，如游戏、知识产权、实体资产、身份证明、金融文书、票务等
ERC-20	ERC-721
以太坊区块链著名协议，支持发布了 OMG、SNC、TRX 等通证	以太坊区块链新协议，支持发布独特的非同质化通证，最佳用例包括加密猫（CryptoKitties）等加密收藏项目

资料来源：鸿链信息科技。

相较于 FT，NFT 的关键创新之处在于提供了一种标记原生数字资产所有权（即存在于数字世界，或发源于数字世界的资产）的方法，且该所有权可以存在于中心化服务或中心化数据库之外。

同时，NFT 由于其非同质化、不可分割的特性，使得其可以锚定现实世界中物品，即 NFT 是其在区块链上的"所有权证书"，代表着数字资产的归属权，具备排他性，并且具有唯一性和不可复制性，可以广泛应用于游戏、艺术品、收藏品、数字音乐、虚拟世界等领域。

- 游戏：可锚定游戏中的宠物、武器道具、服装等物品。2018 年的加密猫就是基于 NFT 给每个猫进行特殊的标记编号，让每只猫都是独一无二的。
- 知识产权领域：目前 NFT 最具代表性的应用在于数字版权运营领域，NFT 化的数字艺术品解决了作品版权的确认、作品发行和流通数量的控制及盗版防范等问题，并提供了更丰富的互动方式和商业化路径。

- 票务：演唱会门票、电影票、话剧票等都可以用 NFT 来标记，所有的票都一样，但只有座位号不同。
- 数字艺术品：由于 NFT 具备天然的收藏属性，且便于交易，加密艺术家们可以利用 NFT 创造出独一无二的数字艺术品。

简言之，NFT 能够把任何有价值的物品或事物通证化，并追溯这个物品或事物信息的所有权，这样就能够实现信息与价值的直接转换。（详见表 1-2）

表 1-2　NFT 与其他资产特征对比

对比维度	NFT	数字商品	实物商品
数字化	去中心化链上存储	中心化服务器	非数字化
所有权	实际所有权	名义所有权	实际所有权
不可复制性	不可复制	可快速复制	不可复制
存在周期	永久	永久/非永久	非永久
流通性	自由流通	可被限制流通	可被限制流动
二次开发	支持	取决于所有者	会造成形态改变

资料来源：链闻。

NFT 为何在当下火爆全球？2021 年 3 月 11 日，来自昵称"Beeple"的美国艺术家迈克·温克尔曼（Mike Winkelman）的 NFT 作品《每一天：前 5000 天》（*Everydays: the First 5000 Days*）以约 6 900 万美元的天价成交；8 月 27 日，NBA 球星斯蒂芬·库里（Stephen Curry）以 18 万美元购买 BAYC（Bored Ape Yacht Club）的 NFT 作品；以及 *Axie Infinity* 的火爆——一款基于以太坊（Ethereum）的 NFT 游戏。以上事件推动了 NFT 的出圈，市场关注度大幅提升，这种加密领域的最新热潮正在改变人们在数字领域买卖商品的方式与流通频次。

2021年NFT的出圈，带动市场交易尤为活跃，NFT交易量在2021年短期内呈现了指数级的增长。据加密分析平台DappRadar统计，NFT销售额于2021年上半年达25亿美元，远高于2020年上半年的1 370万美元；另据NonFungible[①]统计，2021年上半年，在超三分之二的时间段内，NFT买家数突破10 000人，其中3月、6月分别有2周、1周NFT买家数均超20 000人。

NFT应用的领域，按照内容属性可划分为收藏品、游戏、域名、保险、虚拟世界/元宇宙（详见表1-3）。据NonFungible统计，2020年全球NFT市场前三大应用领域为虚拟世界/元宇宙、收藏品及游戏，占比分别为25%、24%、23%，对应市场规模分别为1 400万美元、1 290万美元、1 290万美元。

表1-3　NFT按照内容属性划分类别及代表项目

类别	代表项目
收藏品	OpenSea、Rarible、Superare、MakersPlace、KnownOrigin、LinkArt、JoyWorld、Cryptograph、Cryptopunks、Meebit
游戏	Enjin、Chiliz、Sorare、CryptoKitties、League of Kingdoms
域名	Ethereum Name service、Unstoppable Domains
保险	Yinsure.finance
虚拟世界/元宇宙	Decentraland、The Sandbox、Cryptovoxels、Somnium Space

资料来源：NonFungible.com。

总结来说，NFT的意义在于实现了虚拟物品的资产化与流通化，带动了数字资产的价值重估。在区块链与NFT的结合下，不只是数

---

① NonFungible.com于2018年2月推出，最初用于跟踪Decentraland，该网站已经逐步发展壮大，并成为NFT生态系统的支柱之一。主要用于NFT市值、全球顶尖的NFT项目索引、加密数字藏品的数据统计和工具。

字艺术品甚至实物资产均可通过NFT上链和流通交易。随着数字化技术的应用越来越丰富，NFT的落地场景也会更加多元，有望成为未来元宇宙建设的底层架构之一。

NFT所展现的对能够加速未来实物资产数字化和虚拟产品上链的能力，使得元宇宙不再是简单的全息网游，而是一套元宇宙所特有的经济运行体系，即区块链为元宇宙内所有物品的价值交换奠定了基础，区块链＋NFT构建了元宇宙中连接数字资产与现实世界的桥梁。

NFT的发展预计将加速元宇宙经济系统的运行，反之，元宇宙的不断演进也拓宽了NFT的想象空间。NFT预计将成为元宇宙中数字资产的确权解决方案，为元宇宙的经济系统带来极大的颠覆或创新。

在阐述元宇宙投资的具体内容之前，结合当下大众与市场的认知，我们强调元宇宙的全球化投资，在认知层面必须深刻理解这两大基石：第一，元宇宙不是虚拟世界，也不是现实世界在虚拟世界的简单映射，而是囊括了现实世界与虚拟世界的一个更大集合；第二，区块链是元宇宙建设过程中最核心的技术之一，它为元宇宙提供了一套经济运行规则，以NFT为代表的数字货币则成为连接虚拟和现实世界的通证（详见图1-3）。

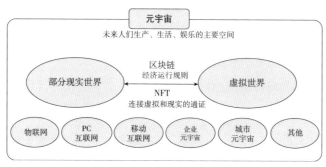

图1-3 元宇宙的内涵

第二节　投资元宇宙全球大浪潮的六大版图

短期来看，虽然元宇宙刚起步，对元宇宙的建设与投资刚进入探索期，但我们判断这一趋势是不可逆的且正在加速；中长期来看，人类的娱乐、生活、工作将持续数字化并将加速走向智能化，终极的元宇宙形态将最大限度地连接虚拟世界与现实世界，或将成为人类未来的主流生活方式。元宇宙目前承载的最大希冀，是继移动互联网，以聚合创新的方式去改变人类的方方面面。元宇宙由混沌期走向分歧期、再走向景气上行的高速发展期，我们预判这一进程将带来至少十年的相关产业繁荣期，从中衍生出巨大的投资机会。

构建元宇宙是一项庞大的系统性工程，需跨行业的技术融合、各行各业的共同参与。在《元宇宙通证》中，以从外向内的视角（需求端的视角），以感知及显示层、网络层、平台层、应用层去梳理产业链；本书则是以从内向外，以及如何去实现元宇宙的视角（供给端的视角），按照价值传导机制，以人们寻求的感官体验为终点，来倒推能够实现感官体验的诸多科技，进而分拆出元宇宙投资版图。首先，是提供元宇宙体验的硬件（XR设备等）及操作系统；其次，是基础设施建设及底层技术的边际改善（5G、算力与算法、区块链、人工智能等）；再次，我们将人工智能单列为一个版图（关键生产要素），以凸显其重要性；最后，落脚到内容与场景；过程中伴随大量的技术与服务协同方，以繁荣整个生态。

我们在本书构建的六大投资版图，包括硬件及操作系统、后端基建、底层架构、人工智能（核心生产要素）、内容与场景、协同方，并以这六个维度去梳理元宇宙庞大的产业链，进而得到六大版图内的投资图谱。（见附后彩页元宇宙投资六大版图）

一、硬件与操作系统：彻底重构

从 PC（个人计算机）互联网到移动互联网，再到万物互联的物联网，甚至是元宇宙，终端硬件不断迭代及丰富化。PC 互联网时代的主要终端是个人计算机，移动互联网时代的终端则主要是智能手机、平板等便携式移动设备，物联网时代的终端预计更加多样化，如智能音响、电视/PC/智慧屏、智能车载，以及以 XR（扩展现实，VR、AR、MR 等多种技术的统称）为代表的可穿戴设备等新硬件。

元宇宙的沉浸式特性对硬件的要求极高，硬件必须重构。目前来看，元宇宙最适配的第一入口级硬件非 XR 莫属，它也有望成为未来最为主流的硬件入口，元宇宙时代 XR 的重要性可类比 4G 时代的智能手机。但长期来看，元宇宙的硬件入口预计会非常多样化，除 XR 之外，也有智能耳机、脑机接口、隐形眼镜、外骨骼等，所有这些硬件的共性是能增强用户的沉浸感。

我们很容易忽略但极可能独立发展的一个感官硬件是智能耳机[①]。人类对外部信息的获取源中，视觉占比超过 80%，而作为第二感官的听觉总是被忽视，视觉所获得的一般是直接信息，但人类某些

---

① 腾讯内容开放平台（om.qq.com）。

细腻的情感，也会通过听觉传递，如轻柔的音乐。故从元宇宙必需的音频输入，到去噪获得沉浸式体验等刚性需求来看，耳机是未来智能穿戴设备中不可或缺的组件。头显或眼镜包含了从视觉输入到眼前显示、身前身后捕捉等主要功能，但耳机有天然优势——可以涵盖更大扫描面积的身侧检测。故耳机很可能在头显或眼镜体系之外，独立发展为另一种智能化硬件，甚至有望构建独立的计算中心。

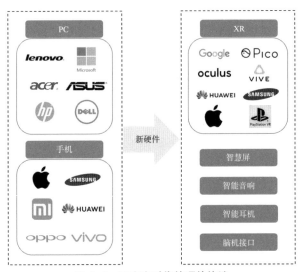

图 1-4　元宇宙时代的硬件终端

关于未来 XR 硬件形态的演变，目前行业已经形成的共识，是正在积极研发头显或眼镜这样较为轻便的智能穿戴设备。继 PC 计算机、智能手机之后，XR 将成为下一代消费级计算平台，其产品形态将会遵循类似于 PC 计算机（VR/AR 头戴式显示器，简称头显）到智能手机（智能 VR/AR 眼镜）的发展路线。关于以 XR 设备为代表的新硬件，我们有如下的判断和推演：

- XR设备将成为通往元宇宙的第一入口。
- 2021年，VR设备出货量将跨过1 000万台临界点，奇点将现。
- VR是下一代媒介形式，AR是下一代计算平台。

1. XR设备将成为通往元宇宙的第一入口

我们定性去论述元宇宙是人类未来的生活方式也好，去判断元宇宙是下一代的互联网也罢，绕不过去的一个问题是：为何必须是XR等新硬件而非已发展成熟的手机、计算机去承担元宇宙入口的重任呢？

若要元宇宙从概念走向现实，需要为用户提供一个通往元宇宙的入口，让其充分沉浸式地感受到一个计算平台所创造出来的平行世界，而XR生来就是这样的一个入口，若没有XR等作为媒介，元宇宙的普及只是空谈。从硬件技术层面看，PC、智能手机均无法很好地完成元宇宙所需的仿真与沉浸任务。XR拥有的3D显示、高分辨率、大视场角等功能都大幅提升体感交互的效果，是目前最佳的现实与虚拟世界的接口。

2. 2021年VR设备出货量将跨过1 000万台临界点，奇点将现

XR成为元宇宙的入口，离不开相关技术的成熟。一个新兴产业的发展需要可持续投入，自2014年以来，XR经过七年的沉淀，行业发展的拐点已显现：VR设备体验的改善、VR内容生态的丰富、成本及价格的降低以及全球科技巨头持续大力地投入，预计未来1—2年将迎来现象级的XR产品。

Facebook于2014年收购VR创企Oculus，致力于推动VR消费

生态系统的构建，彼时 VR/AR 已被认为是替代智能手机的下一代通用计算平台。此后全球多家科技巨头如 Microsoft（微软）、Sony（索尼）、HTC（宏达电）等，都在随后几年内陆续推出一系列 VR/AR 产品，2015—2016 年 VR/AR 市场热度达到阶段性高点。受制于商业模式不明晰，网络、硬件及内容的瓶颈均未突破，行业在 2016—2018 年进入低谷期，业内逐渐下降对 VR/AR 预期，资本市场热度亦明显下降，VR/AR 关注度退潮并进入资本寒冬。

2019 年，VR/AR 跨越低谷开始复苏。2019 年起，Oculus、HTC、Valve（维尔福集团）、Microsoft、华为等密集发布新一代 VR/AR 产品，行业进入复苏期。基于第一波产品的失败经验及教训，新技术逐步改进、产业链趋于成熟、产品体验及性价比明显提升。2019 年底，随着 5G 在全球正式展开部署，VR/AR 作为 5G 核心的应用场景重新被认知及重视，行业重回升势。同年 Oculus Quest 发售，VR 游戏 *Beat Saber* 全球销量超 100 万份。2020 年，VR/AR 产业链各环节成熟度进一步提升，叠加疫情推动居家需求的上升，以 Facebook 发布的 Oculus Quest 2 为代表的消费级 VR 设备需求强劲增长，爆款 VR 游戏《半条命》(*Half-Life: Alyx*) 引爆全球。2020 年 VR/AR 产业投融资非常活跃，数量及金额均回到 2016 年的高点水平。

2021 年，VR 设备全球出货量进一步攀升，进入产业化放量增长阶段。相较 2018—2020 年平缓增长的终端出货量，随着 Facebook Quest 2、Microsoft Hololens 2 等标杆 VR/AR 终端迭代发售、电信运营商对虚拟现实终端的大力推广、平均售价进一步下降（Oculus Quest 1 于 2019 年上市，定价 399 美元；Oculus Quest 2 于 2020 年上市，定价降至 299 美元），预计 2021—2022 年 VR/AR 终端出货量将大幅增长。陀螺研究院报告显示，2020年VR头显全球出货量670万台，同比增长72.0%（详见图1-5）；AR眼镜全球出货量40万台，同比增长33.3%（详见图1-6）。预计2022年VR/AR全球出货量将分别达1 800/140万台。

VR这一消费级硬件销量持续强劲，即将跨过1 000万台临界点。根据"125定律"，新一代电子设备的年出货量到1 000万台即是突破点，突破1 000万之后，快速突破2 000万是大概率事件。Facebook的创始人扎克伯格也认为，在一个平台上，需要有约1 000万人使用及购买VR内容，才能使开发人员获利及持续研发。背后原理在于，一旦存量用户突破1 000万，平台就具备了构建社交关系网的基础，从而吸引更多生态企业进驻，进而促进内容与生态系统的跨越式发展。未来XR终端会像PC、智能手机进军消费场景一样，"to C"的普及是大势所趋。

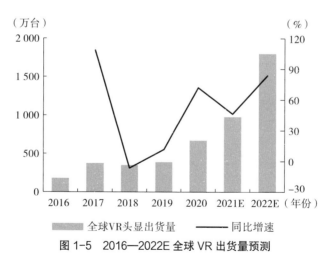

图1-5　2016—2022E全球VR出货量预测

资料来源：IDC，陀螺研究院。

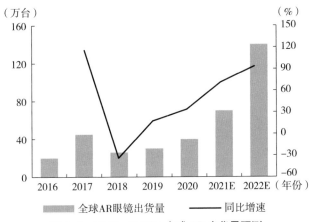

图1-6 2016—2022E 全球 AR 出货量预测

资料来源：IDC，陀螺研究院。

3. VR 是下一代媒介形式，AR 是下一代计算平台

以"新硬件"为研究思路，XR 新硬件的推出将带来两个主要的方向：一是纯虚拟的 VR 方向，终极形态为元宇宙；二是 AR 增强。这两大方向将进一步延伸硬件作为人"器官"的功能性。但严格来说，VR 与 AR 处于不同的发展阶段，VR 软硬件生态趋于成熟，而 AR 尚存技术难点。

VR 与 AR 在产业化过程中，会互相竞争、互相成就。AR 需要在用户真实视觉场景中构造出虚拟三维物体，本身就带有一定的 VR 色彩，因而 AR 与 VR 常统一为 VR/AR 概念一并进行讨论，但两者的区别实则非常明了。

- 目的不同。VR 的目的是提供一个完全的虚拟化三维空间，令用户深度沉浸其中而不抽离；AR 的目的是为用户提供在真实环境中的辅助性虚拟物体,本质是用户视野内现实世界的延伸。
- 实现方式不同。当下主流 VR 头显技术通过用户位置定位,利用双目视差分别为用户左右眼提供不同的显示画面,以达到欺骗视觉中枢、制造幻象的效果;相比之下,AR 技术则通过测量用户与真实场景中物体的距离并重构,实现虚拟物体与现实场景的交互。
- 技术痛点不同。VR 的关键在于如何通过定位与虚拟场景渲染实现用户"以假乱真"的沉浸体验,目前的应用瓶颈在定位精度与传输速度;AR 的关键是如何在虚拟环境里重构现实世界的物体,以实现"现实—虚拟"交互,目前的技术瓶颈主要在算法和算力方面。
- 服务对象不同。VR 产品经过多年发展,已逐步进入商品化流程,目前零售产品报价在 500—4 000 元,面向终端消费者;AR 产品仍然处于发展的初期,相关新品的报价在 20 000—50 000 元,主要面向特定企业级用户。

虽然 VR 与 AR 存在明显的差异,但它们并非完全独立的技术。VR 和 AR 在互相竞争的同时也在互相成就——VR 利用计算机生成的图像完全取代现实世界,AR 则将计算机生成的图像添加到用户周围环境中——最终两种技术的竞争将会模糊化,甚至同一设备可以兼具 VR 与 AR 的功能。

VR 本质上是更先进的媒介形式,而 AR 却是强大的计算平台;VR 主要应用于游戏、娱乐方面,如同将游戏机放在眼前,但游戏、娱乐仅仅是 AR 应用的子集,未来 AR 在医疗、工业、教育、零售等方向有巨大的发展潜力。

（1）VR 产业凭借消费级硬件产品、爆款 VR 游戏逐步向 C 端市场渗透

VR 产业链的核心环节趋于成熟，硬件产品体验感大幅提升。光学显示器件 Fast-LCD ＋菲涅尔透镜成为行业内主流方案，芯片/处理器由高通芯片占据统治地位，新一代 VR 一体机 Oculus Quest 2、VIVE Focus 3、Pico Neo 3 系列等均采用高通骁龙 XR2，追踪定位环节 Inside-Out ＋头手 6Dof 功能日趋完善，未来向手势、眼球识别等方向发展。

VR 内容及应用开始发力，其中游戏内容生态已形成爆款游戏驱动用户增长以及用户反哺游戏内容丰富的良性循环。随着 VR 内容的丰富、设备体验的升级、售价的持续下探，VR 产品将进一步面向消费者渗透普及，游戏之外，视频、直播、电竞、社交等应用场景亦多点开花，前景广阔。消费类 VR 应用主要包括游戏、视频、直播、影院、电竞、社交、音乐等，商业类 VR 应用主要是教育、医疗、家装、房产、零售等。其中基础的 VR 娱乐产品，如游戏、视频、直播等需要用户有高度的沉浸感体验，从而达到"身临其境"的效果，这对 VR 内容的品质要求非常高；而对商用场景而言，用户对产品的关注点更在于能否达到相应的效果，因此商用 VR 的内容门槛相对用户端略低，内容制作成本也相对较低，且部分商业模式已经打通，我们预计商业 VR 的发展将提速。

（2）AR 产业产品形态、价格尚未达消费级水平，仍在 B 端商业场景落地

相较 VR，AR 发展晚 2—3 年，光学与显示部分器件的量产仍存

在难点，当前最佳技术路径已锁定 Micro LED + 光波导，Micro LED 目前的技术难点在于巨量转移技术，高性能光波导的量产尚未形成高性价比方案，未来但海兹定律有望推动成本持续下探。

AR 产业因产品形态与价格尚未达到消费级水平，当前仍主要在 B 端商业场景落地。基于 AR 的远程协作解决方案被认为是未来几年 AR 在 B 端市场的重要落地方式，AR 远程协作可通过 AR 眼镜或具备 AR 功能的手机等采集声音音频，通过无线网络传输到后台协助端，从而得到技术支持，该方案具有低延迟、高画质的优良特性。基于 AR 眼镜的远程协作可以解放双手，借助 AR 远程协作系统，可由经验丰富的技术人员协助运维人员进行"面对面"的远程指导。当下代表性的主流 AR 远程协作平台包括：Microsoft Dynamics 365、Atheer ARMP、Scope AR WorkLink Create 等。

AR 相关产品进入 C 端市场尚待时日，但巨头们在持续布局 AR 赛道，Apple（苹果）、Google（谷歌）等科技巨头新一代 AR 硬件面世后，有望带动产业链进入景气上行阶段。

4. 为什么智能手机不是元宇宙最适配的硬件入口

上一个改变计算平台的是智能手机，手机因为有了 4G 移动互联网的加持，取代了个人计算机，成为人类历史上功能最丰富、应用生态最成熟的媒介和计算平台。那作为一个生态已经非常成熟的计算平台，智能手机为什么不能是元宇宙最适配的硬件入口？

从交互性角度，手机预计不会在元宇宙时代成为主流的交互设备，或者说，手机不是未来人与信息世界沟通的最佳媒介。最早期的计算机是根据人的指令做事，人与计算机的交互方式主要是通过指令性的运算；后来的互联网不仅让信息可以更快地运算，还能实现跨区域流动；再后来施乐的图形界面技术被乔布斯的苹果团队改良后，用于智能手机，至此图形界面代替了指令性的交互，简化了交互方式，且大幅提升了信息展示能力。

但智能手机与移动互联网发展至今，仍在信息交互方式上存在缺陷，或者说有进步但仍存在进步空间。虽然运算速度已足够快，但在信息展示上智能手机并没有解放我们的双手，且它通过一块屏幕将我们同信息世界割裂开来，使得我们与外部环境进行的是"间接交互"，但这并不是人类认知世界的本质方式。

而 XR 则可以解放双手，直接通过语音或视觉与信息世界进行"直接交互"。目前眼球追踪技术已经有多家公司取得进展，甚至脑机接口作为一种技术路径，正在探索大脑与信息世界达到更高效的直接交互。

从沉浸式角度，手机的（二维、平面）显示屏营造不了三维立体的效果。我们生活在三维空间，现实生活中的视觉体验是三维的，但从早期的甲骨文、竹简、纸张到现在的电视、智能手机，人类思想的载体却一直以二维的形式存在，我们对世界的认知，源于视、听、味、嗅、触这五官的体验，手机阻断了其中的若干项，且让它们无法与信息世界相融合。因此，真正的三维空间、沉浸式、五感体验，是无法通过手机的平面屏幕而达到的，未来的 VR/AR 等技术呈现有望实现共感觉（Synesthesia）[①] 效应，这更符合人类认知世界的真实方式。

---

① 共感觉（Synesthesia）：心理学名词，它会从一种形态的感官刺激，如听觉，引发另一种形态的感觉，如味觉或视觉。

元宇宙的发展伴随着 XR 的必然崛起。技术的成熟、价格的下探，产品体验从定制客户正加速转向大众消费，最终实现与元宇宙的完美融合。在走向元宇宙的征途中，XR 的崛起需要 5—10 年的过程，蕴藏着巨大的商机。互联网时代，驱动产业繁荣发展的两大重要规律——"飞轮效应"与"网络效应"同样适用于元宇宙。元宇宙未来的内容行业需要在品类、质量上具备足够的吸引力，以形成"网络效应"，降低规模扩张的边际成本；当发展到生态足够繁荣的阶段，元宇宙将形成"飞轮效应"，迈入生态自我促进与优质内容自我增殖的繁荣阶段。

在由 PC、智能手机及互联网主导的计算机科技浪潮中，掌握关键技术与卡位核心环节的公司最终成长为科技巨头，如 Apple、Google、Facebook、Microsoft 等。XR 新赛季排位之战已拉开全球帷幕，未来由 XR 主导的下一代计算机科技浪潮，会再次催生众多关键技术，涉及操作系统、芯片、传感、人工智能、光学、引擎等。尖端技术迭代将带动产业链格局的重塑，掌握核心技术且卡位关键环节的公司将获得产业内话语权，成长为新一代科技巨头。

目前已有部分科技巨头围绕硬件、操作系统、内容/平台三大不同方向，利用自身优势抢滩 XR。2021 年 XR 市场竞争已加剧，各科技巨头依据自身资源禀赋的不同，选择不同的切入方向。Facebook、HTC、字节跳动以消费级硬件强势切入用户市场，持续完善平台生态；Microsoft、Google 专注打磨 AR 眼镜，旨在复制操作系统优势至 XR 时代；Sony、Valve 则分别凭借各自的爆款设备、内容撬动 VR 产业链；腾讯不直接开发硬件但聚焦内容生态；华为、阿里巴巴已布局底层技术。

未来元宇宙硬件入口的投资方向上，除上述提及的大厂外，围绕XR核心器件及其他硬件方，重点关注以下公司（详见图1-7）。

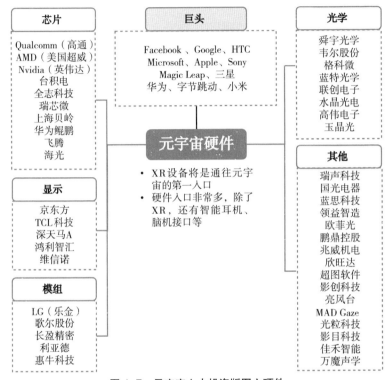

图1-7 元宇宙六大投资版图之硬件

（文中提到的公司，仅为学术探讨所用，不构成任何推荐）

- 芯片：Qualcomm、AMD、Nvidia、台积电、全志科技、瑞芯微、上海贝岭。
- 显示：京东方、TCL科技、深天马A、鸿利智汇、维信诺。
- 光学：舜宇光学、韦尔股份、格科微、蓝特光学、联创电子、水晶光电等。
- 模组：LG、歌尔股份、长盈精密、利亚德等。

- 其他：瑞声科技、国光电器、蓝思科技、欧菲光、影创科技、亮风台、佳禾智能、万魔声学等。

5. XR 配套的操作系统，也将是全新的重构

操作系统（Operation System，OS）是指控制和管理整个计算机系统的硬件和软件资源，并合理地组织和调度计算机的工作和资源的分配，以提供给用户和其他软件方便的接口和环境，它是计算系统中最基本的系统软件。

操作系统是用户与硬件之间的接口，若硬件重构，操作系统必然重构。作为用户和计算机硬件之间的接口，操作系统给我们提供了：

- 命令接口：允许用户直接使用。
- 程序接口：允许用户通过程序间接使用。
- GUI（图形用户界面）：现代操作系统中最流行的图形用户接口。

操作系统作为最接近硬件的层次，需要实现对硬件的扩展。操作系统可谓王冠上的明珠，它控制了硬件和应用软件之间的联系，也控制了智能设备的整个生态。"得操作系统者得天下"——上可支配应用，下可控制硬件，更重要的是操作系统是信息和知识的核心控制点，这是一片出世界级企业的沃土。Microsoft 正是依靠对 PC 操作系统的垄断，成为全球市值最高的几家科技企业之一，也正是失去对操作系统的控制，错过了在智能手机方向的机遇。

XR 配套的操作系统，也将是全新的重构。从目前人工智能的发展情况来看，由于人工智能的算法涉及大量的矩阵计算和并行数值

计算，下一代的计算已经显示出从串行迁移到并行计算的趋势。过去的计算以 CPU 为代表，主要为串行指令而优化，未来的计算可能以 GPU 为代表，为大规模的并行运算而优化。软件决定硬件的规律在历史上反复出现。如果大规模的并行计算成为主流，那支配这些计算的机器学习框架则可能发展成为下一个计算的"操作系统"。一个好的机器学习框架，背后是一套完整的开发者工具和一个庞大的开发者社区，上层直接和应用层或者其他中间层交互，下面则是与计算设备交互。①《纽约时报》认为，"（对人工智能从业者来说）利害攸关的不是零碎的创新，而是对一种（很可能是）全新的计算平台的控制力"（"What is at stake is not just one more piecemeal innovation but control over what very well could represent an entirely new computational platform"）。

二、后端基建：重现基建狂魔？

构建元宇宙以"硬技术"为基础，除最前端的视觉交互外，5G 通信、大数据、人工智能乃至芯片、半导体都是元宇宙发展的底层支撑，是各技术的融合创新。在这一部分，我们将梳理元宇宙所必需的后端基建，包括 5G 通信网络、算力与算法等。

1. 通信网络：5G 是元宇宙的通信保障

通信网络的作用，类似人体的血管或一个城市的交通网络，纵观

---

① 中国人工智能学会. 人工智能时代中国的"操作系统"在哪里［Z/OL］.（2017-02-22）. https://www.sohu.com/a/126968841_505819，上网时间 2021 年 10 月，全书下同。

通信发展史，通信网络（传输速率）的提升一直是主旋律，而元宇宙对网络带宽提出了更高的要求。

2019年，国内5G商用牌照正式发放，正式开启了5G时代。5G是第五代通信标准，也称第五代移动通信技术。从技术的角度看，5G是对现有移动通信系统的全面革新，是人工智能、云计算等新技术在未来大展拳脚的基础，将为元宇宙提供高速、低延时的数据传输通道。

- 5G承载高带宽：互联网是一个数据矿场，数据之于信息时代，如同石油之于工业时代。与今天的网络相比，元宇宙将会产生更多的数据、更多的反馈。元宇宙中被虚拟化的不仅是人，还有物；一方面是关于用户点击位置和选择分享内容的数据，另一方面是关于用户选择去哪里、如何站立，甚至是眼睛看向哪里的数据。我们想要在一个大型、实时、共享、持久的虚拟环境中交互，需要发送和接收大量的数据，其产生的数据，或许是现在的几个数量级。当前的4G网络无法处理大规模的数据负载，5G网络使传输元宇宙的高清图像、视频、海量数据成为可能。
- 5G实现低延迟：网络延迟是指数据从一个节点传递到另一个节点所需的时间。当下的4G网络足以支撑我们日常的图文乃至视频通信，比如发送聊天消息和回复，几十毫秒甚至几秒的网络延迟并不影响。即便是视频通话，对延迟的容忍度也很高。但在一些特定的环境中，尤其是需要实时响应的操作，网络延迟的影响就会显现出来，如在多人对战游戏中，游戏中的操作反馈以及任何信息沟通都要尽可能地做到低延迟，否则就会严重影响体验。对游戏来说，延时超过 100 毫秒，用户的操作迟滞感会非常强，而 5G 可将用户和边缘节点的往返时延低至 10 毫秒以内。元宇宙中的其他应用场景，对低延迟也提出了非常高的要求，如在远程医疗中控制手术刀的移动距离，延迟越低手术刀移动的误差越小。

关于 5G，我们可以大胆地畅想，它将孕育出超乎多数人想象的新场景和新应用。2019 年 6 月北京邮电大学学生关于"5G 有什么用？"的视频成为网络热点话题。视频以"站在未来，看以前的人如何预测现在"的视角，首先回顾了 4G 时代到来前人们对 4G 的展望，并对比了如今 4G 带来的实际变化。正如比尔·盖茨所言"人们往往低估重大技术对社会的长时间影响。"绝大部分人在当时预测不到 4G 能栽培出移动互联网这种参天大树，也想象不到未来生活因 4G 而发生深刻变化。展望"5G 有什么用？"同样也有理由相信，5G 会孕育出超乎多数人想象的新场景和新应用。正如何同学所言，他的期望是，五年后再看到这个视频，会发现，"速度其实是 5G 最无聊的应用"。

4G 之于移动互联网，恰如 5G 之于元宇宙。通信行业基本每十年就会迎来一次变革。2010 年，4G 技术开始成熟并商用，在 4G 数据传输能力大幅提升的驱动下，智能手机全面普及，消费互联网蓬勃兴起，而 5G 时代更高的带宽、低时延的通信以及大容量的连接，较 4G 网络将提供更好的基础设施。马化腾在演讲中比喻 5G 网络就像一把钥匙，能够解锁原来难以数字化的场景，对现实世界进行重塑。可以说，过去 4G 技术的红利造就了移动互联网的跨越式发展，未来 5G 不仅服务于互联网，更将为元宇宙等新应用带来强劲的动力。

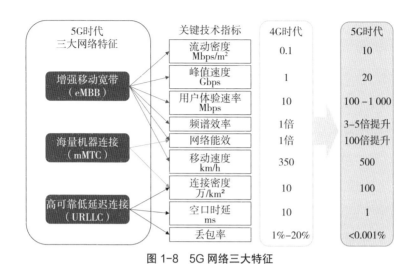

图 1-8　5G 网络三大特征

资料来源：宽带资本。

4G 改变生活。回顾 4G 过去十年的发展历程，在其驱动下的移动互联网早已全方面渗透到居民生活之中，从衣食住行到医教娱乐，我们的日常生活需求通过一部 4G 联网手机即可得到绝大部分地满足。在借助 4G 技术红利撬动传统行业、满足居民多元化的需求过程中，众多细分垂直领域的商业巨头也如雨后春笋一般蓬勃而出，PC 时代诞生了 BAT（百度、阿里巴巴、腾讯），移动互联网时代则孕育了 TMD（今日头条、美团、滴滴出行），4G 应用端的投资价值得到了充分证明。

5G 改变社会。按照技术实现的难度及普及时间，我们认为 5G 将首先对消费互联网进行进一步升级，VR/AR、超清视频等应用场景将在技术红利的驱动下快速发展。5G 的应用是二八分布，20% 是用于人和人之间的通信，80% 是用于物和物之间的通信，5G 也会对产业互联网的升级产生积极推动作用，医疗领域的远程诊断及手术、工业领域的柔性制造、汽车领域的自动驾驶等，都将因为5G的到来得到全面发展。但未来5G的重头戏一定会是在元宇宙，我们对5G的未来应用充满了信心，未来十年将是5G对消费互联网以及产业互联网的全面升级和重塑，也是帮助元宇宙积极探索的十年，必将孕育出新的伟大企业。

从全球市场来看，5G商用正势如破竹、快速铺开。根据GSA统计数据显示，截至2021年5月，全球41个国家和区域的96个运营商正式发布5G商用——166个运营商在69个国家和地区发布了3GPP标准的5G商用网络；77家运营商在试点、规划部署商用SGSA网络；133个国家的436家运营商正在以测试、试验、试点、计划和实际部署的形式投资5G网络。

其中，我国5G发展已走在世界前列，商用规模全球最大。2021年9月13日，在国新办举行的"推进制造强国网络强国建设助力全面建成小康社会"发布会上，工信部表示，5G商用两年来，我国已建成全球最大规模光纤和移动通信网络，固定宽带从百兆提升到千兆，光网城市全面建成，移动通信从4G演进到5G，实现网络、应用全球领先——5G基站、终端连接数全球占比分别超过70%、80%。

在过去的十年，我们亲历了4G驱动下的移动互联网变革，未来十年，我们有望见证5G对产业互联网、工业互联网的全面升级和重塑，其中，元宇宙的加速到来，将成为5G最重要的融合创新；未来二十年，5G甚至6G、7G也将是通往元宇宙的重要通信渠道。重点关注5G时代网络基础设施、通信运营商、泛在电力物联网等细分领域的机会。

- 设备商：华为、中信通讯、烽火通信、爱立信、诺基亚。
- 通信运营商：中国移动、中国联通、中国电信、中国广电。
- 中心交换机、物联网模组、光通信等：紫光股份、星网锐捷、中际旭创、新易盛、光迅科技、亨通光电、中天科技、润建股份、拓邦股份、广和通、移远通信、和而泰等。

（文中提到的公司，仅为学术探讨所用，不构成任何推荐）

2. 算力：元宇宙将持续带来巨量的计算需求

元宇宙的实现需要极强大的算力。元宇宙需要三维呈现，用户也会以更灵活、更个性化的方式参与其中，故元宇宙中数字化的广度和深度极大。可以预见，元宇宙会带来历史上最大的、持续的计算需求，元宇宙就是亚马逊（Amazon）创始人贝索斯所说的需要"荒谬的算力"（Ridiculous Computation）的那个事物。

关于算力的定义与内涵，中国信通院于2021年9月发布的《中国算力发展指数白皮书》报告中的说法：①

从狭义上看，算力是设备通过处理数据，实现特定结果输出的计算能力。2018年诺贝尔经济学奖获得者威廉·诺德豪斯（William D. Nordhaus）在《计算过程》一文中提出："算力是设备根据内部状态的改变，每秒可处理的信息数据量。"算力实现的核心是CPU（中央处理器）、GPU（图形处理器）、FPGA（现场可编程逻辑门阵列）、ASIC（专用集成电路）等各类计算芯片，并由计算机、服务器、高性能计算集群和各类智能终端等承载，海量数据处理和各种数字化

---

① 中国信通院发布的报告《中国算力发展指数白皮书》。

应用都离不开算力的加工和计算，算力数值越大代表综合计算能力越强。

从广义上看，算力是数字经济时代的新生产力，是支撑数字经济发展的坚实基础。数字经济时代或者说人工智能时代的三大关键要素是数据、算力与算法。其中数据是基石和基础，算法是重要引擎和推动力，算力则是实现人工智能技术的一个重要保障。5G时代将带来数据的爆炸式增长，对算力规模、算力能力等需求大幅提升，算力的进步又反向支撑了应用的创新，推动技术的升级换代、算法的创新速度。

算力实现的核心是CPU、GPU等各类计算芯片，芯片是高技术门槛行业，竞争壁垒极高，国外公司的领先优势显著，如Nvidia、AMD、Intel（英特尔）、ARM、Tesla（特斯拉）。

（文中提到的公司，仅为学术探讨所用，不构成任何推荐）

3. 算法：边缘计算与云计算实现高效分配算力

元宇宙是下一代计算中心，需要极其强大的算力和算法才能支持其运作，其中算力的根基是芯片，算法是软件更是长期的人才积累与生态经营。

边缘计算是物理世界与数字世界间的重要桥梁。边缘计算（Edge Computing）是在靠近物或数据源头的网络边缘侧，融合网络、计算、存储、应用核心能力的分布式开放平台，就近提供边缘智能服务以满足产业数字化在敏捷连接、实时业务、数据优化、应用智能、安全与隐私保护等方面的需求。它可以作为连接物理和数字世界的桥梁，连接智能资产、智能网关、智能系统和智能服务。①

参考边缘计算联盟（ECC）与工业互联网联盟（AII）在2018年底发布的白皮书中对边缘计算的定义，作为连接物理世界与数字世界间的桥梁，边缘计算具有连接性、约束性、分布性、融合性和数据第一入口等基本特点与属性，并拥有显著的"CROSS"价值，即连接的海量与异构（Connection）、业务的实时性（Real-time）、数据的优化（Optimization）、应用的智能性（Smart）、安全与隐私保护（Security）。

图 1-9　边缘计算成为物理世界与数字世界间的重要桥梁

资料来源：ECC，AII。

边缘计算的目标主要包括：实现物理世界与数字世界的协作、跨行业的生态协作，以及简化平台移植等。从边缘计算联盟（ECC）提出的模型架构来看，边缘计算主要由基础计算能力与相应的数据通信单元两大部分所构成。

人类的发展永远是路径依赖的，不管是5G建设的要求，还是基于5G建设起来的元宇宙，都是在今天云和移动端的基础上往前走的，水到渠成迭代为智能云和边缘，特别是5G的边缘计算。5G建设与

---

① 参考自边缘计算联盟（ECC）与工业互联网联盟（AII）发布的《边缘计算与云计算协同白皮书》。

元宇宙的低时延、高可靠通信要求，使边缘计算成为必然选择，以确保用户获得流畅的体验。

有云计算的同时，为什么还需要边缘计算？我们认为主要有几点原因：

- 网络带宽与计算吞吐量均成为云计算的性能瓶颈：云中心具有强大的处理性能，能够处理海量的数据。但如何将海量的数据快速传送到云中心则成为业内的一个难题。网络带宽和计算吞吐量均是云计算架构的性能瓶颈，用户体验往往与响应时间成反比。5G时代对数据的实时性提出了更高的要求，部分计算能力必须本地化。

- 物联网时代数据量激增，对数据安全提出更高的要求：不远的将来，绝大部分的电子设备都可以实现网络接入，这些电子设备会产生海量的数据。传统的云计算架构无法及时有效地处理这些海量数据，若将计算置于边缘结点则会极大缩短响应时间、减轻网络负载。此外，部分数据并不适合上云，留在终端则可以确保私密性与安全性。

- 终端设备产生海量"小数据"，需要实时处理：尽管终端设备大部分时间都在扮演着数据消费者的角色，但如今以智能手机和安防摄像头为例，终端设备也有了生产数据的能力，其角色发生了重大改变。终端设备产生海量"小数据"需要实时处理，云计算并不适用。

需要注意的是，边缘计算是云计算的协同和补充，而非替代关系。边缘计算与云计算各有所长，云计算擅长全局性、非实时、长周期的大数据处理与分析，能够在长周期维护、业务决策支撑等领域发挥优势；而边缘计算更适用局部性、实时、短周期数据的处理与分析，能更好地支撑本地业务的实时智能化决策与执行。因此，边缘计算与云计算之间并非替代关系，而是互补协同的关系。边缘计算与云计算需要通过紧密协同才能更好地满足各种需求场景的匹配，从而放大边缘计算和云计算的应用价值。边缘计算既靠近执行单元，更是云端所需高价值数据的采集和初步处理单元，可以更好地支撑云端应用。反之，云计算通过大数据分析优化输出的业务规则或模型，可以下发到边缘侧，边缘计算基于新的业务规则或模型来运行。

云计算与边缘计算领域的服务商比较多，国外以 Amazon、Google、IBM、Microsoft 等为代表，国内以阿里巴巴云、腾讯云、百度云、华为云等为代表。这些公司在云计算领域内积累了庞大用户群，并拥有最为先进的数据处理能力（详见图 1-10）。

（文中提到的公司，仅为学术探讨所用，不构成任何推荐）

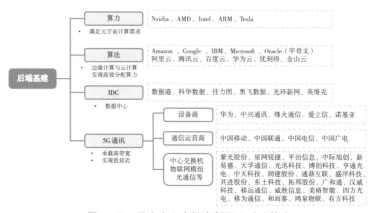

图 1-10　元宇宙六大投资版图之后端基建

（文中提到的公司，仅为学术探讨所用，不构成任何推荐）

4. 为什么强调硬件的重要性

随着计算文明的发展，算力与算法的权重在提升。人工智能的三大核心要素是算力、算法和数据，其中硬件（AI 芯片）算力在人工智能三要素中处于发动机的角色，是构建元宇宙最重要的基础设施之一。元宇宙的虚拟内容、区块链、人工智能技术等的构成都离不开算力的支撑，随着数据量的无限扩大，对算力的需求将进一步提升，多种算法的涌现也提高了对算力的利用效率。我们认为在元宇宙中，算力与算法的重要性将日益凸显，在所有的后端基建中，算力与算法几乎是最重要的一对要素。

互联网巨头均布局硬件以获取数据。元宇宙的玩家必备的资源禀赋之一，是要拥有源源不断产生数据的能力，但是数据的获取源头则来自硬件终端。互联网平台寄生在硬件终端上，所提供的产品和服务基于硬件才能发挥作用，这是目前互联网公司要做硬件的原因，比如 Facebook 收购 Oculus、Google 收购 HTC 部分智能手机业务、字节跳动收购 Pico，均是基于这样的思路。硬件将是巨头们的兵家必争之地，智能化的实现首先必须要有实时产生的数据，没有硬件就没有数据，单纯地靠软件是无法收集到用户实时数据的。

除上述趋势，软硬件本身也结合得越来越紧密。在成为最伟大的公司之一的道路上，Apple 的软硬件产品整合能力非常突出，引领了软硬件整合的潮流趋势。从厂商的角度，软硬一体化是普遍的发展方向，未来最成功的公司是把优秀的软件镶嵌在独特的硬件上，达到浑然一体的效果，这种模式将出现在越来越多的领域，特点单一的硬件公司或者软件公司将难以在未来的市场上强力竞争。

硬件的布局在一定程度上也加持算力与算法，我们应密切关注Microsoft。相较于其他互联网科技巨头，Microsoft在硬件端的布局相对薄弱，虽然有Surface（微软公司推出的硬件产品，系列平板电脑）、Xbox（微软公司推出的电视游戏机）等终端产品，但主要以提供Windows、MS Office的软件系统为主，所能收集的用户数据逊于Apple。2008年，Microsoft开始布局云服务，与Google和Amazon在云服务领域展开激烈竞争，但云计算是软硬一体化、带运营和运维服务的，这恰恰是Microsoft作为工具软件公司所不擅长的，直到2014年萨提亚·纳德拉（Satya Nadella）上任后才在云服务上发力，Microsoft在算力方面略有滞后。如何补足这一短板？未来也需要关注其在元宇宙方向的发力路径。

（文中提到的公司，仅为学术探讨所用，不构成任何推荐）

三、底层架构：区块链、数字孪生、引擎/开发平台等

从思维层面，互联网革命给予我们一种重新审视人类社会发展的视角。回顾人类社会的演化史，若我们从一个极简的模型来看，可归结为两部分：一个是节点（基建），另一个是连接（底层架构、逻辑、运作方式）。

在技术的演变过程中，一段时期内的突破重点会集中在节点上，比如印刷术的发明、电力的产生、计算机的出现等；之后，随着节点本身的进化，会促进连接的升级，进而孕育出具体的新业态，比如互联网的出现、手机游戏的出现等，均是建立在新节点的普遍运用之上。连接方式的升级，反过来又会促进节点的进化，如当前在新一代

互联网影响下出现的云计算、人工智能等新技术。

过去六十年,人类先在节点上获得突破,如计算机的出现,而大概在三十年前进入了连接技术的突破阶段,如互联网的发展。那么未来三十年,我们很可能会在节点上实现更大的突破,如实现元宇宙。也就是说,作为一种深度连接方式的互联网会反过来推动节点技术的突破。

从这个角度观察,元宇宙所需的后端基建与底层架构就分别对应"节点"与"连接"。元宇宙中后端基建是节点,即前文所述的5G、算力与算法等;底层架构是连接,即连接各节点并使其可以运行的一套规则或方法,如区块链、数字孪生、引擎/开发平台等技术,我们将在这一部分进行重点分析。

1. 区块链

前文我们已指出"元宇宙离不开区块链与数字货币",区块链就是元宇宙经济体系的底层基础设施之一,为元宇宙提供了一套经济运行规则,是对虚拟经济的重塑,促使元宇宙完成了底层的进化。

但现在谈元宇宙建成,以及区块链真正的大规模落地应用,为时尚早,目前区块链的应用还处于早期发展阶段。2018年比特币、以太坊的火爆带动区块链概念在国内风靡,大部分人对区块链这一概念并不陌生,但只停留在非常浅的层面,甚至有人怀疑区块链除了发行货币还有什么更高的商业价值?对于区块链作为一种技术,到底会对互联网带来怎样的变化或贡献,仍不清晰。

我们将从大数据的角度,分析如何看区块链这项技术,以及短期内下一代区块链应用的核心是什么。

大数据时代,我们都是"透明人"。随着数字化进程的加速,我们每天都在产生海量的数据，注册 App 时填写的个人信息、网络浏览记录、消费偏好、消费能力、网购记录、行程轨迹、视频内容偏好等，无形之中被各类 App 获取。互联网技术的渗透让人们的生活变得更加便捷的同时，也让个体的私密性不堪一击。个人信息因其重要的数据资源价值，通过各种合法或非法的手段不断被各商家获取。在技术层面，个体信息和特征被细化为一个数据包的集合体，被商业平台所调用，用户沦为大数据时代的"透明人"。

如一个 App 在安装和注册时，需要用户提供姓名、手机号码等个人信息，但有时 App 却没有实施对等的保护措施，运营商会在用户使用 App 时不断收集与所提供服务无直接关联的用户个人信息，甚至对外提供这些信息时不单独告知并征得用户同意。除了各类 App，数据爬虫、AI 视觉识别、智能硬件 IoT（物联网）都成了数据收集的手段。

数据"黑洞"时代，尤其是少数互联网巨头掌握大量用户数据之际，用户数据泄露的事件时有发生，如 2021 年 4 月，Facebook 有超过 5 亿用户的个人隐私数据被泄露。数据成为资产的同时，数据安全风险也在充分暴露。

那区块链会对大数据有什么影响？区块链基于去中心化的机制，恰好可以保障数据分布式、数据防篡改、数据可追溯。基于区块链技术的应用所产生的用户身份信息与数据资产，不再属于任何其他的商业个体，而是加密记录在区块链上。商业平台想要调用相关数据进行商用，调用了多少、调用费用各方如何清算，会有中间的协调平台来自动化处理。数据是有价值的，但数据不能被滥用，区块链正是解决之道。

在比特币投资泡沫的推动下，区块链技术已形成一个比较完整的生态体系，区块链 IaaS（基础结构即服务）包括芯片、矿机和矿场、数据库、通信网络协议、分布式协同协议等，但在应用层的发展尚不成熟。

虽然区块链被广泛认知是源于比特币，但区块链的运用远不止数字金融领域和前面所提到的大数据领域，区块链应用的价值远超数字资产的应用范围。作为未来元宇宙的基础技术之一，区块链将大有可为。区块链未来的创新方向，可分为主链技术创新、应用场景创新、通证经济规则创新等。

2. 数字孪生

从投资角度，我们首先定义了元宇宙是囊括现实物理世界、数字化 everything 的虚拟集合，即元宇宙并非与现实物理世界割裂或并列的虚拟世界，而是囊括了物理世界的更大集合。因此，基于我们对于元宇宙的定义和理解，我们认为数字孪生是构建元宇宙过程中必不可少的底层技术之一。

"数字孪生"指的是物理实体在数字世界的孪生，强调的是数字世界与物理世界的一致性。数字孪生技术最早被应用于工业制造领域，比如在汽车制造设计阶段，将平面化的设计图纸和模型，以 3D 形式在虚拟空间呈现，通过数字孪生 3D 可视化方式，先在虚拟空间进行设计、装配，并在成功后将方法复制到现实世界中。正是因为数字孪生所要求的数字世界与物理世界的高度一致性，才使得物理世界中的产品设计与验证过程得到了极大的简化，同时也大幅降低了产品从设计到完成过程中的试错成本。

数字孪生技术的运用是工业数字化转型不可或缺的一步，由数字孪生、虚拟现实和混合现实组成的"工业元宇宙"解决方案技术将成为智能制造行业必备的一种新型基础设施，给企业生产在诸多方面带来实质性的便利。

2021年9月，Microsoft CEO 萨提亚·纳德拉在演讲中提出了"企业元宇宙（Enterprise Metaverse）"这一新概念。2020年新冠肺炎疫情一定程度上改变了企业办公模式，根据 Microsoft 的研究，某些员工希望有更灵活的远程工作选项，人们仍需要互动，因此也希望有更多的当面合作。后疫情时代引发了自工作日朝九晚五以来最大的工作习惯变化，预计未来会有越来越多的企业进入虚拟网络空间进行开会等办公需求，如开展职业培训、业务训练等日常工作。

数字孪生在一些行业的应用越来越普及的同时，通过设备扫描环境，形成数据点云，识别和提取物品模型的技术，已逐渐成熟，城市级别的超大规模三维重建也进入应用阶段，即"城市元宇宙"。

我们认为，不管是"企业/工业元宇宙"，还是"城市元宇宙"，它们的必经之路都是数字孪生技术，两者都是元宇宙的子集，从这个角度来看，物联网则是元宇宙的副产品。可以预见的是，在企业元宇宙、城市元宇宙的开拓过程中，数字孪生将成为元宇宙技术体系中的基础技术之一。

3. 引擎/开发平台

引擎/开发平台关乎元宇宙中的内容呈现。游戏是互联网世界中，较为高级的内容形态。从游戏的内容形态、承载介质及技术构成等方面来看，它是一个多行业、跨领域集成创新的产物。游戏的低延时性、高互动性等特征，与元宇宙天然契合，尤其是云游戏，它涉及5G、云计算等技术，这与元宇宙所需一致。

从文化创意角度，游戏也展示出了文化内容创意、科技手段创意、人文审美风范等特有的魅力，预计元宇宙中的内容呈现，将在游戏的基础上升级迭代。

从展现的形态来看，我们预计游戏类的场景是元宇宙的呈现方式，与游戏相关的技术，如支持游戏程序代码和资源（图像、声音、动画）的引擎等开发工具，也同样适用于元宇宙。

元宇宙最重要的三个特征，是开放性、丰富的内容生态、完备的经济系统。后两者的结合意味着元宇宙是一个全新的、带有经济系统的世界，其中必将有蓬勃发展的创作者经济。元宇宙的开放性，意味着每位原住民都将参与到数字新世界的构建中，既是数字新世界的消费者，也是数字新世界的建造师，但并不是人人原本就掌握相关的技术，比时与游戏相关的技术价值就体现出来了，游戏创作系统是面向普通用户的引擎和开发设计工具，为元宇宙的新手创造者们提供了一个简单的"工具箱与素材"，提供自由且便携的创作平台。

这样的创作平台在成功运转的情况下，对工具商和元宇宙会产生一个良性循环：更好的技术与工具带来了更好的体验，将进一步带来更多的用户与更高的人均消费，这意味着更多的平台利润；在利润的支持下，工具商得以研发出更好的技术与工具，吸引更多的开发者与用户入驻元宇宙。

更为重要的是，元宇宙的出现提供了一个全新的阵地与机遇，使引擎/开发平台的工具服务商或游戏研发商用其现有的技术能力来获取新的红利，甚至拓展新的赛道，这将成为它们主营业务的一个重要补充，甚至会突破现有业务的天花板，进阶为更高价值的企业。

- 元宇宙或成新的创意阵地。游戏是创意为先的文化产业，通过为元宇宙提供创作平台，现有游戏厂商可以改变传统经营模式，即凭借现成的工具和服务，发挥自己的特长（创意）来制作新游戏。这样一方面可以降低较低的产品研发成本，另一方面又能借力于元宇宙平台的巨大流量以获取新的红利。

- 开拓元宇宙中的新兴市场。对于工具商或游戏研发商而言，机遇远不止于游戏。鉴于元宇宙是一个囊括了现实世界的更大集合，意味着除了游戏之外，其他场景都可以被复刻到元宇宙的虚拟世界中。作为最熟悉如何在虚拟世界中进行创意建设的工具商或游戏研发商，这蕴藏着巨大的商机。元宇宙是一个彻底的新兴市场，当其他从业者还在探索的时候，工具商或游戏开发商们却能轻车熟路地进驻并开展业务，比如为现实世界中的各传统企业提供入驻元宇宙的服务与支持，甚至是开发全新的业态。

目前包括 Unity（游戏引擎，实时 3D 互动内容创作和运营平台）、Epic Games（英佩游戏，游戏制作团队）、Nvidia（Omniverse）在内的各大引擎 / 开发平台均在部署 3D 建模、虚拟世界的非游戏业务，拓展新的赛道，创收并扩大主营业务的规模。

（文中提到的公司，仅为学术探讨所用，不构成任何推荐）

- Unity：不仅是一家游戏引擎公司。在传统印象里，Unity 是一家游戏引擎公司，市场上有大量的手游、端游是基于 Unity 开发的，其中不乏 3A 级大作。但 Unity 的应用领域早已远远超出了游戏的范畴，影视、建筑、制造、广电等行业到处都可以看到 Unity 的身影，Unity 将自己的业务定义为"交互式内容创作引擎"。

- Epic Games：虚幻引擎在游戏之外的其他行业开始深度使用。虚幻引擎（Unreal Engine）是由 Epic Games 推出的一款游戏开发引擎，是全球先进的实时 3D 创作工具，可制作照片级逼真的视觉效果和沉浸式体验。截至目前，虚幻引擎已经正式更新到第四代版本，相比其他引擎，虚幻引擎 4 不仅高效、全能，还能直接预览开发效果，赋予了开发商更强的能力。与之相关的游戏有《连线》《绝地求生：刺激战场》等。虚幻引擎第五代已于 2021 年 5 月 26 日发布预览版，预期在 2022 年年初发布完整版本。

- Omniverse：面向企业的设计协作和模拟平台。Omniverse 是 Nvidia 旗下的虚拟协作平台，基于 USD（通用场景描述），是专注于实时仿真、数字协作的云平台，拥有高度逼真的物理模拟引擎以及高性能渲染能力。在 2021 GTC 大会上，Nvidia 宣布，将推出面向企业的实时仿真和协作平台 Omniverse，一个被称为"工程师的元宇宙"的虚拟工作平台，Omniverse 平台的愿景和应用场景将不限于游戏以及娱乐行业中，建筑、工程与施工、制造业都是其所涉猎的范围。

元宇宙的兴起会给相关厂商（包括提供引擎 / 开发平台的工具商、游戏研发商等）带来全新的机遇和挑战，在这方面海外的厂商已经领先一步，领军企业包括 Unity、Epic Games、Roblox 等。作为全球游戏行业的核心力量，中国游戏厂商需把握住这一轮新的市场机遇，积极拥抱新的产业发展机遇，关注用户习惯的更迭，探索新的发展红利。

第一章 备战元宇宙大浪潮

图 1-11　元宇宙六大投资版图之底层架构

（文中提到的公司，仅为学术探讨所用，不构成任何推荐）

四、核心生产要素：人工智能

在正常分析框架中，人工智能（AI）属于底层技术之一，也大量存在于后端基建中，但在这一部分，我们将人工智能单独拿出来进行分析。因在元宇宙的建设过程中，人工智能大概率也是核心生产要素，人工智能有两个发展层面：第一层面是在过去六十年，人工智能大多停留在感知向认识升级的过程中，持续探索并运用；第二层面是现阶段及未来，在从感知升级到认知的基础上，人工智能逐渐替代或辅助人去发挥建设性的作用，即又增加了核心生产要素这一属性。

1.过去六十年，人工智能从"感知"到"认知"演变

一般来说，人工智能三大核心要素为数据、算法和算力，数据是人工智能发展的基石和基础，算法是人工智能发展的重要引擎和推动力，算力则是实现人工智能技术的一个重要保障。

人工智能的技术能力又分为两类：感知技术与认知技术。其中感

知技术是人工智能的初级运用，主要是指机器在视觉、语音等层面进行数据的采集和学习；认知技术则是建立在数据分析的基础上，增加进一步的智慧决策。

从1956年美国达特茅斯会议首次提出"人工智能"的概念，到2016年AlphaGo的出现，过去六十年，人工智能一直在从感知向认知层面升级，并进行探索与运用，如视觉识别、自然语言处理。

- 视觉识别：是使用计算机模仿人类视觉系统的科学，让计算机拥有类似人类提取、处理、理解和分析图像以及图像序列的能力。比如自动驾驶就是一个非常典型的应用场景，非常依赖计算视觉能力；此外也包括人脸识别、智能手机解锁、城市安防、社保民政（人脸认证登录）等；视觉识别在线下零售方面也有较为成熟的应用，如Amazon的Amazon Go智能无人零售商店。
- 自然语言处理：是人工智能技术应用的一大分支，其崛起于文字内容的互联网时代，运用最多就是分类聚类。如在文本内容生产方面，如何做到热点选题？如何给内容自动分类与打标签？在文本内容消费方面，应用最广的是精准搜索、关联推荐，如Google和百度的精准搜索、关联广告，淘宝和京东的商品关联推荐、千人千面的商品展示。

对于人类来说，感知和认知往往是瞬间发生的，甚至意识不到其间的差别。人的认知水平在很大程度上是优于机器的，过去人们认为"计算机不如人类"，本质是机器的认知能力差，或计算机拥有的知识储备不足，从感知到认知的升级，是过去六十年来人工智能重要的研究方向。2016年Google发布的AlphaGo在与李世石的"世纪之战"中，人工智能机器人战胜了人类，意味着人工智能从感知向认知的成功升级，人工智能的发展进入了新纪元。

在升级的过程中，传统方法和现在深度学习的方法，在数据运用方面是有差异的，也可以说是算法在不断优化，即从机器学习进入到深度学习。过去传统的方法是通过人类来对大数据的特征进行提炼，形成"对机器可训练"这种特别的数据，即停留在机器学习的"感知"层面；现在的深度学习更多的是仿照人脑神经网络的特性，自发地形成一种学习能力，建立起对物理世界关联概念的认识，即向"认知"层面进行升级。

2. 为什么人工智能是元宇宙时代的核心生产要素？

为了充分认识元宇宙对人类物质生活的深刻影响，需关注技术进步对生产结构、社会结构的重新塑造，元宇宙时代的基础设施、生产要素和协作结构被重新定义了。

根据马克思政治经济学，传统现实社会中的生产要素分别为劳动者、劳动资料、劳动对象。其中劳动者指的是人，劳动者是具有一定生产经验、劳动技能和知识，能够运用一定劳动资料作用于劳动对象，是非常重要的生产要素。

按照以上的定义，现今互联网时代的社会生产力要素正在发生变化，即生产力的主体发生了变化。从AlphaGo开始，人工智能深度学习的能力明显加强，在某种程度上去学习最接近人脑认知的一般表达，去获得类似于人脑的多模感知与认知能力。由于认知能力的提升，人工智能可以主动了解事物发展背后的规律和因果关系，而不再只是简单的统计拟合，从而推动了下一代具有自主意识的人工智能系统。

当人工智能完成了从感知向认知的充分进化，人工智能无疑会越来越"聪明"，可以模拟人的思维或学习机制，变得越来越像人。我们不妨大胆想象一下，在未来元宇宙的建设中，人预计不是最重要的生产要素，从供给和需求两个维度，人工智能可以代替人去发挥一些关键生产要素的作用。这就意味着，一方面，人工智能将在元宇宙中发挥建设性的作用——随着元宇宙中越来越多的数据产生，不可能单靠人力去处理这些海量的数据，具备越来越强的自主学习与决策功能的人工智能辅以人工去微调，可大幅降低构建元宇宙的周期和人力成本；另一方面，人工智能将深度介入人们社会生活，满足人们的众多消费需求，如 AIGC（人工智能生成内容），相比现在互联网中人们熟知的 PGC/UGC[①]，未来元宇宙中 AIGC 会越来越多，即用人工智能来生成可供人类消费的内容或服务。

正如 Nvidia CEO 黄仁勋所说，元宇宙的时代马上要来了，未来世界将会是人类化身和人工智能，住在真实的物理世界或是非物理世界之中。2017 上映的科幻电影《银翼杀手 2049》也展现了未来社会的"人类"构成：生物人、电子人、数字人、虚拟人、信息人，以及他们繁衍的拥有不同的性格、技能、知识、经验等天赋的后代。

人工智能作为全球顶尖科技之一，在全球由中美两国主导研究，TensorFlow、PyTorch 以及国内的飞桨 PaddlePaddle 是被最广泛使用

---

① PGC（Professionally Generated Content），指专业生产内容，创作主体一般指专业机构，是拥有专业知识、拥有内容相关领域资质的、拥有一定权威的舆论领袖，如爱奇艺、腾讯视频等长视频平台是典型的 PGC 平台。UGC（User Generated Content），指用户生产内容，创作主体为普通用户，即用户将自己原创的内容通过互联网平台进行展示或者提供给其他用户。

的三大人工智能开源平台,其中 TensorFlow、PyTorch 分别为国外 Google、Facebook 旗下的平台,而百度旗下的飞桨 PaddlePaddle 则是市场三强中唯一国内品牌。我们将人工智能划分了三大细分应用方向,并梳理了各方向上的公司(详见图 1-12)。

- 视觉识别:商汤科技、旷视科技、云从科技。
- 自然语言处理:依图科技、搜狗、思必驰、云知声。
- 智能交互:科大讯飞、百度、小米等。

(文中提到的公司,仅为学术探讨所用,不构成任何推荐)

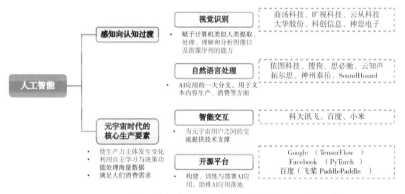

图 1-12　元宇宙六大投资版图之人工智能(核心生产要素)

五、内容与场景:注意力的终极杀手

每一次新业态形成的过程,均会驱动相关产业发生变革,并带来重大的产业机遇。回顾 4G 发展历程,移动互联网对相关产业的传导机制,首先受益的是通信设备制造商及技术提供商,其次是电信运营商,再次是各类终端制造商,最后是消费端的互联网内容与服务提供商——这部分将重点讨论，该部分内容与我们系列丛书的第二本《元宇宙通证》中，所提到的产业生态全景图的应用层相呼应。

移动互联网发展至今，流量红利已见顶，科技、传媒互联网行业需要新故事，元宇宙的发展将开启互联网产业的新周期，一方面推动5G、区块链等基础技术的升级，另一方面又关联着游戏、社交、内容乃至消费领域商业模式的变革。

我们认为元宇宙时代的内容消费端，将分为以下三个发展阶段：一是当下的元宇宙——开始抢夺用户时长，预计娱乐+社交先行；二是元宇宙的中场——新内容出现，用户基数及其使用时间、ARPU[①]值大幅增长；三是终极的元宇宙——成为注意力的终极杀手。

1. 终极：元宇宙成为注意力的终极杀手

基础设施迭代推动内容形态变迁，核心是抢占用户时长/注意力。从PC互联网到4G、再到5G，从文本到图片、音频、长视频、直播、短视频等，历次基础设施迭代都带来内容创作生态的变化，如以抖音、快手为代表的短视频平台积累了海量视频内容创作者，生产了大量原创短视频、短剧等，成为重要的新内容生产平台。从用户规模及使用时长来看，目前短视频已成为主流内容形态，极大地抢夺了用户时长/注意力，根据QuestMobile（北京贵士信息科技有限公司移动互联网商业智能服务商）报告数据，头条系及快手系的"短视频+直播"产品形态抢占效果明显。

根据历史推演，4G带来移动互联网的大发展，也带来了基于移

---

① ARPU（Average Revenue Per User）：每用户平均收入，指的是一个时期内（通常为一个月或一年）平均每个用户贡献的业务收入，其单位为元/人。

动互联网发展起来的各种新内容，且在伴随着内容形态丰富的过程中，人们的注意力加速地从 PC 端，甚至是某些其他生活场景（如购物、社交、教育）转移到移动互联网中。

以史为鉴，类比 4G 移动互联网，我们认为未来也会出现基于元宇宙而存在的全新内容或生活服务，这些新内容或服务聚合在一起最终成为人们注意力的终极杀手。

元宇宙的终极阶段，虚拟与现实世界密不可分，元宇宙赋能人们生活、生产的各方面，彻底改变人们生活、工作、连接的方式。此时用户基数与使用时长达到极大，在虚拟世界中形成新的经济系统、新的文明。

以始为终，在初始阶段，我们核心关注于新内容的崛起。

2. 中场：新内容出现，元宇宙用户基数及其使用时长进一步增长

在通往元宇宙终极形态之前，行业内的内容供给方将在不同节点或方向上实现创新，这过程中，预计会出现一种或者多种新的内容，丰富且良好的内容生态有助于平台商业价值的提升。元宇宙需要足够多的优质内容吸引用户入驻和留存，需要更有价值、具有真实感的内容激发消费者的兴趣并增强其粘性，尤其是新世代群体对独特、优质内容的要求更高。

我们认为元宇宙中新内容的创新分为两个维度，一是形态的迭代，二是创意驱动。形态的迭代指的是内容以一种新的方式去呈现，元宇宙有望革新观众与内容的交互形式，极大程度地丰富内容展现形式，如影游结合，更是增加了交互等其他功能，比如允许观众进入虚拟直播空间进行互动。元宇宙的兴起预计会带来新的内容形态与创作

平台，在元宇宙中搭建新内容社区进而挑战原有内容体系。相比于影游等，元宇宙内容面临更大的技术难题，需要更高的研发投入，制作更复杂的元宇宙内容对制作方的全方位要求更高。我们认为元宇宙时代的新内容一开始创作时就应该以创意为导向，而非流量思维。流量思维与创意思维的不同，体现在流量思维以"结果／效果／变现"为出发点去设计内容，创意思维则从内容本身出发，"结果／效果／变现"是结果。

元宇宙的中间阶段，虚拟世界开始正向影响现实世界。由于新内容陆续出现爆款，大力抢夺用户的注意力，顺应用户注意力迁移趋势，越来越多的实体产业进行数字化转型，现实世界的元素与场景越来越多地迁移到元宇宙，进一步推动元宇宙的用户基数、使用时长进一步攀升，元宇宙逐渐成为社会生活、生产中的重要一极。

以具体案例来看，《堡垒之夜》的制作方会是奈飞和迪士尼共同的、最大的竞争对手。

HBO（HBO电视网）经常被视作奈飞公司（Netflix，会员订阅制流媒体播放平台）最大的竞争对手之一，然而2019年奈飞曾在给股东的一封信中表示，奈飞并没有把Amazon、Hulu、迪士尼或是其他大公司的流媒体视频服务作为核心竞争者，更重要的是如何改进自己的会员服务，比起HBO，更多地是在与《堡垒之夜》竞争。

为什么奈飞将一款游戏视为自己的竞争对手，而不是同行？原因在于《堡垒之夜》这类现象级游戏已经具备了影响行业走向的体量，越来越强势地吸引用户时长。奈飞如今身处的是一个高度碎片化的时代，所有的竞争者，最终都希望能取悦消费者，占据用户更多的时间。

一个人每天可支配的时间有限，用户会将自己的时间分配给哪些服务方？从这点出发，不管是电影、游戏，还是图书乃至是资讯阅读软件，但凡是用于娱乐和消遣的载体，彼此都是竞争对手。如果一项娱乐形式开始消亡，与其说是被同行打压，倒不如说是被更能抓住用户注意力的新媒介所替代，而用户也会主动寻找更容易引发愉悦感、能直接刺激感官的娱乐方式，比如《堡垒之夜》。

截至 2020 年 4 月，《堡垒之夜》3.5 亿注册用户的总游戏时长超过 32 亿小时，是世界上游戏时间（在线时间）最长的游戏之一。庞大的用户量，让《堡垒之夜》成为游戏社会化的一个缩影，它具备两大元宇宙内核精神：一是平台互通与内容共享；二是虚拟与现实世界交互。当前互联网虽然建立在开放共通的标准上，但大多数巨头如 Google、Facebook、Amazon 等均抵制数据交叉和信息共享，希望建立自己的壁垒从而圈定用户，这与元宇宙平台互通、内容共享的精神相违背。元宇宙的其中一个特征就是开放性，用户在这一平台里购买或者创建的东西会无障碍转移到另一平台并且可以通用。

在游戏之外，《堡垒之夜》逐渐演变成社交空间，实现游戏与现实生活的交叉。《堡垒之夜》是目前较为接近"元宇宙"的系统，它已经不完全是游戏了，越来越注重社交性，已经演变成一个人们使用虚拟身份进行互动的社交空间。

3. 当下：元宇宙开始抢夺用户时长，预计娱乐 + 社交先行

站在当下，即元宇宙的起点上，预计新内容会从游戏、社交或其他泛娱乐形态（如演唱会）出发，去抢夺用户时长。比如虚拟与现实相结合的 *Pokémon Go*、初音未来虚拟人线下演唱会等。2020 年的新

冠肺炎疫情进一步加速了虚拟内容的发展，越来越多的线下场景被数字化，如线上毕业典礼、AIAC峰会等。基于虚拟人、引擎、VR/AR等技术的发展，线下场景数字化趋势显著，沉浸式体验已成雏形，一些新的内容形态也在探索中。

预计游戏会是元宇宙的起点。我们现在处在元宇宙的初级探索阶段，元宇宙仍离我们很远，目前普遍认为元宇宙的起步领域是游戏。游戏是基于现实的模拟而构建的虚拟世界，其产品形态与元宇宙具备一定相似性；游戏是内容行业的细分领域，也是元宇宙全新宇宙中经济、文化、艺术、社区、治理等的缩影。对比其他场景，游戏有着最高的综合准备度：一是行业规律，即拟真、沉浸、虚拟世界创造；二是用户属性，即产品尝鲜者（Early Adopter），年轻用户、追求新奇；三是技术准备，即游戏引擎工具适合虚拟内容创作。①

元宇宙是一种终局概念，现阶段具备元宇宙雏形的相关产品仍然是 Web2.0 的范畴，用户仍在一个相对封闭的生态中创建或参与虚拟的体验。除了《堡垒之夜》以外，基于 Web2.0 的元宇宙以游戏为中心的其他典型例子是 *Roblox*、*Axie Infinity*。

- *Roblox*：围绕 UGC 内容打造沉浸式社交体验。*Roblox* 是一个大型多人在线游戏创作平台，其主要特征与元宇宙的几个关键因素相吻合：一是当前主流的游戏开发模式为 PGC，以 *Roblox* 为代表的 UGC 平台，为游戏行业的内容创作方式带来全新想象空间，目前 *Roblox* 已成为全球最大的多人在线创作游戏平台；二是虚拟

---

① 徐思彦.腾讯研究院.Metaverse 直播：互联网的未来是虚拟时空？[Z/OL].（2021-04-29）.https://mp.weixin.qq.com/s/DPdm2dSXXamRmiawQO2oWg.

货币 Robux 构建经济系统。Roblox 内设有一套"虚拟经济系统"体系，玩家花费真实货币购买虚拟货币 Robux，并在游戏中通过氪金（pay to win）、UGC 社区（pay "to C" ool）等体验场景、皮肤、物品等，而平台收到 Robux 后会按一定比例分成给创作者及开发者，Robux 可以与现实货币兑换。

- *Axie Infinity*：基于 NFT 构建闭环经济系统。*Axie Infinity* 是一款基于以太坊区块链的去中心化回合制策略游戏，玩家可以操控 NFT 小精灵 Axies 的数字宠物，进行饲养、战斗、繁殖及交易。区块链游戏将游戏中的数字资产化为 NFT，凭借区块链技术不可篡改、记录可追溯等特点记录产权并确保真实性与唯一性，游戏资产交易不再依靠公司平台，具备安全保证。*Axie Infinity* 中每一只小精灵 Axie 均为一个独特的 NFT，所有权及交易记录均在链上公开显示。这种去中心化的 Gamefi 模式（即"Game + Defi"，指的是引入了 Defi 机制的区块链游戏），将游戏公司赚的钱直接分给参与者，形成分布式游戏商业经济体，为下一代 Web3.0 商业模式初探了一条道路。

那元宇宙时代内容板块如何挑选标的？回溯过去，科技进步往往带来媒介迭代（PC → Web → Mobile），进而引起内容形态变迁（如端游→页游→手游）。元宇宙作为一个新世界，其中最基础的部分是基础设施的支撑，但最精彩的部分一定是内容生产，这将给当下的内容行业带来全新的发展机遇。向元宇宙的探索过程中，内容行业的竞争格局预计将持续演变，一方面部分原有公司顺应行业趋势、基于资源禀赋成功实现跨越，业绩将呈现出高弹性；另一方面有新的突围者诞生并逐步壮大，元宇宙时代的秩序将重新树立。

以此思路我们推演元宇宙时代的内容板块投资逻辑：

- 关注新内容（互动剧、VR 游戏等）的创作者：终端入口升级为 VR 等智能穿戴设备，硬件革命推动游戏内容形式与产业链重构，催生互动剧、VR 游戏等新内容，关注现有的已布局互动剧、VR 游戏等内容的公司。
- 关注基于现有资源禀赋向新兴领域拓展的公司：产业链的重构将带来价值链的重塑，元宇宙及其代表的新技术、新玩法、新模式将为整个行业带来增量。结合前序章节中关于"引擎/开发平台"的分析，我们认为对于工具商或游戏研发商而言，元宇宙带来的机遇远不止于游戏，他们可以基于引擎、开发工具、创意等资源禀赋去赋能各行各业的创作者，为其提供入驻元宇宙的服务与支持，甚至是开拓全新的内容或服务形态。

除了游戏、互动剧等内容外，我们认为元宇宙的应用场景也会在社交领域优先落地。元宇宙绝非简单的游戏等内容，且目前游戏等内容的边界也在不断扩大，是一个包罗万象的未来生态，是人类未来社交、娱乐甚至工作的数字化空间。除了游戏等内容，元宇宙的应用场景也在向"to B / C"端多元化推进，我们还可能看到的突破是：社交——虚拟世界里的虚拟身份社交；娱乐——虚拟世界的演唱会等娱乐活动。

随着互联网与科技的发展，我们与他人交互的方式也在发生改变。在元宇宙中，科技可以让人与人之间的沟通不再局限于文字、图像、视频,而是可以有更多维度的表达方式,比如通过穿戴 XR 设备,可以设置不同的约会场景,甚至可以设计自己独有的虚拟形象。

另外,XR 将元宇宙在社交方面的优势体现得淋漓尽致。XR 与物联网的结合,直接将社交的交互层面从平面提升到了立体层面,多一个维度所带来的信息量与交互丰富程度是完全不一样的,可以更好地采集用户的行为,从而给用户带来更加真实、沉浸式的感官体验。

如 Roblox 不仅是个游戏平台,同时也是个虚拟社交生活平台。平台拥有大量社交属性游戏,2020 年新冠肺炎疫情期间增加了"查看附近玩家""线上会议""Party Place""虚拟音乐会"等玩法,进一步促进游戏内虚拟社交活动的外延边界。

跨平台的身份系统有助于增强虚拟社交感。平台线上社交程度越深、越具备统一性,则用户身份属性将越接近现实的线下世界状态。与 Epic Games;及 Steam(中国版名称为"蒸汽平台")相比,Roblox 形成了跨游戏社交体系,平台游戏用户拥有统一的虚拟角色,使得社交关系得以延续。而 Epic Games;及 Steam 仅局限于"单一游戏或平台内社交"。

表 1-4　Roblox、Epic Games 及 Steam 的社交功能对比

Roblox	Epic Games	Steam
支持同一空间的虚拟世界体验(一般线下社交的线上化平移,如对话聊天等)	(1)Store 平台内部不支持与陌生人聊天,社区功能弱;(2)《堡垒之夜》社区属性强,支持用户多样化互动,包括共同参加虚拟演唱会、舞蹈、聊天等	平台内社区氛围好,社交属性强,支持用户评论、建立兴趣群组、交易等,设有各游戏分论坛供新闻、评测、自定义修改等 UGC 内容产出

资料来源:Roblox 招股说明书。

4. "to C"端的泛娱乐之外，元宇宙还将包含更广泛的"to B"端的应用场景

我们的观点和市场认知不一样的地方是在于，我们明确提出了元宇宙的定义，即元宇宙并非与现实物理世界割裂或并列的虚拟世界，而是囊括了物理世界的更大集合。基于此定义，元宇宙的应用场景除了"to C"端的泛娱乐消费之外，元宇宙将渗透至人们生活的各方面，如工业领域，甚至出现诸如"企业/工业元宇宙""城市元宇宙"等概念。不管是"企业/工业元宇宙"，还是"城市元宇宙"，它们都是元宇宙的子集。

由数字孪生、虚拟现实和混合现实构建的"企业/工业元宇宙"解决方案技术，将成为智能制造行业必备的一种新型基础设施，给企业生产在诸多方面带来便利。2021年9月，Microsoft CEO 萨提亚·纳德拉在演讲中提出了"企业元宇宙"这一新概念。预计未来会有越来越多的企业进入虚拟网络空间开会、办公，甚至开展职业培训、业务训练等日常工作。

以 Facebook 布局 Workrooms 虚拟办公空间为例。除了社交，Facebook 对于元宇宙的布局中，Workrooms 虚拟办公空间属于其中一个重要领域。2020年，新冠肺炎疫情席卷全球，即使 Zoom 已经提供了一种较为高效的远程办公方式，但独自一人居家办公会产生孤独感，解决问题的效率也不如和同事们面对面沟通，故 Facebook 推出了 Horizon Workrooms，Horizon Workrooms 是 Horizon 社交平台中专门面向 VR 办公场景的应用，重新定义了"办公空间"，目前 Horizon Workrooms 正在免费公测中。

第一章 备战元宇宙大浪潮

Horizon Workrooms 提供各类办公场景和陈设，用户可以根据需求，选择不同的会议室场景及自定义的虚拟形象，在虚拟会议室场景中，用户可以佩戴 VR 设备 Oculus Quest 2 参加远程会议，并且可以在各类虚拟白板上表达自己的观点，也能将自己的办公桌、计算机和键盘等复刻到 VR 世界中并用它们进行正常办公。

Horizon Workrooms 这样的办公协作方式在 VR 的加持下，其最大特性是拉近人们的距离，还原人本身的社交状态——形体、语音、动作、表情、和一群人聚集在一起讨论问题的环境，在一定程度上达到了线下开会面对面高效交流的效果。

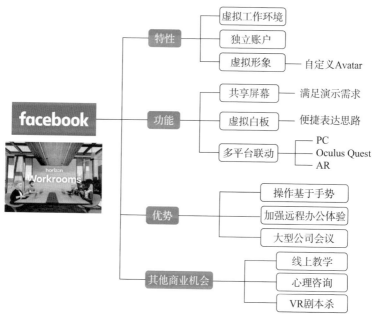

图 1-13　Facebook Horizon Workrooms 特征与功能介绍

资料来源：Facebook。

综上所述，未来元宇宙是由众多巨头和一系列细分领域的创业企业共同打造而来，并非由一个超级巨头打造，是社会各方大规模共同参与的。目前技术端、内容端距离实现元宇宙仍有较远距离，但远期来看行业空间巨大。从商业模式或应用落地层面，我们可以从以下几个维度去把握投资机会：

- 关注国内外现有布局元宇宙应用场景的公司。未来5—10年，随着技术端的不断迭代，我们预计国内外各大互联网或科技巨头将发展出一系列独立的虚拟平台，构建出元宇宙的雏形，且这些平台将以游戏、影视、社交的泛娱乐形式为主。聚焦"to C"端的消费，类比4G时代用户从PC互联网迁移至移动互联网端，预计该阶段的用户也加速向元宇宙迁移，元宇宙概念得以极大范围地普及。重点关注具备资源禀赋（技术、工具、用户、创意）的先行公司，如以Facebook为代表的社交龙头，以腾讯为代表的社交巨头兼游戏厂商等。

- 关注聚焦更细分赛道的公司。我们认为要出现热门的新产品需要聚焦于更细分的赛道，基于新人群的兴趣出发且提供差异化的产品，或者具备差异化竞争优势的公司。如Roblox正是瞄准低龄用户群体，提供基于UGC形式的3D虚拟世界互动及社交。预计在未来，将批量化出现创造力突出的新公司。

- 关注"to B"端的应用拓展。预计2030年前后，随着泛娱乐沉浸式体验平台已实现长足发展及元宇宙的用户足够多时，元宇宙的生态将极大丰富，从泛娱乐形式向更多的体验拓展，预计部分消费、生活、工作等活动将转移至虚拟世界。未来元宇宙最广泛的应用，很可能不是面向广大C端消费者，而是与工业/企业元宙相关的 B 端客户，率先落地的场景应用可能诸如设备安装调试、产线巡检、远程运维、产品售后及员工培训等领域，服务于现实的产业上下游需求。

	原现实世界	移动互联网	元宇宙
娱乐	游戏	移动游戏	VR游戏
	音乐会、演唱会、电影院	视频、音乐、K歌	元宇宙演唱会等
	剧本杀等新娱乐	线上剧本杀	VR剧本杀
工作	文档、数据等	移动办公	企业元宇宙
	安装调试、产线巡检、远程运维、产品售后等	—	城市元宇宙
社交	虚拟社交	移动社交	沉浸式社交
	现实社交		
学习	阅读、课程等	数字阅读、数字课程	VR沉浸式课堂

图 1-14　元宇宙一定程度上可以替代现实世界的部分功能

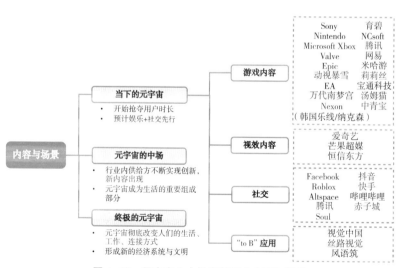

图 1-15　元宇宙六大投资版图之内容与场景

（文中提到的公司，仅为学术探讨所用，不构成任何推荐）

六、协同方：繁荣生态

繁荣生态的协同方，不论是技术商还是服务商，其发展路径预计复制互联网过往的协同方——互联网行业发展大致遵循这样的规律：少数巨头玩家尝到甜头→众多玩家涌入市场出现碎片化→疯狂营销战→受政策影响或外部经济环境变化或游戏规则改变→行业长尾出清→最终行业仅剩下几家新寡头。格局已定，"谁也吃不掉谁"。

一个新时代的崛起，意味着新的发展机遇。基于以上行业发展规律，巨头从成长起来到格局已定的过程中，除了巨头本身受益之外，也会给相关上下游产业带来发展机会。这里面分为两个阶段：一是公司在成为巨头的过程当中，即行业处于混战之时，会有部分的技术、服务方凭借自身禀赋而充分受益；二是待巨头竞争格局确定之后，围绕巨头的这些技术、服务方，即生态合作伙伴，其受益路径将更加清晰。

我们先回顾一下互联网的发展史，从 PC、移动互联网的出现与发展过程中，来看企业的兴衰史。

- PC 互联网成就了 Microsoft、Intel、IBM、Apple、Google、百度等。个人计算机时代，Microsoft、Intel、IBM、Apple 等公司成为行业领军者，同时伴随技术进步，IT 行业迎来软件大爆发，Windows 系统、Office 办公软件高度普及，为生产、工作、生活提供便利。2010 年，Apple 发布第一台 iPad，既填补了 Apple 在智能手机和笔记本电脑之间的真空地带，又提出了灵活自如的操作系统解决方案，标志着个人计算机时代的临界点到来，此后智能手机、平板电脑等移动终端逐渐兴起。另外，搜索引擎领域，以 Google、百度为代表的互联网公司发展为行业龙头；门户网站领域，则以雅虎、新浪、网易、搜狐为代表。

- 移动互联网成就了 Facebook、阿里巴巴、腾讯、字节跳动等。2010 年前后，4G 技术发展大幅提升了通信速率，革新了互联网生态：一是传媒内容逐步由图、文为载体走向视频化，4G 网络的普及与成熟，使得用户能够随时随地使用各类服务，且流量资费的大幅下降使用户消费得起视频服务；二是各类新的内容产品及应用涌现，以短视频、直播为代表的娱乐内容以及以外卖、打车为代表的生活服务类工具等，为大众娱乐、生活方式带来较大变革。这个阶段催生出了一批新互联网巨头，比如 Facebook、腾讯、阿里巴巴、今日头条等；此外，在满足居民多元化的需求的过程中，众多细分垂直领域的龙头也如雨后春笋一般冒出，如美团、滴滴出行等。

元宇宙时代也不例外，除了以上五个方向的投资版图之外，我们预计元宇宙也会在以下两个方面带来机遇：一是催生新市场、新业态；二是催生新巨头，进而带动生态合作伙伴受益。

1. 元宇宙会催生新市场、新业态

元宇宙是下一代互联网，并且囊括了现实世界，也就是说除了现有的移动互联网生态之外，将会有更多的行业和业态被复刻到元宇宙的虚拟世界中，目前已有案例：Roblox 和 GUCCI（古驰）合作，推出的"GUCCI 品牌虚拟展览"；现代汽车在 Zepeto 中开展营销活动，推广其全新的索纳塔车型，并且提供用户在虚拟空间中试驾这款新车；LG化学在虚拟平台Gather Town上进行新员工入职培训。

以上表明，互联网正在从2D的PC或手机屏升级为一个虚拟的3D空间，将吸引着越来越多的人、机构、产业入驻，这是一个彻彻底底的新兴市场，将会孕育出新的业态。

比如在营销领域，从传统的纸质报纸，到广播电视，再到互联网，营销方式随媒介变化而不断升级，陆续出现了电视广告、户外广告、信息流广告、精准营销、内容植入、内容电商等营销形式，在元宇宙时代一种新的营销模式可能会随之来临。

我们可以预见，元宇宙必将催生出新的营销方式，进而带来新的市场机遇，逻辑在于：一是元宇宙中的数据更多，因此可供广告商使用的数据将极大丰富，复杂的定位也将提升到一个全新的水平，数据将更加精确和有价值；二是元宇宙的原住民预计以M世代、α世代[①]的年轻人居多，这群人更愿意去接触新鲜事物，把元宇宙作为新兴平台去社交、娱乐、生活，因此广告商可以通过元宇宙去精准触达潜在消费群体的年轻人；三是元宇宙时代的营销将会变得更加立体和鲜活，用户可以在元宇宙中以沉浸式的方式去近距离感知产品、接触产品，使用产品并且消费产品。相较于过去的网络营销，这种身临其境的营销模式可以被定义为——实境营销。

现有的广告商预计会成为元宇宙的先行军之一，去展开实境营销的支持与服务。这种新的营销模式，也会反过来推动元宇宙生态的繁荣发展，以及为元宇宙平台引入更多的用户。

元宇宙中的实境营销只是目前我们所能想到的新业态之一，新业

---

① 《元宇宙》一书将"Z世代"这一名称迭代为"M世代"Metaverse Generation，指出生于1995—2010年的人。"α世代"指出生于2010年之后的人。

态将远不止于此。就像 2013 年前后 4G 网络刚开始发展之际，大家只预测到 4G 有利于普及移动支付、带来高清视频，但以上都是基于当时已有业态的判断，并无太大新意。人对未来的预测大多跳脱不出当下技术和思维的限制，鲜少有人会预测到各类外卖、打车平台的兴起，短视频、直播带货等业态的爆发，短短五年时间内，4G 和它催生的服务深刻改变着我们每一个人的生活。

那么随着 5G 大规模普及以及元宇宙时代的到来，会催生出怎样的新市场和新业态？未来元宇宙中新业态对我们生产生活方式的变革，将远超我们的预期。

2. 元宇宙预计催生新巨头，进而带动生态合作伙伴受益

回顾历史，从 3G 到 4G，再到 5G，市场竞争主体的类型越来越丰富，比如 5G 入局方不仅是 4G 时代的传统互联网公司，更多维度的竞争者都已出现，比如推动 5G 商用实质性落地的运营商与终端硬件商、新型媒体平台（抖音、快手）等，新的入局方会对现有市场的竞争格局带来变化。

我们预计元宇宙的入局方会更多，大概率会催生新的全球巨头出现，且新巨头的成长将会带动上下游的生态合作伙伴加速成长。

我们以成立于 2012 年的字节跳动为例，成立不到十年时间已在多赛道实现弯道超车，成为发展最快的科技公司，旗下短视频抖音是中国互联网出海领域最成功的产品之一，而抖音的崛起也带动了其上下游得到快速发展，比如网红主播、MCN 机构、直播带货/内容电商、短视频拍摄/剪辑工具等。此外还有网红经济各环节提供专业服务支持的企业，如为 MCN 提供货品供应服务的供应链公司、对接

MCN 及品牌商的专业营销平台、为平台提供品牌扩充的专业服务商、提供主播专业培训服务的公司等。

建设元宇宙是一个非常复杂的系统性工程。不管是元宇宙中新兴业态的形成，还是新巨头崛起，投资者除了关注现有优质龙头的布局方向，也要关注围绕这些新业态、新巨头成长起来的上下游协同方。元宇宙预计带来产业链上批量的新投资机会，如元宇宙的经济系统运行、硬件协同技术、服务方等，其作用在于优化整体元宇宙的运营效率，或解决资源不对称的问题。

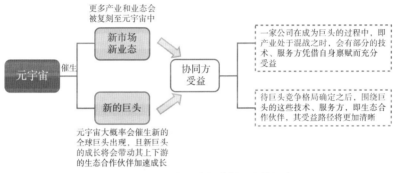

图 1-16　元宇宙六大投资版图之协同方

第三节　十年赛道迭代，投资三阶段

搭建了元宇宙投资的两大基石、构建了元宇宙投资的六大版图，我们从投资角度来看不同的三个阶段。

- 第一阶段：谁有资源禀赋去建立先发优势；

- 第二阶段：业绩估值双升；
- 第三阶段：格局稳定，龙头享受估值溢价。

一、以游戏行业为映射，端 / 页转手游的三个不同阶段

随着数字技术的发展，人类未来一定会完成从现实宇宙向元宇宙的数字化迁徙。整个迁徙过程从技术上来看，分为三个阶段，分别是数字孪生、数字原生和虚实相生。数字化迁徙之后，数字空间（元宇宙）里面会形成一整套经济和社会体系，产生新的货币市场、资本市场和商品市场。人类在元宇宙里面的数字化身，甚至也承载着永生的梦想——即使现实中的肉体湮灭，数字世界的你，仍然会在元宇宙中继续生活下去，保留真实世界中你的性格、行为逻辑、甚至记忆。

参照游戏行业迭代，回归元宇宙未来十年的发展脉络，一方面，游戏是当前最高级的互联网内容形态，且游戏具备元宇宙的部分特征、是元宇宙的先行者；另一方面，游戏是过往十年抢夺用户注意力 / 时长的内容冠军，未来的元宇宙将接棒前行。元宇宙的核心在于以怎样的席卷方式抢夺用户注意力 / 时长。

1. 游戏相比其他内容形态有着最高的综合准备度，具备元宇宙的部分特征

相比其他内容场景，游戏具备：一是行业规律，包括拟真、沉浸、虚拟世界创造；二是用户属性，包括 Early Adopter（产品尝鲜者）、年轻用户、追求新奇；三是技术准备，包括游戏引擎工具适合虚拟内容创作。

表 1-5　游戏 VS 其他内容场景：综合准备度较高

场景	综合准备度	行业规律	用户属性	技术准备
游戏	高	拟真、沉浸、虚拟世界创造	Early Adopter：年轻用户，追求新奇	工具适合虚拟内容创作，早期尝试出现（堡垒之战演唱会）
电商、生活服务	中	全品类、便捷、快速	Majority：家庭用户，追求便利	直播等全真技术起辅助作用，普及晚
企业服务	低	提升效率、降低成本	Laggards：企业主，追求盈利	需求分散，主线技术匹配度低

注：《跨越鸿沟》中提到了市场的五类用户，分别是创新者（Innovator）、产品尝鲜者（Early Adopter）、早期大众（Early Majority）、后期大众（Late Majority）、落后者（Laggard）。

资料来源：腾讯研究院。

　　游戏所构建的虚拟世界具备元宇宙的部分特征——游戏与元宇宙均需要：第一，虚拟身份——游戏与元宇宙均给予每个玩家一个虚拟身份，例如用户名与游戏形象，并可凭借该虚拟身份体验游戏、形成社交。当前游戏或社交平台与现实世界相区隔，是现实生活的附属品与补充；而元宇宙与现实世界属于平行关系，身处元宇宙之中与现实世界并无本质差异，未来人们将有权决定现实世界与元宇宙在自己心目中的主次。第二，真实、沉浸的社交系统——游戏中的社交系统在一定程度上打破了地域的限制，但真实感、沉浸感均不足。基于元宇宙所构造的虚拟世界，将带来与真实世界无异的社交体验。第三，独立、开放的经济系统——玩家使用游戏货币进行购物、售卖、转账甚至提现，玩家的游戏行为时时刻刻都影响游戏内经济系统的平衡。相较于游戏，元宇宙将拥有更加独立、开放的经济系统，去中心化的治理将所有生态用户作为命运共同体连接在一起。

第一章 备战元宇宙大浪潮

2. 游戏是抢夺用户注意力的最成功的内容形态，未来的元宇宙将接棒前行

将用户注意力拆分为用户时长与 ARPU 两大维度来分析。用户时长方面，网络游戏近十年来一直是抢夺用户注意力的一大利器，稳居移动网民人均 App 每日使用时长的 TOP7。游戏体验的高度沉浸感能够使玩家进入"心流"状态，即玩家完全沉浸于当前的游戏活动，忘却时间的流逝。而未来的元宇宙内容形态，相比游戏拟真度与沉浸感将大大提高，玩家在元宇宙中更容易进入"心流"状态，用户时长从而进一步增长。ARPU 方面，移动游戏用户增速放缓后，ARPU 持续提升，将成为驱动行业增长的关键要素。2010—2020 年移动游戏 ARPU 从 30 元提升至 321 元，复合增长率 27%，远高于中国人均可支配收入 8.4% 的增速；2018 年随着政策收紧，尾部企业和游戏出清，具备长线运营能力的头部游戏占比提升，使游戏人均付费增速出现明显拐点向上。

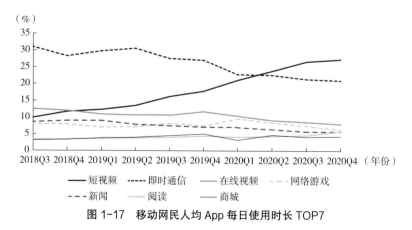

图 1-17 移动网民人均 App 每日使用时长 TOP7

资料来源：极光大数据。

图 1-18 2010—2020 年中国移动游戏 ARPU 及同比增速

资料来源：Wind。

以此为参照，元宇宙作为数倍复杂于游戏的综合经济体，在沉浸式设备、区块链技术等的加持下，将表现出更强劲的抢夺用户注意力能力，且元宇宙用户的渗透率及 ARPU 规模增速预计将比移动游戏增长更快。元宇宙内容的吸引力更强，元宇宙的经济系统让用户既是消费者又是生产者，付费能力更强。

当下大众对于元宇宙的讨论，更多偏向于游戏、社交层面，但元宇宙的内涵是极其丰富的。比如 51World 就提出了产业元宇宙的概念[1]，其认为涵盖工业、产业、整个社会层面，所涉及的技术领域也前所未有的广泛。其中数字孪生技术，与元宇宙联系非常密切——因为数字孪生技术上的成熟度，直接决定元宇宙在虚实映射与虚实交互中所能支撑的完整性。通过搭建数字孪生平台，降低数字孪生技术的应用门槛，加速各行各业进入产业元宇宙。我们认为 51World 的"产

---

[1] 51World 地球克隆研究院. 为什么元宇宙是互联网的下一站 [Z/OL]，2021-09-07.

业元宇宙"在某种意义上是"企业元宇宙"——产业内龙头企业主导的产业链上下游协同。

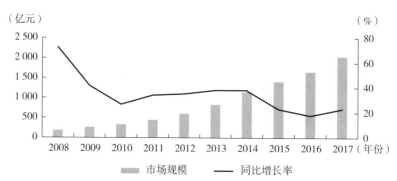

图 1-19　2008—2017 年中国游戏市场实际销售收入及增速

资料来源：伽马数据，游戏工委。

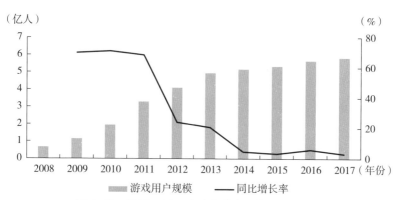

图 1-20　2008—2017 年中国游戏用户规模及增速

资料来源：伽马数据，游戏工委。

科技进步往往带来媒介迭代，进而引起内容形态变迁。回顾游戏行业，媒介端经历"PC → Web → Mobile"的变化，游戏作为一种内容，其形态也历经端游—页游—手游的颠覆性变迁。参照 A 股游戏过往二十年的历史，端、页、手的迭代，有两次关键节点、分为三大发展阶段。两次关键节点是端/页转手游的2013年前后和流量驱动转向研发驱动的2017年前后。三大发展阶段分别是2013年之前的第一阶段、2013—2017年的第二阶段、2017年之后的第三阶段。

3. 媒介迭代（PC/Web-Mobile）驱动游戏形态（端/页游—手游）变迁

（1）2013年之前的第一阶段

端游是游戏行业的先头部队，2000—2005年网络游戏以代理的方式迅速打开国内市场，用户认知逐步形成。2005—2008年行业格局快速确立，盛大、网易、腾讯、九城等大型端游公司依靠自研和代理国外大作的方式抢夺市场份额。根据艾瑞咨询统计数据显示2008年CR4占网游市场份额的47.5%，市场集中度较高，其中《传奇》《梦幻西游》《诛仙》等均是中国端游经典代表作。

受到移动互联网发展的影响，2011年起端游发展进入寒冬时期。2011—2016年，端游市场实际收入与用户规模同步下降。端游市场

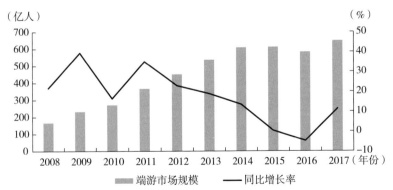

图1-21　2008—2017年中国端游市场实际销售收入及增速

资料来源：伽马数据，游戏工委。

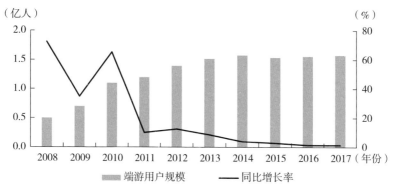

图 1-22 2008—2017 年中国端游用户规模及增速

资料来源：伽马数据，游戏工委。

收入增长率自 2011 年逐步下滑，2016 年首次出现负增长。2017 年端游市场收入回暖，端游行业实际收入 648.6 亿元，同比增长 11.4%。从端游用户规模来看，2017 年端游用户规模达 1.58 亿人，同比增长 1.7%。端游用户规模自 2010 年实现用户数量大幅增长后，此后的用户增长速度长期低迷，端游用户趋于平稳。

（2）2013—2017 年的第二阶段

PC/Web（媒介迭代）——端游转页游（游戏形态迭代）：

- 媒介端的第一次迭代是从"PC"向"Web"转变。端游 2008 年起蓬勃发展，2011—2012 年增速开始明显下滑，到 2013 年收入规模到达峰值，同时增速也几近停滞，2016 年端游市场规模首次出现下滑。页游前承端游，后启手游，于 2007 年开始崛起，2012 年发展成熟，2012、2013、2014 年页游市场规模分别实现了 47%、57%、58% 的高速增长。

- 这一阶段由于 HTML、Flash 技术的普及，PC 端的浏览器相对于客户端具有门槛更低、对计算机配置要求更低、操作相对简单等优势。页游初衷为覆盖端游未能覆盖的市场，分流部分端游玩家，在发展过程中以"低成本、高盈利"的优势迅速在国内游戏市场上占有一席之地。

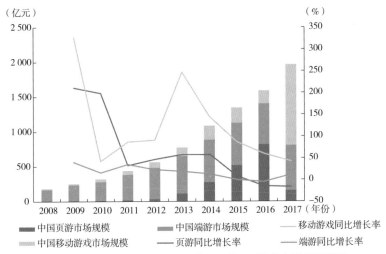

图 1-23　2008—2016 年中国端游、页游、手游收入及增长情况

资料来源：DataEye。

PC/Web 转 Mobile（媒介迭代）——端/页转手游（游戏形态迭代）：

- 媒介端的第二次迭代是从"PC/Web"向"Mobile"的转移。页游于 2014—2015 年出现颓势，同比增速从 2014 年的 58% 高位下滑至 2015 年的 8%，2015 年之后市场规模逐渐萎缩。手游兴起于国内移动互联网红利，智能手机大幅普及，4G 网络基础设施快速发展，助推手游自 2013 年起快速崛起。现象级、标志性手游产品频有爆出，纷纷越过千万流水量级，游戏厂商加大投入以顺应行业发展，知名制作团队频出。手游市场规模在2013、2014、2015、2016年高速增长，同比增速分别达247%、144%、87%、59%。

- 这一关键阶段是基础通信技术由3G向4G的升级，智能手机大幅度普及，手机取代计算机成为人们生活娱乐的核心载体，相比页游，手游更具备便携性、门槛更低同时受众更广，且伴随着之后4G网络的普及与手机数据处理能力的提升，手游也开始逐渐从轻度游戏走向中重度游戏，借此取代了页游的地位。

- 手游以超出"摩尔定律"的速度不断迭代发展，从增量市场转向存量市场仅用了约五年时间，市场规模迅速扩大，资本热度高度聚焦，迅速超越端游与页游，成为国内主流游戏类型。

（3）2017年之后的第三阶段

2017年，我国自研游戏市场集中度进一步提升，TOP10公司占据了超过八成的市场份额。以手游市场为例，2017年iOS消费额TOP10手游中有7款来自腾讯及网易自研（《天龙八部》来自畅游时代，《龙之谷》来自盛大网络，《热血江湖》来自龙图游戏），头部厂商在资本、人才、技术等各方面的资源优势进一步推动游戏精品化趋势。

同时，根据国家版权中心游戏产业知识申报数据，2017年中国游戏行业产能持续上涨，年研发游戏超过两万款，但产品整体的市场成功率并不高，以手游市场为例，单季度进入iOS畅销榜TOP50、TOP200的游戏产品数量自2016年四季度以来持续降低，市场头部产品容量持续减少，仅500家左右企业的旗下产品能进入iOS日畅销榜前200（目前活跃游戏研发公司超6 000家），新产品获取市场成功的难度越来越大，市场竞争愈发激烈。

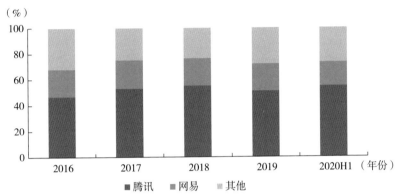

注：腾讯扣除海外收入，网易未扣除。

图1-24　2016—2020H1腾讯、网易国内市场市占率

资料来源：游戏工委，伽马数据。

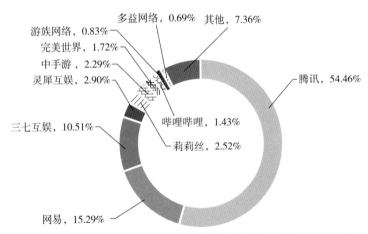

注：上市公司收入数据来源公司财报，非上市公司收入数据所处区间为根据市场份额推算。

图1-25　2020H1手游发行市场份额

资料来源：易观千帆。

2017年起，游戏行业趋于成熟，竞争格局趋于稳定。从游戏厂商2020年手游收入分布来看，头部一梯队（300亿元以上）有腾讯及网易，腾讯手游收入237.9亿美元（合1 466亿元），网易在线游戏服务收入21亿美元（合546亿元），位列第二。二梯队（100亿元+）有三七互娱手游收入133亿元，世纪华通（点点互动+盛趣游戏）收入149亿元。三梯队（100亿元以下）有米哈游、完美世界、中手游、灵犀互娱、哔哩哔哩、多益网络、游族网络、心动公司等多家中型厂商。

（文中提到的公司，仅为学术探讨所用，不构成任何推荐）

从市占率上看，头部前二腾讯、网易在2018年前市占率快速上升，2018年达到峰值76.46%后，保持相对稳定。从发行收入市场份额看，据易观千帆调研统计，按照2020H1国内已发行产品境内流水来计算，前六的厂商分别为腾讯、网易、三七互娱、灵犀互娱、莉莉丝、中手游（详见图1-25）。

二、类比PC/Web—Mobile，Mobile—元宇宙的投资三阶段

中国游戏行业自改革开放以来开始兴起，酝酿了早期的家用机时租、街机以及单机游戏等历史形态，历经了从舶来品到代理乃至自研的发展历程。随着互联网技术及其应用的推进，现代主流的网络游戏应运而生并逐渐爆发。2009年中国互联网进入快速发展期，中国游戏行业随之呈现阶梯式的增长，互联网带来的人口红利为游戏用户的增长提供了第一阶段的支持。2008—2013年，中国游戏用户规模由0.7亿人增长至5亿人，增幅达614%；中国游戏行业市场规模由

185.6 亿元增长至 831.7 亿元，增幅达 348%。

网页游戏作为网络游戏的一个分支首先吃到了互联网流量的红利。2007 年开始，网页游戏新产品不断面世；2009 年之后，网页游戏因其无须下载的特点成了流量拦截者，凭借其迅速的传播能力，一夜之间覆盖了 PC 互联网的各个角落，多款月流水过千万的网页游戏随之出现；2008—2014 年，中国网页游戏市场规模从 4.5 亿元增长至 202.7 亿元，每年的增速均高于游戏行业整体增速。

游戏用户整体的高速增长在 2013 年达到了顶峰，其后用户增长持续放缓，增长率均不足 10%，用户增长的红利越来越难以获取。但在 2013 年，我国迎来了移动互联网流量的爆发，BAT 均做大自己的超级 App，并大力投资并购，移动游戏也从中受益。2012 年，随着游奇网络《卧龙吟》、盛大网络《悍将传世》、心动网络《神仙道》等页游相继推出移动版本（页游 IP 转手游），移动 MMORPG 游戏[①]掀起了游戏行业热潮，移动游戏进入高速成长期。2013 年，借着移动互联网流量的东风，中国移动游戏实际销售收入爆发式增长了 246.95%，用户规模增长了 248.4%。国内资本市场在这一年对手游概念疯狂追逐，将并购手游公司与涨停画上等号，各类与游戏无关企业的跨界并购比比皆是。

2014 年，端游 IP 开始强势进入移动游戏市场，一批由端游改编的移动游戏进入市场（端游 IP 改手游），完美世界《魔力宝贝》手游、多益网络的《神武》手游先后上线，腾讯、网易、畅游、巨人网络等公司也相继推出了由端游改编的手游。2015 年，32 家游戏相关

---

① MMORPG（Massive/Massively Multiplayer Online Role-Playing Game）即大型多人在线角色扮演游戏。

公司扎堆新三板上市，超过之前十五年上市游戏公司数量的总和，其中绝大多数为与移动游戏相关的公司。巨人网络在退市一年之后又获得 A 股上市批文，成为第一个从纳斯达克退市回国上市的中概股。2016 年中国移动游戏市场的销售收入达到了 819.2 亿元，移动游戏占比历史性地超过了端游。2017 年以来，随着自媒体平台的快速发展，私域流量的积累为游戏的发行提供了新的投放红利，抖音、快手等短视频平台强大的流量基础为游戏的广泛投放提供了有力的保证。

目前游戏行业发展进入成熟期。一方面，人口红利（新流量）殆尽全方位影响游戏行业发展，国内市场与出海市场均陷入竞争愈发激烈的内卷状态。另一方面，游戏面临短视频、直播等新内容形态争夺用户时长，同时玩法创新陷入阶段性瓶颈、在微创新迭代与同质化陷阱之间轻微摇摆。因此，以游戏为代表的内容行业迫切需要元宇宙及其代表的新技术、新玩法、新模式带来增量以强化竞争力。从投资角度出发，我们由端/页游转手游来映射元宇宙投资的未来三阶段。

1. 元宇宙投资的第一阶段

类比端/页转手的第一阶段——起步阶段：新内容试水引发时长关注（对应于端游/页游收入占据主导，手游低基数、高增长）。端游、页游发展较为成熟，占据游戏行业主导地位。手游作为新兴游戏形态伴随网络条件改善、智能手机普及兴起，手游月流水千万级代表作《捕鱼达人》《神仙道》《世界 OL》《我叫 MT》等涌现。游戏厂商盛大、网易、腾讯等加强手游市场投入，同时手机入口类应用商店、第三方买量渠道先后快速崛起。

M 世代（包括 α 世代）接棒 Y 世代，代际切换带来新型需求，游戏及互联网公司的新赛点在于对新一代用户（元宇宙原住民）需求的承接。Roblox 公布的数据显示，12 岁以下的用户数（即 α 世代）占比达到 54%，性别结构基本均衡。α 世代在 Roblox 上表现出旺盛的创造力，已经开始参与元宇宙的构建，推动元宇宙向更高阶的维度发展。相比 Y 世代及之前世代，M 世代（包括 α 世代）是人类历史上与生俱来与尖端科技互动，并将科学技术进步完全融入生活的第一代人，他们将是元宇宙原住民。

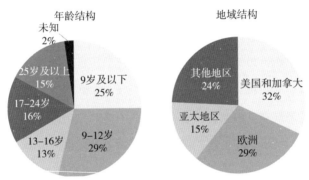

图 1-26　Roblox 年龄及地域结构

资料来源：Roblox 招股说明书。

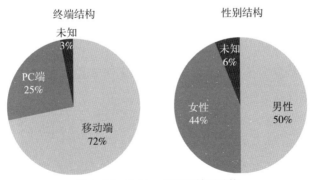

图 1-27　Roblox 终端及性别结构

资料来源：Roblox 招股说明书。

VR/AR、人工智能、区块链等众多新兴技术均缺少单独的大规模落地场景，正努力寻求突破。技术公司出于生存意志力，会迫切寻找应用场景，并不断探索相互之间各种可能的组合方式，围绕元宇宙共同目标"合作奋斗"。以 VR/AR 为例，中国信通院预测全球虚拟（增强）现实行业规模，在 2024 年 VR/AR 的市场规模均接近 2 400 亿元。围绕 VR/AR 的可拓展场景也会进一步打开想象空间。

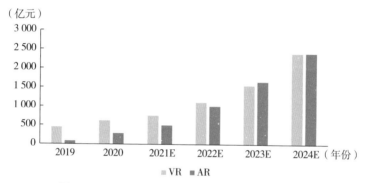

图 1-28　2019—2024E 全球 VR/AR 市场规模预测

资料来源：中国信通院，VRPC。

映射到元宇宙时代，元宇宙及其代表的新技术、新玩法、新模式为全行业带来增量，元宇宙相关业务将快速兴起，现象级的元宇宙内容产品间有爆出，引发全市场的关注与跟进，越来越多的厂商快速入局、匹配资源去大力布局。这一阶段的投资，精髓是投资于具备资源禀赋且能执行出先发优势的公司。

2. 元宇宙投资的第二阶段

类比端/页转手的第二阶段——成长阶段：景气度上行带动入局方业绩估值双升（对应于端游和页游逐步衰退，手游继续高速增长、渐成碾压之势）。端游于2011—2012年增长出现颓势，同比增速从2011年高点（35%的同比增速）下滑至2015年增长几乎停滞（零增长）；页游则于2012—2014年分别实现了47%、57%、58%的高增长。页游于2014—2015年现颓势，同比增速从2014年的58%高位下滑至2015年的8%，随后步入负增长阶段；同期手游市场规模大幅上升，2014—2016年同比增速超过50%。2014年，手游市场规模超越页游。2016年，手游市场规模超越端游。

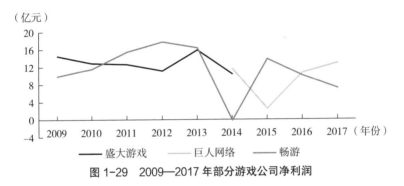

图1-29　2009—2017年部分游戏公司净利润

资料来源：Wind。

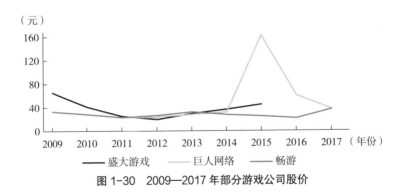

图1-30　2009—2017年部分游戏公司股价

资料来源：Wind。

我国游戏行业发展时间较短，在二十年间快速经历了端、页、手的变革及人口流量红利。在这一历史背景下，多数游戏公司积淀薄弱，主要依靠单一产品线生存，例如盛大的传奇系列、巨人的征途系列、畅游的天龙八部系列等。这一类型的游戏公司在度过单一爆款带来的快速增长期后，如果不能继续推出市场认可的新产品，则可能后继乏力，导致相应的年度收入与利润有较大幅度的下滑。

映射到元宇宙投资当中，元宇宙内容收入高速增长，用户体验得到升级后对元宇宙内容的选择将呈现为不可逆的特性，手游等其他内容的用户加速向元宇宙迁移，元宇宙内容的收入占比逐年提升。在此阶段，顺应行业发展趋势具有前瞻性布局的公司将显现出业绩的高弹性，进一步提升市占率或巩固龙头地位，元宇宙产业链上的各家受益公司预计迎来业绩与估值的双升。

3. 元宇宙发展的第三阶段

类比端/页转手的第三阶段——成熟阶段：竞争格局已现（对应于手游占据绝对主导，各公司收入规模开始分化、竞争格局形成）。手游取代端游、页游，成为游戏行业主导。在端转手、页转手的过程中，游戏厂商逐渐分化，部分原游戏龙头掉队，新的游戏力量持续壮大。

随着游戏市场规模增速的放缓，行业的逻辑由增量转向存量竞争，而在存量的搏杀中，龙头公司的地位将愈发稳固，将大概率进一步挤压其他厂商的市场份额。腾讯和网易凭借着自身在IP授权、自主研发、运营推广、互联网生态等方面的绝对优势成为游戏市场的巨头。在头部内容方面，腾讯和网易更是占据压倒性的优势。市场中二线及以下的游戏厂商机会更在于长尾，这一趋势在游戏运营行业中尤为明显。

现阶段中国游戏公司中,腾讯、网易及完美世界在产品线中既能保证精品又能保证多元,多点开花的产品线也是这三家公司年报业绩高增长及股价持续上扬的重要保障。我们分析上述三家公司产品线的造血动力主要有:一是广泛布局产业链上下游企业。上游并购或参股代理发行的游戏研发团队,下游投资或设立分发平台、服务平台。二是强大的研发实力及严格的内部淘汰机制,对储备项目进行多轮评级审定以确保精品。

(文中提到的公司,仅为学术探讨所用,不构成任何推荐)

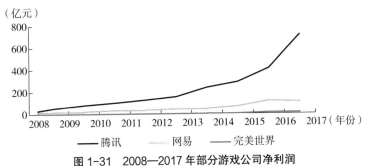

图1-31　2008—2017年部分游戏公司净利润

资料来源:Wind。

图1-32　2008—2017年部分游戏公司股价

资料来源:Wind。

映射到元宇宙投资，向元宇宙的探索过程中，行业的竞争格局将持续演变。部分原有公司顺应行业趋势、基于资源禀赋成功实现跨越，中间有新的突围者诞生并逐步壮大，元宇宙时代的秩序重新树立，龙头将享有更高的估值溢价。

此外，参照游戏行业迭代回归出元宇宙未来十年的投资三阶段，仅仅是以小见大，存在未尽之处。一方面，以游戏行业作为元宇宙的参照物，只是推演了"to C"元宇宙内容部分的发展阶段，"to B"元宇宙也大致会经历类似的三大发展阶段。另一方面，内容仅作为一种场景形态，支撑内容的各类"硬科技"是三大发展阶段的隐形推手。元宇宙的最终内容形态尚未确立，在无限逼近其最终形态的过程当中，也会间有全新的内容形态产生，依次进入三大发展阶段，带动其他软、硬件的发展与进步。（**见附后彩页备战元宇宙投资图**）

第二章

紧抓元宇宙本质

2021年10月17日，Facebook宣布计划未来五年内在欧盟创造1万个工作岗位，以推动建立一个被称为"元宇宙"的数字世界。

2021年3月，据英文科技媒体《The Information》透露，Facebook已雇用近1万名员工从事与VR/AR相关的工作，这一数字占Facebook全球员工总数的比例接近五分之一。

1万人之后又将有1万人，Facebook将由领跑VR/AR直接跨越至领跑元宇宙——2020年8月，Facebook将VR和AR团队更名为"Facebook Reality Labs"；2021年7月，Facebook首席执行官马克·扎克伯格表示，希望在未来五年内将Facebook转变为一家元宇宙公司；2021年10月28日，Facebook宣布将公司名称更改为"Meta"。

Facebook毫不掩饰对元宇宙的野心，元宇宙能否成为改变人类历史进程的事件？从现实到虚拟需要多少技术准备？是否这个过程很快就到来？元宇宙的本质到底是什么？

本章我们着力探讨元宇宙投资的核心脉络。产业运行的大趋势中，资本是协助的力量，资本的入局，可以撒向各大版图、各细分方向，但使命是协力于什么？这是任何资本在入局之际，值得深思且坚持的内核。元宇宙的未来，承载了用户追求仿真感官体验的希冀、科技递归式提升。由元宇宙定义出发，我们给出元宇宙的本质——所有感官体验数字化；元宇宙致力于感官体验的高度仿真，故元宇宙的投资脉络，即围绕"所见即所得"。

第一节　互联网本质：信息与视听体验的数字化

一、工业与互联网的发展史即生产力进化史

回顾人类发展历史，每一次的重大科技发明都推动社会大变革，进入一个全新的时代。我们从工业革命、互联网革命两个维度去回顾人类社会的发展。

目前比较主流的分析方法，分为四次工业革命：

- 工业革命 1.0（18 世纪 60 年代到 19 世纪中期）：蒸汽技术带来

机械化。标志是蒸汽机的出现，开创了以机器代替人工的工业浪潮。第一次工业革命使用的机器以蒸汽或者水力作为动力驱动，首次用机器代替人工，具有非常重要的划时代意义，人类社会由此进入了"蒸汽时代"。

- 工业革命2.0（19世纪下半叶到20世纪初）：电气技术带来电气化。标志是内燃机、电力的运用，新的能源动力和机器推动了第二次工业革命的发生。电器得到了广泛的使用；此时的机器有着足够的动力，汽车、轮船、飞机等交通工具得到了飞速发展，机器的功能也变得更加多样化。此外，由于电话机的发展，人们之间的通信变得简单快捷，信息在人们之间的传播也为第三次工业革命奠定了基础。

- 工业革命3.0（20世纪下半叶起）：信息技术带来自动化。以计算机、航空航天、原子能为代表，我们进入信息时代。第三次工业革命相对于第二次工业革命发生了更加巨大的变化，一方面，使得传统工业更加机械化、自动化，降低了工业成本，改变了整个社会生产的运作模式，逐步转向规模化生产；另一方面，工业不再局限于简单机械，原子能、航天技术、电子计算机、人工材料、遗传工程等具有高度科技含量的产品和技术得到了日益精进的发展。以互联网为信息技术的发展和应用几乎把地球上的每个人都联系了起来。

- 工业革命4.0（21世纪初至今）：融合创新技术带来智能化。以人工智能、无人驾驶、清洁能源等为代表，我们进入智能化时代。第四次工业革命的时间比较模糊，到今日，第四次工业革命的成就尚未覆盖第三次工业革命的规模，我们现如今应处于第三次工业革命到第四次工业革命的过渡期。未来物联网技术和大数据在第四次工业革命中承担核心技术支持，越来越多的机器人会代替人工，推动人类社会从"信息化"向"智能化"转变。

图 2-1　从工业革命 1.0 到工业革命 4.0

在工业化的浪潮中，在第二次工业革命之后，随着计算机和信息技术的发展，人类逐步进入了互联网时代，这是一次全新的革命，我们可以称之为互联网变革的开端。互联网发展至今，近五十年的技术迭代主要包括 PC 互联网与移动互联网两个阶段。

- 互联网革命 Web1.0（约 1970 年起）：计算机普及带来 PC 互联网。虽然 1946 年第一台电子计算机问世，但早期的计算机体积庞大、价格昂贵，只在特定领域使用。直到 1971 年首款个人计算机才诞生，开创了微型计算机的新时代，应用领域从科学研究、政府机构逐步走向家庭。随着计算机技术的成熟，20 世纪 90 年代是互联网大发展的时代，包括万维网诞生，诸多浏览器问世，Google、搜狐、新浪、腾讯、阿里巴巴等互联网公司成立。同时个人计算机广泛普及，人们的生活不再只局限于现实世界，也增加了一个虚拟网络世界。

- 互联网革命Web2.0（约2000年起）：4G加速移动互联网发展。回顾移动通信技术的发展历程，从20世纪80年代的1G开始，基本保持了每十年一代的发展规律。2G实现了数字通信，手机出现；3G奠定了移动互联网的基础，新闻客户端、手机游戏得到发展，在此阶段的2007年，第一代iPhone发布，智能手机开始加速普及；4G驱动移动互联网大发展，2010年之后的十年，是移动互联网的黄金十年，移动互联网在很多方面进一步颠覆人们的生活、体验、价值认知，如社交、网络购物、线上生活服务等，同时成就了一批新互联网巨头，如Facebook、Twitter（推特）、腾讯、阿里巴巴、字节跳动等。

- 互联网革命Web3.0（约2019年起）：5G孕育着下一轮新技术革命。2019年可能是互联网变革史上最为深刻的一年，无论是5G、人工智能等技术突破，还是地缘政治冲突、中美科技博弈，都预示着下一个互联网时代的机遇与挑战。各大国着力发展5G，2019年10月我国5G商用正式启动。5G正在成为大国科技竞争的制高点，孕育着下一轮新的技术革命。从技术层面看，未来更加先进的人工智能、大数据、云计算等都将围绕5G产生变革，而5G也将实现真正的万物互联，促进"互联网"向"物联网"升级。

通过回溯工业与互联网这两大变革对人类发展进程的影响，我们认为互联网充分发挥了先进生产力的工具作用，且这一工具的作用到今日越来越凸显，加速了人类进步的速度。

图 2-2　从互联网革命 Web1.0 到互联网革命 Web3.0

工业革命带来了蒸汽机，带来了电力，以及各类先进的技术，人类在工业革命后步入发展快车道。在政治层面，工业革命推动了现代国家的诞生，即现今的全球政治、经济格局实质上是由工业革命缔造的。

在 20 世纪 90 年代，互联网兴起之时，大多数人并没有将互联网革命提到与工业革命同等的地位，原因在于当时的互联网还没有到影响全球格局的层次，而是倾向于认为互联网作为一种技术整体上仍处于工业社会的框架之下，其主要作用是提升工业生产效率，但并不会对工业时代的模式体系产生根本影响。

但互联网革命的意义，可能并不亚于两百多年前的第一次工业革命。从工业革命 1.0 开始，工业革命改变全球格局花了二百多年的时间，而互联网诞生至今才五十多年，已经深刻颠覆人类生活、生产的方方面面，其中互联网充分发挥了新的先进生产力的工具作用。最直观的体会就是智能手机带给我们生活的便利，充分将各类信息数字化。一部手机不仅能实现最基本的实时交流功能，还可以整合生活、学习、工作和娱乐等多项需求。在互联网革命的影响下，工业时代以来产生的全球经济格局和社会生产结构，都在被重塑。

互联网第一次将经济发展的重点扩展至"人"的身上。工业革命爆发后的近两百多年来，经济发展的侧重点都集中于生产力的提升，而不是强调以人为中心，如工业1.0的蒸汽机、2.0的电力、3.0的计算机。虽然计算机是与当下联系最紧密的创新，但计算机直到20世纪90年代才开始大范围普及。我们认为互联网革命是真正意义上把经济发展的重点从原来对生产的关注扩展至对"人"的关注。人类有了互联网特别是移动互联网之后，生活的内容和体验获得极大提升，尤其是在视（文字、图片、视频、直播）、听（音频）领域，互联网令发展机遇在不同的社会阶层之间实现了更扁平化的延伸。

未来互联网革命终究会影响全球经济竞争格局。在工业时代，以及对3G、4G时代的技术主导权一直掌握在西方国家手中，我国错失了发展机遇。但到了5G时代，全球竞争格局开始发生改变，我国在5G建设领域已经与西方发达国家站在同一起跑线上，已经涌现出一批优秀的科技企业，如全球领先的华为5G基建设备。

二、互联网未来的进化方向是什么

历次互联网的迭代都伴随着新硬件的出现，PC互联网时代的硬件是个人计算机，移动互联网时代的硬件则主要是以手机为代表的便携式移动设备。在移动互联网发展早期，彼时手机还有多种按键设计，各手机厂商还推出很多外形不同的手机。2007 年第一代 iPhone 的发布，一改之前诸多按键的设计，宣告着进入智能手机时代，但智能手机经过十四年的发展，直到今天仍没有太大的变化，无非就是屏幕更大、"刘海"更窄、电池续航更久，甚至各手机厂商所生产的手机从外形上来看都很相似。

移动互联网发展至今，被大规模使用的手机这一硬件并未发生根本性变化，那谁来取代手机成为下一代互联网的硬件载体？既然互联网的迭代是跟着硬件走的，那我们从新硬件的角度出发，去看未来有哪些硬件可以取代手机。目前市场至少已经有四种新硬件出现：智能电车、XR 设备、马斯克的星际运输系统以及智能机器人。

以上四个新硬件既有共同点也有不同之处，相似之处是它们都更加的智能化，本质上都是融合了系列新技术，比如人工智能；不同之处在于，四个新硬件指向了未来互联网可能的几种出路：

- 智能电车——指向人的生活场景的智能化；
- XR 设备——指向元宇宙，或者说包含了现实物理世界的虚拟集合；
- 马斯克的星际运输系统——指向火星，脱离地球；
- 智能机器人——指向智能生活的方方面面。

严格意义上来说，其中智能电车和智能机器人指向的是同一类出路，智能电车的本质并不是汽车，而是带轮子且可以跑的智能手机。

我们预计未来智能电车在硬件上也会越来越相似（类似手机的迭代），而汽车厂商们主要竞争点在于软能力。如果从时间和空间两个维度来看，智能电车和智能机器人对人的改变并不大，就如同智能手机代替过去用的计算机，而现在智能电车和智能机器人又将其取而代之。

而马斯克的星际运输系统主要是从突破空间限制的维度，去思考人类未来生存方式，甚至是思考未来人类命运的走向，距离真正实现还太遥远。

目前来看，XR设备是最被业界寄予厚望的，有望取代手机成为下一代被规模化使用的新硬件。而XR所指向的元宇宙，在时间和空间的维度上都有一定的探索。也就是说，元宇宙相对于互联网的迭代，是除了发挥互联网的工具功能之外，使我们整个的感官体验实现全面的数字化。

因此，从新硬件演变的角度看，站在当下，我们认为互联网的未来出路之一，即为元宇宙。

第二节　元宇宙本质：所有感官体验的数字化

一、元宇宙在时空维度上着力于感官体验的仿真

从庄子到马斯克

既然元宇宙是囊括了"现实世界"与"虚拟世界"的一个更大集

合，这背后还有一个关键的问题需要思考——什么是虚拟？什么是现实？虚拟与现实是什么关系？虚拟与现实之间的无缝切换是基于什么？

在人类历史上，有许多中西方的哲学家，都对虚拟、现实以及二者之间的关系问题进行过探讨，这也成为理解元宇宙本质的思想源泉。

（1）庄子：庄周梦蝶

"庄周梦蝶"典出《庄子·齐物论》："昔者庄周梦为胡（通"蝴"）蝶，栩栩然胡蝶也，自喻适志与！不知周也。俄然觉，则蘧蘧然周也。不知周之梦为胡蝶与，胡蝶之梦为周与？周与胡蝶，则必有分矣。此之谓物化。"故事的大意是，庄子有一天做梦。梦见自己变成了蝴蝶，栩栩如生，然而梦醒之后发现自己还是庄子。于是庄子疑惑，究竟是庄子在梦中变成了蝴蝶，还是蝴蝶在梦中变成了庄子？

"庄周梦蝶"是庄子借由其故事所引出的一个哲学论点——人如何认识真实，作为认识主体的人究竟能不能确切地区分真实和虚幻？如果梦足够真实，人没有任何能力知道自己是在做梦。同时，针对这个问题，庄子也阐述了自己的观点，即"物化"思想。"物化"是庄周哲学中一个非常重要的观点，说的是一种"泯除事物差别、彼我同化"的精神境界。

在一般人看来，一个人在醒时的所见所感是真实的，梦境是幻觉，不真实的。庄子却不以为然，认为醒是一种境界，梦是另一种境界。也就是说，梦幻就是现实，现实就是梦幻。

（2）笛卡尔：恶魔假设[①]

关于"我"与"存在"的问题，笛卡尔提出了自己的思想实验——"笛卡尔的恶魔"。假如有一个恶魔，它可以任意修改并欺骗我们的五感，如果我们所看到的、所闻到的、所听到的、所尝到的、所摸到的，都可以被这个恶魔修改，那么我们应该如何确定现在的我们，是否正在被这个恶魔欺骗呢？如果我们不可避免地被恶魔所欺骗，我们无法分辨出现实是恶魔创造的幻象还是真实，那么，有没有什么事物是可以确定为真实存在的呢？

我们如何分辨自己是否被恶魔欺骗，或者说我们是否生活在真实世界之中，而不是生活在幻象之中？我们可能对此无法确知和确证。但与此同时，笛卡尔也给出了他的思考，如果说这个世界上的一切生命、一切现象、一切存在都值得怀疑的话，那么在怀疑外界的过程中，有一件事是我们唯一可以确定以及肯定的，那就是"我们"在思考，一切的怀疑都源自"我们"的思考，既然"我们"正在思考，这也说明了"我们"一定是存在的，否则是什么东西在思考呢？故谓之："我思故我在。"

（3）普特南：缸中之脑

现代医学的发展证明，人类对于周围环境的感受以及内心思想和意识，均是来自神经元之间的电信号传递。有研究结果表明，只要给大脑的某个区域施加某种电信号，即使没有什么事发生，大脑也会做出相应的反应。在这个研究的基础上，美国著名哲学家希拉里·普特南（Hilary Putnam）1981年在其出版的《理性、真理与历史》一书中，

[①] 杨帆 Ocean. 庄周的蝴蝶与笛卡尔的恶魔［Z/OL］.（2019-08-09）. https://zhuanlan.zhihu.com/p/76675953.

提出了著名的"缸中之脑"假想[①]。

"一个人（可以假设是你自己）被邪恶科学家施行了手术，他的大脑被从身体上切了下来，放进一个盛有维持脑存活营养液的缸中。脑的神经末梢连接在计算机上，这台计算机按照程序向脑传送信息，以使他保持一切完全正常的幻觉。对于他来说，似乎人、物体、天空都存在，自身的运动、身体感觉都可以输入。这个大脑还可以被输入或截取记忆（截取掉大脑手术的记忆，然后输入他可能经历的各种环境、日常生活）。"不论是视觉、听觉、痛觉还是思维，最终都是通过电信号交由大脑处理的，因此这个大脑极有可能完全不知道自己是被控制的，而是认为自己就是在实实在在地活着。

这个假想提出了一个最基本的问题："你如何担保你自己不是在这种困境之中？"普特南和许多思想家都对我们是不是"缸中之脑"做出了逻辑论证，但论证之外更重要的是，让我们思考"虚幻与现实的关系"。

（4）马斯克：矩阵模拟假设[②]

马斯克曾在不同场合提到过"矩阵模拟假设"（Matrix-style simulation）。矩阵模拟假设的基本逻辑是："人类出现在地球上的历史才不到一万年，而宇宙已有将近 140 亿年的历史，所以这段时间足够宇宙中许多其他文明兴起，且达到了非常高级的程度。更古老、更高等的文明很有可能就是我们的造物主。从统计学角度看，在这么漫

---

① ［美］希拉里·普特南. 理性、真理与历史 [M]. 童世骏, 李光程, 译. 上海：上海译文出版社, 2005.
② 网易. 马斯克：人类极有可能活在更高文明模拟的矩阵游戏中［Z/OL］.（2021-10-17）. https://www.163.com/dy/article/GMGLA7CQ05520JWQ.html.

长的时间内，很有可能已经存在一个文明，且找到了非常可靠的模拟方法。这种情况一旦存在，那么他们建立自己的虚拟多重空间就只是一个时间问题了。"马斯克认为，我们生活的所谓"现实"，很可能是更高级文明创造或模拟出来的，人类文明很可能与游戏一样，是许多模拟文明中的一部分。

矩阵模拟假设是随着计算机技术的兴起而出现的，其基本含义是"我们所处的这个现实世界，其实是一种更高智能的计算机模拟而成的，正如我们现在通过计算机的数字技术，来模拟现实世界从而制造一个数字世界一样"。

除了以上所提到的庄周梦蝶、笛卡尔的恶魔假设、普特南的缸中之脑假想之外，还有诸如印度教的摩耶、柏拉图的"洞穴寓言"等，都对关于虚拟与现实的关系问题进行了思考，甚至有一些科幻小说和电影也在探索虚拟和现实的问题，如电影《黑客帝国》《异次元骇客》《盗梦空间》《源代码》等，以及2021年上映的电影《失控玩家》。

在《黑客帝国》中，当 Neo 第一次拔掉身上的管子并见到这个荒诞的现实世界之前，Morphis 拿出了两个药丸，若吃掉蓝色药丸，这所谓的"现实"都只是南柯一梦，可以继续回到 Matrix 中过自己朝九晚五的生活；如果吃掉红色药丸，则梦会醒来。

电影《盗梦空间》所描绘的一些场景也像极了庄子的观点。主演小李子去招募药剂师的过程中，来到了药剂师的地下暗室，发现有很多人在这里睡觉，或者说做梦。于是小李子便问道："他们每天来这做梦吗？"管理员回答说："不，他们是为了醒来，梦境已经变成了他们的现实，谁又能说不是呢？"当梦境如现实同等真实的时候，梦境是否就是一种真实呢？反过来说，我们又如何确定我们的真实不是一个梦境呢？

虚拟与现实之间的无缝切换，基于元宇宙在时空维度上，着力于感官体验的仿真——若感官体验在虚拟与现实中几乎无差异，虚拟与现实的差异就只限于概念与词语了。

二、元宇宙在投资脉络上协力于"所见即所得"

前面我们列举了庄子、笛卡尔、普特南、马斯克的案例，了解到先哲以及科技大咖对于"什么是虚拟、什么是真实？"的思考。我们发现这里面有一些共性，即系列假说大多围绕人的"体验"去论述，如"栩栩然""五感"，还有的指向更高的文明和数字化。这有助于我们去理解元宇宙的本质——所有感官体验的数字化，感官体验高度仿真后，虚拟与现实的差异性愈发模糊，虚拟世界中所见到的，即能感官体验到的，既然能感官体验到的，与现实物理世界中真正拥有/所有/所得的就没实用上的差异了——所见即所得！

从元宇宙的定义与本质出发，元宇宙投资须紧密围绕且协力于"所见即所得"。所见即所得有两层含义：一是元宇宙中人的感官体验的高度仿真，"仿真"的"真"并非要与我们在现实世界一样，而是要在体验上和"真"的一样，所见到的/感受到的如同所有的/得到的；二是元宇宙中的所有体验，能与现实世界互通，这样意味着不再特意去区分人是在虚拟世界还是现实世界的体验，人想在哪个世界体验，就愿意停留在哪个世界。就像电影《盗梦空间》中，就有多重梦境的设计，其中许多人愿意停留在梦境的世界。

从互联网到元宇宙，人的体验越来越高级、真实，元宇宙将作用于人的三个维度即时间、空间、体验,在技术上实现了人的感官体验的数字化。

以前的体验容易区分虚拟的还是现实的,而元宇宙中唯一"真实"的只有感观体验。元宇宙发展成熟的标志,是使人达到数字化的"真实"体验,这里的"真实",是指沉浸式的真实体验。在元宇宙中,不管我们是身在虚拟世界还是现实世界,只要体验是沉浸式的,就不用去区分是虚拟的还是现实的。

以前的技术实现的是视觉和听觉的仿真,而元宇宙是全面感官的仿真。人能接收到信息的途径无外乎视觉、听觉、触觉、嗅觉、味觉,移动互联网从视、听两个维度,实现了人的感官数字化,而未来的元宇宙将能从五感维度实现人的感官数字化。

互联网在空间上仍是二维呈现,而元宇宙在空间上则是三维呈现。移动互联网在 PC 互联网的基础上,扩展了时间与空间的广度,即移动设备的可移动性使得人们能随时随地获取信息,但此时的空间呈现仍是以二维为主。而元宇宙则从空间的维度,更强调感官体验的全面跟进,用户的感官体验得以高度仿真,当下互联网的平面功能将被三维立体化在元宇宙中呈现。

感官体验在元宇宙中的高度仿真,即元宇宙作用于人的三个维度——时间、空间、体验。元宇宙的投资,不论涉猎于哪个版图,其使命都是协力于此,人的感官体验高度仿真化后,元宇宙中的所见即可所得。

第三章

决胜元宇宙投资

元宇宙，小则是一个全新的虚拟世界，大则囊括现实物理世界。作为一个新产生的存在，它的发展必然不会像现实物理世界一样，一切秩序与规则都须从无到有、以亿万年为单位来进化。现代的我们直接入住进去，人类历史发生过的事件会在元宇宙再发生一遍吗？

或许像电影《黑客帝国》中描述的那种虚拟空间，人们可以在头部后面植入脑机接口，连接到虚拟空间……那样的话，元宇宙一定不是互联网的简单升级！

第一节　第三次计算文明，数据洪流带来的计算架构升级

伴随着每一次交互的改变，现代科技将计算平台升级。一般人们会把个人计算机和互联网认为是最早的计算平台，人类借此拿到了进入数字世界的钥匙。手机和移动互联网紧随其后，形成了第二波信息科技浪潮，打开了人类进入数字世界的大门。现在正处于VR/AR（信息技术/信息与通信技术）眼镜、智能耳机等穿戴设备取代手机这一信息平台的交互式升级中，而元宇宙就是下一代计算平台——新硬件带来感官增强、数据洪流带来计算架构的升级。

三次计算文明变革及其带来的用户体验升级：

- 第一次计算文明——个人计算机+互联网=信息数字化；
- 第二次计算文明——智能手机+移动互联网=视听数字化→人的关系数字化；
- 第三次计算文明——XR+元宇宙=人的体验数字化。

呼应《元宇宙通证》对IT与互联网的回溯，我们用计算文明这根衔接主线，即信息化、数字化、数智化，串联起各个发展阶段。我们先回溯了八十五年的计算文明，再聚焦至具体的关键节点，其中数

字化是衔接中枢，数字化前承信息化，后启智能化。IT与互联网的融合发展结果，首先是信息的数字化（信息化），然后是人的关系数字化（数字化），最后是人的体验数字化（数智化）。

IT技术最早发源于半导体，然后发展出计算机、通信网和互联网，进而演进到现在的人工智能、XR、云计算、大数据、物联网、工业互联网、区块链、量子计算等。《元宇宙通证》将IT/ICT划分为四大阶段：

- 半导体时代（1833—2005年）；
- 计算机时代（1936—2010年）；
- 通信与互联网时代（1980—2018年）；
- ABCD大时代（2011—2020年）。

互联网是个一直在快速发展演变的复杂综合体，从不同历史时期和不同层面，可以有不同的划分阶段。一部互联网史就是一部人类扩展网络互联的文明史。在技术、商业、政府和社会的互动与博弈中，互联网发展之路，既是时代的必然，也充满了偶然。《元宇宙通证》将互联网划分为四大阶段：

- 互联网基础设施建设时期（1969—1993年）；
- PC互联网时期（1994—2010年）；
- 移动互联网时期（2007—2017年）；
- 元宇宙时期（2021—）。

1. 半导体时代（1833—2005 年）：奠定三次计算文明的基础

20 世纪是科学技术突飞猛进的 100 年，原子能、半导体、激光、电子计算机被称为"20 世纪的四大发明"，而后三者的发明彼此密切相关。其中，半导体材料的发明对 20 世纪的人类文明影响巨大。

从 1833 年英国科学家巴拉迪首先发现硫化银材料的半导体现象，到 2005 年全球半导体产业舵手张忠谋卸任台积电 CEO，半导体已经成为必不可少的底层材料。时至今日，几乎所有电子产品与计算机组件里都有半导体的存在。可以说，半导体为三次计算文明（PC 互联网、移动互联网、元宇宙）奠定基础。

2. 计算机时代（1936—2010 年）：个人计算机从无到逐渐普及

IT 发展初期的计算平台以服务器与台式计算机为主，主要供大型机构使用，后个人计算机逐步普及。20 世纪 60—70 年代，IT 行业处于大型机阶段，该阶段主要由 Burroughs、Univac、NCR、Control Data、Honeywell（霍尼韦尔）等公司统治；20 世纪 80 年代，DEC、IBM、Data General、Prime 等公司崛起，小型机如雨后春笋般快速涌现。

20 世纪 90 年代，IT 行业进入个人计算机时代，Microsoft、Intel、IBM、Apple 等公司成为行业领军者；同时伴随技术进步，IT 行业迎来软件大爆发，Office 办公软件、金山词霸等软件快速普及，为生产、工作、生活提供便利。

2010 年，Apple 发布第一台 iPad，既填补了 Apple 在智能手机和笔记本电脑之间的真空地带，又提出了灵活自如的操作系统解决方案，标志着个人计算机时代的临界点到来，此后智能手机、平板电脑等移动终端迅猛兴起。

3. 互联网基础设施建设时期（1969—1993 年）：军转民之前

互联网的基础设施建设，起初由政府出资，主要面向军事研究，网络规模和用户规模小，数据传输速率低。

从 20 世纪 70 年代末开始，即使当时的互联网还没有商业可行性，却实现了令人难以置信的增长速度。后来，1G、2G、3G、4G、5G 等系列通信网络的发展，TCPP、HTML、MIME、WWW 等一系列协议、标准、产品的创建，才为互联网的迅速普及真正扫清了障碍。

4. PC 互联网时期（1994—2010 年）：互联网技术社会化启用

互联网技术社会化启用阶段始于 1994 年。1994 年，美国克林顿政府允许商业资本介入互联网建设与运营，互联网得以走出实验室进入面向社会的商用时期，开始向各行业渗透。这也是我国互联网发展的起步阶段。1994 年 4 月，中关村地区教育与科研示范网络工程进入互联网，这标志着我国正式成为有互联网的国家。之后，ChinaNet（中国公用计算机互联网）等多个互联网络项目在全国范围相继启动，互联网开始进入公众生活，并在我国得到迅速发展。在有了基础建设的普及后，越来越多的人需要上网，于是 PC 终端被大量普及。此时，互联网的主要作用为连接人与人以及获取资讯。Web2.0 更注重用户的交互作用，用户既是网站内容的浏览者，也是网站内容的制造者。

1999 年是互联网史上最疯狂的一年。1998 年到 2001 年期间，埋设在地下的光缆数量增加了 5 倍。全美 70% 以上的风险投资涌入互联网，1999 年美国投向网络的资金达 1 000 多亿美元，超过以往十五年的总和，IPO（首次公开募股）筹集的资金超过了 690 亿美元，是有史以来融资额第二大的年份。那一年美国 457 家完成公开上市的公司当中多数与互联网相关，其中 117 家在上市首日股价翻番。美国有史以来 IPO 开盘日涨幅前 10 大的交易中有 9 桩是发生在这一年。在当年，美国 371 家上市的互联网公司已经发展到整体市值达 1.3 万亿美元，相当于整个美国股市的 8%。

5. 通信与互联网时代（1980—2018 年）：智能移动设备从无到逐渐普及

20 世纪 80 年代，1G 正式进入生活，此后三十年间，通信技术不断迭代至 5G，信息传达也从文本、图片、升级至音频、视频、直播。在 3G 时代，网络基础设施较完善、用户容量较大，同时触屏操控、支持各类应用软件的智能手机不断更新面世。在 4G 时代，网络下载速度提升，网络资费大幅下降；网络视频、游戏等快速兴起，移动支付、电子商务快速普及。在 5G 时代，网络时延进一步降低至毫秒级。

移动互联时代，智能移动设备的出现使得网络用户数量及上网时间大幅增长，获取和产生信息的端点数量和交互频率大幅增加，联网的空间和场景变化多样，并由此衍生出丰富多样的应用程序，渗透至日常生活的方方面面，产生的数据量也以几何级数快速增长。与大数据相适应的云计算应运而生，形成以数据中心为基础设施平台的 IaaS（基础设施即服务）、PaaS（平台即服务）、SaaS（软件即服务）三层云计算架构。

6. 移动互联网时期（2007—2017 年）：重塑互联网发展路径

移动互联网改变了互联网发展路径，手机取代 PC 正如移动电话取代固定电话。在以 iOS 和 Android（安卓）为代表的智能手机操作系统诞生前，互联网的发展一直受制于 PC 的渗透率，移动互联网时代可以分为两个阶段：2007 年前和 2007 年后。2007 年以前是通信技术相对落后的年代，随着通信技术的进步，网速和带宽问题的解决为 2007 年后的大时代提供了无限可能。2008 年后，移动宽带接入开始加速增长，2011 年智能手机销量超越 PC 销量，达 47 亿部。

视听内容全面爆发，人的关系（社交关系）部分实现了数字化。图文、视频、音频是视听消费的主要内容形式。图片和文字是内容消费早期的形式，随着移动互联网的快速发展，视频和音频逐渐成为内容消费的主要形式。图文形式以微博为代表，主要有新闻资讯类、专业资讯类、文学类、漫画类等内容，其中新闻资讯类的平台用户集中度较高，平台间差异化程度也相对较低，而专业资讯类的平台瞄准细分市场，平台内容特色分明。图文内容到如今的模式成熟，丰富多元，盈利稳定，具有知识性、娱乐性双重特征，图文形式的内容平台逐渐向综合性的、多维度的付费平台发展。视频包括长视频、短视频和直播，其中长视频三大头部平台聚焦 IP 内容，具有原创的独特优势；短视频和直播流量大，广告重，变现快。短视频领域竞争激烈，模式新，增速快，目前已告别野蛮生长，规范健康化发展。用户流量爆发式增长至今，独立用户数已达 5.08 亿，占国内网民总数的 46%，使用时长无限逼近长视频，成为第三大移动互联网应用。音频和图文、视频相比，具有多场景兼容的优势，基于更多的场景占据了用户越来越多的时长，未来也将逐渐成为内容消费的主流形态之一。音频行业以内容付费促进内容生产，质高价优，用户付费前景依然广阔。内容形式多元化，承载渠道多样化，音频的全场景发展优势在"屏"越来越多、终端越来越多的时代，相对稳定的竞争优势非常明显。用户需求驱动互联网内容行业繁荣，在内容供给端，不同的内容展现形式与不同的用户定位相结合，诞生出丰富多样的视听产品，同时地满足了用户的社交需求。

7. ABCD 大时代（2011—2020 年）：网络化、智能化成为发展重点

A：AI（Artificial Intelligence），人工智能；B：Blockchain，区块链；C：Cloud Serving，云服务；D：Big Data，大数据。网络化、智能化成为发展重点，更加关注数据和信息内容本身。

这一阶段，不仅强调信息技术本身的进步与商业模式的创新，且重视将信息技术融合至社会与经济发展的各个行业，推动其他行业的技术进步与行业发展。

8. 元宇宙时期（2021— ）：

移动互联网时代的热潮尚未退去，产业互联网、物联网、区块链、元宇宙一浪高过一浪的大潮就迫不及待地掀起。人类过去所有时代的数据总和，都比不上互联网时代产生的数据体量，信息的爆炸性增长催生了很多与之息息相关的技术，如：大数据、云计算、区块链、人工智能等。随着 BIGANT［B（区块链）、I（交互）、G（游戏）、A（人工智能）、N（网络）、T（物联网）］这六大技术领域的快速发

展，虚拟世界和真实世界共生的元宇宙大门已经打开。

从其革命性来讲，元宇宙甚至都不应仅被当作下代互联网，而应当作下一代人类文明。

一、第一次计算文明：个人计算机+互联网=信息数字化（1995—2010年）

个人电脑从无到广泛应用，PC 互联网的逐步普及，催生出第一次计算文明，以信息数字化为显著特征。信息数字化即信息化，解决的是数据映射问题，是对现实世界（即企业的存在配置、资源存流、运营状态、外部联通）实现数据映射的集合。感知、采集、识别判断、指令传递、动作控制、反馈监测均处于数据层面，与人类的关系是只有数据界面交互，所有语义内容均为人为定义、解读、赋予含义，信息系统只是传递、运算、执行单元。

PC 信息互联网的到来以雅虎的创立为标志。雅虎模式是传统的门户模式，1997—2002 年的互联网主要还是被人们用于获取新闻信息及便捷地联系世界各地的朋友或客户。在那之前人们主要是从报纸、广播及电视上获取信息，而这些传统的媒介一直都有先天的缺陷，致使信息传播的速度和广度都大打折扣。与此同时，经济高速发展，人们对信息的需求陡增，传统的媒体再也无法满足人们日益增长的信息需求，这时候雅虎应运而生。在我国，当时也出现了几家效仿雅虎的门户网站，如新浪和搜狐。

Google 所代表的时代正是 PC 搜索的时代。以 Google 为代表的搜索引擎模式在一定程度上解决了信息获取问题。搜索时代主要介于

2002—2007 年之间，Google 超越雅虎成为世界上最大的互联网公司。在搜索阶段中国对应的代表则是百度，百度自上线以来凭着本地化的运营占领了中国近 80% 的市场份额，并一举成为全球最大的中文搜索引擎。

在消费互联网时代，电子商务巨头 Amazon 和阿里巴巴是两颗耀眼的明星，而 Facebook、Twitter、YouTube（优兔）、Groupon（高朋）则是另外几个为人所熟知的代表。消费互联网的革命性就在于，它一方面彻底颠覆了信息的传播方式，使之更为人性化，另一方面又为人的生活提供各种各样的便捷。首先，Facebook 和 Twitter 让媒体向社会化转型，人们在圈子里相互分享，个人可以成为一个电台、一个媒体，人们在圈子里推荐有价值和意义的新闻，而不必纠结于搜索引擎带来的庞大信息海洋。其次，人们足不出户通过互联网服务便享受到电子商务所带来的便捷，甚至能以超低的价格购买到此前梦寐以求的商品，这是门户网站所无法给予的，也是搜索引擎所不能提供的。中国这个时期涌现的互联网服务代表有淘宝、京东等。

二、第二次计算文明：智能手机 + 移动互联网 = 视听数字化（2010—2018 年）

随着智能手机的广泛应用和移动互联网的高速发展，催生出比第一次计算文明更加繁荣的第二次计算文明。人的关系数字化是真正意义上的数字化，也是信息化与智能化的中间地带。数字化开始解决语义层的问题，不仅实现了信息化，而且在识别、采集数据底层已经设计、赋予了语义内容，并且在算法上植入了包括自然语言理解、智能识别、自组织、自寻优等智能，使得系统的识别判断、指令传递、动作控制、反馈监测都具备了一定程度的语义内容，特别是可与人类双向语义互动了。

2007年，重回Apple公司的乔布斯发布了第一代iPhone，标志着移动互联网时代的开启。iPhone带来了更加友好的浏览界面、更加快速的网络体验以及多种多样的移动应用软件。应用多元化时代到来，互联网加速走向繁荣。开心网、人人网等社交网络服务（Social Networking Service，SNS）网站迅速传播，SNS网站成为2008年的热门互联网应用之一。2009年，微博的上线终结了博客的市场主导时代，改变了信息传播的方式。微博作为继门户网站、搜索引擎之后的互联网新入口，实现了信息的即时分享，吸引了社会名人、娱乐明星、企业机构和普通网民加入，成为2009年的热点互联网应用。

2010年，Apple公司发布了第四代手机iPhone4，这是结合照相手机、个人数码助理、媒体播放器以及无线通信设备的掌上设备。我国工信部数据显示，截至2011年底，我国3G用户达到1.28亿户，全年净增8 137万户，3G基站总数81.4万个。此外，三大电信运营商加速了宽带无线化应用技术（WLAN）的建设。截至2011年底，全国部署的无线接入点（无线AP）设备已经超过300万台。3G和WiFi的普遍覆盖和应用，推动中国移动互联网进入快速发展阶段。

2011年，中国互联网大公司纷纷宣布开放平台战略，改变了企业间原有的行业运营模式与竞争格局，竞争格局正向竞合转变。4月12日，百度应用平台正式全面开放；6月15日，腾讯宣布开放八大平台；9月19日，阿里巴巴旗下淘宝网宣布开放平台战略。同年，微信上线，并开启"病毒式"传播使用；第一代小米手机发布，开启手机 B2C 互联网直销时代。

随着科学技术的发展,"互联网+"阶段也悄然拉开序幕。利用信息和互联网平台,使得互联网与传统行业进行融合;利用互联网具备的优势特点,创造新的发展机会。天猫商城、喜马拉雅、今日头条、有赞、猿辅导、每日优鲜、陆金所、拼多多、得到等多领域名企应运而生,互联网再次深入人们生活的方方面面。

2013 年,第四代移动通信系统(4G)出现,促使 2014 年成为中国移动互联网的元年,以视频直播及短视频为主的移动应用大规模涌现,视听内容的数字化,部分满足了用户的社交需求——部分数字化了人的关系(尤其是社交关系)。

三、第三次计算文明:XR + 元宇宙 = 人的体验数字化(2021—)

所有感官体验的数字化,是我们本书论述的元宇宙的本质。第三次计算文明一定是根植于元宇宙的本质,孕育于虚拟世界与现实世界相互影响、螺旋进步的土壤当中。数智化是由信息化到数字化的终极阶段,这一阶段解决的核心问题是人和机器的关系:信息足够完备、语义智能在人和机器之间自由交互,变成一个你中有我我中有你的"人机一体"世界。人和机器之间的语义裂隙逐步被填平,并逐步走向无差异或者无法判别差异。数智化是数字化的最终的结果,业务单元的智能、商业的智能和商业生态的智能。也就是数据一旦积累到一定程度,智能机器或业务单元才能被训练出来,自然而然达到了智能化水平。

元宇宙不单单是某一两项技术的应用,需要将 VR/AR、5G 网络、物联网、人工智能、云计算和区块链等前沿技术进行深度融合。VR/AR 为用户进入元宇宙提供了入口；5G 网络保障接入的稳定性和全域覆盖；物联网推动海量机器接入元宇宙，并将极大丰富数据资源。VR/AR+ 元宇宙将共同协作开启第三次计算文明，在前二十三年的互联网巨头建设好的基础设施上，一定会有望出现新的技术、新的平台、新的商业模式，以及崛起新的巨头。

随着 BIGANT 这六大技术领域的快速发展，虚拟世界和真实世界共生的元宇宙大门已经打开。BIGANT 这六大技术领域已相继进入拐点期，正迎来一系列重大突破和创新，元宇宙大发展的时期即将开启。

物联网是元宇宙的一大副产品。2005 年，国际电信联盟发布了《ITU 互联网报告 2005：物联网》，正式提出了"物联网"的概念。2008 年 9 月，Google 推出 Google Chrome，以 Google 应用程序为代表的基于浏览器的应用软件发布，将浏览器融入了云计算时代。2011 年，Apple 公司发布了 iCloud，让人们可以随时随地地存储和共享内容；2018 年，5G 第一阶段的国际标准 Release5 制定完成。

物联网是在 NB-IoT[①] 于 2018 年的进入，带来了低功耗、大连接的技术，业界普遍的共识是 2018 年为中国物联网元年。

物联网是继互联网之后的另一个万亿级的市场，物联网作为新技术的载体，未来的发展空间不会小于互联网对社会的影响。

以 NB-IoT 为代表的移动物联网发展已取得显著成绩，但从全社会层面来看，物联网的应用场景并不多，未来随着爆款应用的出现，

---

① NB-IoT：基于蜂窝的窄带物联网，成为万物互联网的一大重要分支。

有望复制消费互联网的正反馈式快速发展。

政策加持物联网成为新时代的"新基建",长期来看工业、智慧城市、医疗领域的众多民生产业都极大可能采用物联网技术。

第二节　元宇宙将成为全球经济活动的新蓄水池

在势不可当的技术趋势下,携科技精英及技术人才的元宇宙将呈现活力四射的精神面貌,也将不可逆地成为全球经济活动的新蓄水池。

一、元宇宙如何创造增量

元宇宙将打开巨大的市场空间。互联网已经全面深刻地改变了全球大部分人的生产、生活和工作方式。当下的元宇宙,恰如1994年的互联网,且元宇宙未来二十年带来的变化预计将远远超过互联网。虚实共生的元宇宙为人类社会实现最终数字化转型提供了明确的路径,并与"后人类社会"产生全方位的交集,展现出了一个具有与大航海时代、工业革命时代、宇航时代同样历史意义的新时代。元宇宙的增量创造,我们预判首先是虚拟部分(数字化人的感官体验)、其次是虚拟部分对现实物理世界的反向影响、最后是虚实相融的协同效应。

内卷竞争是存量市场饱和的结果，每一次人类新疆域的开拓都是从"存量市场"中发现"增量市场"的逻辑①。元宇宙本质上也会像过去几千年的现实社会一样，人类的所有努力，均是致力于使其繁衍生息、绵绵不绝。越深入了解元宇宙，越觉得它是哲学家、宗教学者詹姆斯·卡斯描绘的"无限的游戏"。在无限的游戏中，没有时间、空间，没有终局，只有贡献者，没有输者赢家，所有参与者都在设法让游戏能够无限持续下去。正如他在《有限与无限的游戏》②一书中所说"无限游戏的参与者在所有故事中都不是严肃的演员，而是愉悦的诗人。这一故事永远在继续，没有尽头。"

"复杂系统性科学"发源地圣塔菲研究所的前所长、物理学家杰弗里·韦斯特在其《规模：复杂世界的简单法则》③一书中，探讨了生物、企业、城市的成长与消亡的周期问题。城市的兴衰跨越数百年，而企业的兴衰平均只有数十年。没有任何一家企业的寿命能够超越一座城市。其中一个最重要的原因就在于企业是一个自上而下的封闭系统，以市场竞争为手段，以追求利润最大化为目标，遵循边际成本递增、边际收益递减的规律，规模永远是企业不可逾越的"边界"；而城市则是一个开放、包容的系统，呈现出生态体系的特征，城市的人口数量每增加1倍，公共配套设施只需要增加0.85倍，而知识传播、工作岗位和创新能力，都会因为人群的集聚而成倍

---

① 清华大学新媒体研究中心. 2020—2021年元宇宙发展研究报告[Z/OL]. https://mp.weixin.qq.com/s/CA73cnbBFeD60ABGzd2wIg,2021-09-16.

② [美]詹姆斯·卡斯.有限与无限的游戏[M].马小悟，余倩，译.北京：电子工业出版社，2013.

③ [美]杰弗里·韦斯特.规模：复杂世界的简单法则[M].张培，译.北京：中信出版社，2018.

增长。元宇宙类似城市，遵循的是规模成本递减、规模收益递增的规律。

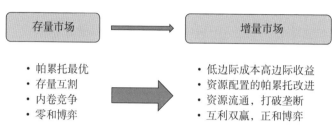

图 3-1　从"存量市场"中发现"增量市场"

元宇宙会成为充满活力与生产力的全球经济活动的新蓄水池。《元宇宙通证》中提到，一方面，元宇宙是下一代网络，本身孕育着万亿级的产业机遇，经济规模将数倍于现实世界。另一方面，元宇宙作为人类高精尖技术的集大成者，将对现实世界现有行业加以改造赋能。

1. 元宇宙内：存在万亿级集群的全新机遇，其经济规模将数倍于现实世界

- 要素规模无限大。土地、数据、技术、劳动力、资本这些要素在元宇宙中一方面复制现实世界，另一方面又创造出新的要素形态。比如元宇宙内的土地不仅具有现实世界的价值属性，而且会随着元宇宙数字化的独特性进一步提升。
- 消费频率大幅提高。在元宇宙内，产品和服务的唯一性和数字性、消费场景的独特性和虚拟性、商业模式的创新性和快速迭代性，都将刺激消费者保持较高的消费频次以满足持续被激发的多样化需求。
- 边际成本趋零化。在元宇宙内，提供产品和服务组织的生产成

本与现实世界不同，数字特征和技术特征将会推动生产边际成本接近于零（如用户既是消费者，又是元宇宙的创作者），一般性经济规律在元宇宙内可能会失效。

2. 元宇宙内的具体案例（万亿级集群新机遇）

- 虚实共生服务：利用物理建模、IoT 等，集成多学科、多维度虚拟仿真过程，完成实体空间在虚拟空间中的精准映射，通过虚实信息交互实现两个空间资源的交互。

- 虚拟人生：通过完全定制浸入式剧情，用一段时间体验另一段知名人物或按需设定的人生，以剧本和故事为核心兼具社交属性的沉浸式娱乐体验。

- 虚拟自然环境：利用激光雷达、图像扫描、空间测量等技术捕捉真实森林景观和动物，借助计算机生成视觉逼真的动态漫游场景。

- 虚拟物品：虚拟元宇宙世界里衍生出来的物品，以装备、武器等为代表，也包括虚拟生活中的各种物品。

- 虚拟角色：端到端 AI 表演动画技术与游戏、影视特效相结合，配合云端实时渲染技术，对虚拟角色形象及动作、表情予以高质量呈现，实时互动。

- 虚拟交通工具：创建虚拟仿真交通体验场景和交通工具，结合人机交互技术让参与者身临其境般融入虚拟交通环境中。

- 虚拟组织：通过先进通信技术、现实模拟技术和各种物品、建筑 MR 建立起模拟或升级版的现实世界去中心化组织。

- 虚拟战争服务：在现有兵推软件的技术上，基于元宇宙的无限资源、MR 的先进技术、数字模拟等的应用让参与者身临其境参与战争。

- **虚拟物种服务商**：建立在真实（或虚拟）地理信息系统下人工制造的生命体，是已有或新型物种，通过模拟物种对环境变量的响应关系，完成客户需求。
- **虚拟旅游服务**：利用数字存储技术、MR 技术等构建在云平台上的信息资源群，通过全息投影，图文并茂（图片、动画、视频、音频、虚拟环境）地模拟还原景点。

3. 元宇宙外：元宇宙可以赋能千行万业，基于现有模式进行元宇宙化创新

元宇宙将会赋能所有产业，激发传统产业的发展新动能，实现产业高质量发展。千行万业的元宇宙化，其中最重要的是经济体系、沉浸感、社交关系的代入。

- 一方面，元宇宙将会赋能现实世界的所有行业领域，基于现有商业模式进行元宇宙化创新，推动产业链和价值链升级；利用新技术、新理念创造出新的商业模式、新的客户和新的市场。例如，作为元宇宙中的关键技术之一的区块链，将构建打破原有身份区隔、数据护城河的基础设施，通过智能合约打造新的经济系统。
- 另一方面，现实世界的多个领域也需要通过与元宇宙发展的融合来进一步激发其发展潜力，释放新的活力。有下列特征的领域对元宇宙化的需求最为迫切：发展空间受限、企业资源可复用、现有产品和服务数字化便捷、淘汰型产业、将会被人工智

能淘汰的行业、周期性行业、轻资产行业、自由职业者和残障人士从事的领域。

4. 元宇宙外的具体案例（赋能千行万业）

- 游戏：游戏制作环境和发布环境的虚拟化、元宇宙化；
- 会展：虚拟会展的场景布置、会议组织、会议展览等全虚拟工作；
- 商服：在虚拟环境中进行心理咨询，通过虚拟房产中介进行房屋交易；
- 体育：实现虚实共生的健身活动，加强竞技在元宇宙中的应用；
- 娱乐：在虚拟 KTV 里，和虚拟朋友一起娱乐 K 歌等；
- 金融：在交易、募资和金融产品设计发行等环节实现元宇宙化，如 DeFi（分布式金融）、DFI（Decentralized Financial & Investment Token，基于区块链技术的新型社会试验型代币）的应用；
- 教育：在学校教育、职业教育等领域实现环境卡等 VR/AR/MR 技术全面应用，在虚拟场景中亲身体验历史事件等；
- 零售：协助零售商实现店铺设计的可视化以及对顾客流动路线的可视化，消费者在虚拟商场中进行消费；
- 广告：广告的制作、发布、代理都在元宇宙里进行，同时在元宇宙里产生经济行为；
- 旅游：虚拟景区建设、管理，让消费者在虚拟世界里体验旅游活动。

元宇宙世界将产生更加优越的商业模式，智能手机升级至

VR/AR 设备，数字经济升级至虚实相生经济。智能手机时代，从 iPod + iTunes 到 iPhone + App Store 再到 iPhone + App Store + iCloud，涵盖了数字创造、数字市场、数字消费、数字资产的各个环节，数字经济商业模式得以确立。在 VR/AR 时代，数字经济将进一步升级至虚拟经济（虚实相生经济）。

智能手机时代，Apple 是当之无愧的领头羊。2007 年，Apple 发布第一代 iPhone，宣告了智能手机时代来临。十四年过去，iPhone 仍然作为最流行的手机之一，扮演"大门户"的角色，无论是打电话、玩游戏、刷微博还是追剧看直播，人们越来越离不开 iPhone。而应用商店 App Store 扮演平台的角色，解决了与广大开发者之间的利益分配问题，并成为推广软件应用的主要渠道。应用商店里形形色色的各种碎片化应用，满足了人们工作、娱乐、休闲、购物等多种需求，在开发者众星捧月般地簇拥到 App Store 这个平台后，一个商业生态系统悄悄地形成了。2008 年 7 月 11 日 Apple App Store 正式上线，可供下载的应用达 800 个，下载量达到 1 000 万次。2000 年 1 月 16 日，数字刷新为逾 1.5 万个应用，超过 5 亿次下载。截至 2021 年，App Store 应用程序数量逾 200 万个。此外，应用商店还催生了内容创作行业，其影响力波及整个信息行业。大家不约而同地在思考相同的问题：我们应该成为 Apple App Store 一个碎片化应用，还是另起炉灶，创建自己的应用商店？

智能手机增速趋缓，VR/AR 新硬件蓄势待发。如果从外观来看，第一代 iPhone 无疑是颠覆性的。从十几个物理按键，一下子变成只有一个物理按键。全新的物种，与过去的手机有根本的不同。因此，乔布斯用了一句宣传语"我们重新发明了手机"。但是，到现在为止，手机的外观变化很小，唯一的物理按键也没有了，手机正面就是一块玻璃屏幕。围绕尺寸做文章，再大一点，就变成平板电脑了。我们从维度的角度来看，手机尽管发生了很多变化，但是始终显示的是二维世界。在二维世界里，手机、平板电脑、电视这些不同尺寸的屏幕，已经发展到相当高的水平。未来，突破的可能会来自三维世界。就像iPod探索形成的商业模式，唤醒了iPhone手机的诞生。手机在二维世界的商业模式和经济模型已经完全成熟，之后再发展的就是终端的变化了。革命性的变化，才能带动全行业的发展。

在VR/AR时代，目前Facebook布局较为全面。Facebook在元宇宙的全面布局涵盖VR/AR终端（Oculus占据全球四分之三的市场份额）、AI云服务（PyTorch平台成为全球唯二流行的AI平台）、金融体系（开源Libra区块链数字货币v1.0）、以及众多的VR内容提供商（收购或投资）。由此推演，Facebook元宇宙的商业模式包含智能硬件（出售VR/AR设备）、元宇宙游戏（以硬件为依托）、元宇宙社交（有社交基因）、人工智能服务（门槛较高）、数字货币（超30亿的全球用户基础）、应用商店（抽成）。相比Apple赚硬件+应用商店的钱，Facebook的盈利来源更加丰富。

二、元宇宙商业潜力无限

元宇宙当前处于探索阶段，将持续吸引全球资本的投入。根据本系列丛书的前两本，将元宇宙的发展细分为五个阶段：起始阶段、探索阶段、基础设施大发展阶段、内容大爆炸阶段和虚实共生阶段。当前元宇宙正处于探索阶段中后期。我们预测了元宇宙内每个阶段的产

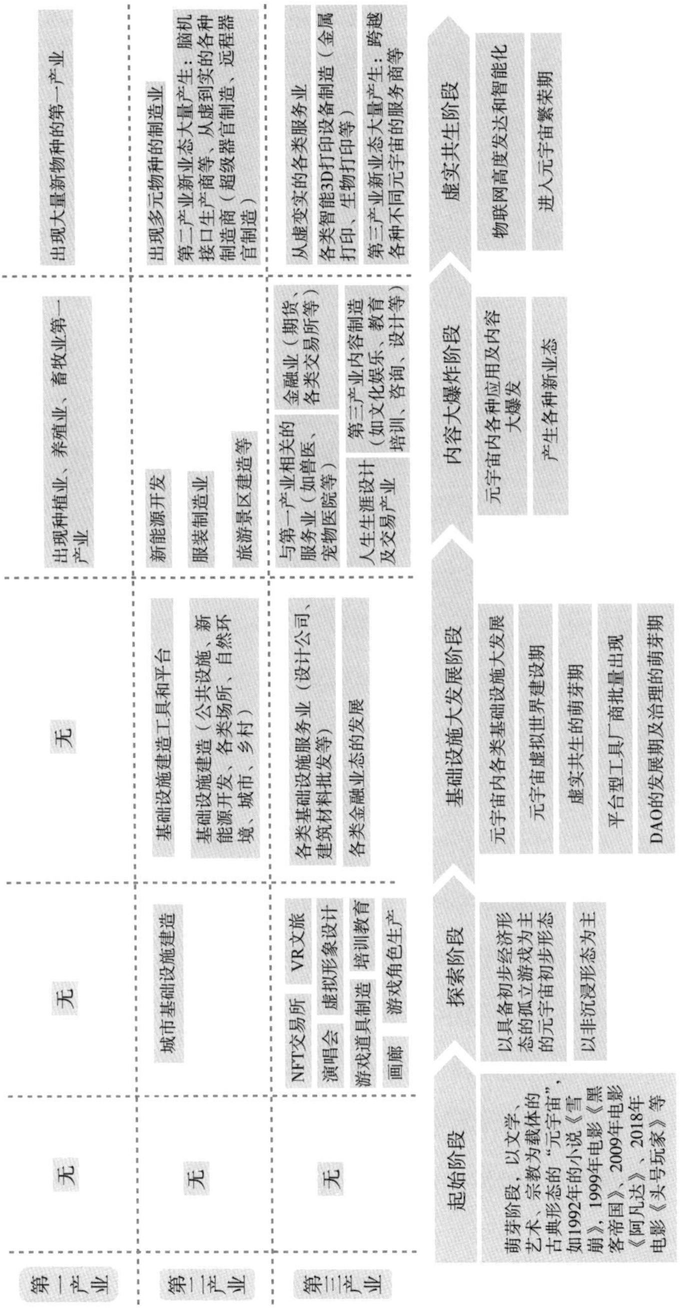

图 3-2 元宇宙产业发展阶段预测

业发展，预计到第五阶段时，元宇宙将进入繁荣期，现实社会90%以上的行业都会存在于元宇宙中，现实社会没有的行业也会在元宇宙内欣欣向荣。到那时，虚拟空间与现实社会将保持高度同步和互通，交互效果接近真实。同步和仿真的虚拟世界是元宇宙构成的基础条件，同时用户在虚拟的元宇宙中进行交互时能得到接近真实的反馈信息，达到虚实共生。当今时代正处于新一轮科技大爆炸之中，虚实共生阶段也许会比我们想象的来得更早！

元宇宙相比移动互联网，将享有更高的渗透率——100%渗透+24小时使用。在全球互联网渗透率已达较高水平的情况下，移动互联网时代的用户红利或趋于瓶颈，元宇宙是移动互联网的继承者与发扬者；是互联网的下一个阶段，是新时代的流量增量环境。如果说移动互联网时代使得人们从只能在家里、办公室中使用 PC 有线网络接入互联网转变为人们随时随地使用智能设备（手机、平板等）接入互联网，那么元宇宙的发展方向或许应当是 100% 渗透、万物互联、24 小时使用的互联网。因此，元宇宙将见证比移动游戏更快的用户规模及渗透率增长，付费转化率及人均付费（ARPU）增长空间也更大。移动游戏用户规模增速在 2015 年企稳步入低增速，2017 年其用户增速首次低于手机网民用户增速，代表游戏行业人口红利期结束。移动游戏用户渗透率（手游用户占手机网民比例）在 2010 年前后增长最快，在 2016 年达到顶点（75.9%）[1]，之后由于政策面收紧，叠加抖音短视频等其他娱乐方式抢占潜在游戏用户等原因，2020 年下滑至 66.3%。我们认为移动游戏用户渗透率已达到阶段性瓶颈，在没有新

---

① 产业信息网.2018 年中国休闲移动游戏用户性别分布、年龄、地域分布情况分析［Z/OL］.（2018-04-14）. https://www.chyxx.com/industry/201804/630215.html.

的革命性游戏或硬件普及前,渗透率会维持在70%上下。用户渗透率见顶后,游戏行业的驱动力量在于人均付费(ARPU)的提升,头部游戏之于普通游戏,元宇宙之于头部游戏,商业潜力明显提升。《全球手游分析报告》(GameAnalytics)显示,头部游戏的付费深度明显高于普通游戏:一是头部游戏的付费转化率比普通游戏高3—4倍;二是头部游戏的平均活跃用户付费额比普通游戏高6—7倍。伽马数据《2019日本移动游戏市场调查报告》显示,2020H1中国移动游戏ARPU(人均付费)为33美元,仅为同期日本的1/5(171美元)及美国的1/2(65美元)。

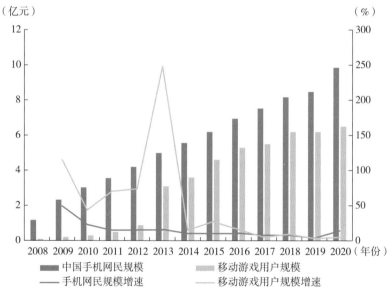

图 3-3 2008—2020 年中国手机网民以及移动游戏用户数量增速

资料来源:中华人民共和国国家统计局。

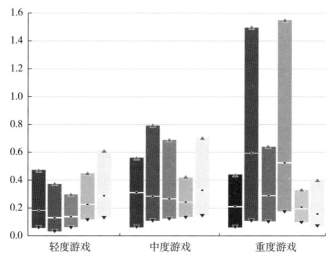

注：轻度游戏从左到右依次是：动作类、冒险类、街机类、休闲类、解谜类。

中度游戏从左到右依次是：棋盘类、纸牌类、博彩类、闯关类、文字类。

重度游戏从左到右依次是：多人在线类、角色扮演类、模拟类、策略类、竞技类、运动类。

图 3-4 各类型游戏付费转化率

资料来源：GameAnalytics。

从用户群体的角度验证，元宇宙有望获取更长的用户时长与更大的商业化空间（ARPU 值）。QuestMobile 数据显示，2020 年 11 月 M 世代人均每月使用互联网时长为 174.9 小时，高出全网平均用户近 35 小时，互联网已成为 M 世代生活不可分割的一部分。游戏或成为元宇宙初期的主要内容，2020 年 11 月 Top2 手游《王者荣耀》和《和平精英》用户规模分别达到 7 000 万和 5 000 万的体量，M 世代用户占比均逾 40%。元宇宙有望给以 M 世代为代表的原生互联网受众群体带来更丰富的体验，占据用户群体更多时长和场景。元宇宙首先是与现实高度平行的"第二世界"，具有游戏、视频、社交等丰富多样的内容，带来很多商业化机会，且用户和商家可以进行交易。同时区块链技术的应用，有望使其与现实打通，数字资产并不是完全虚拟，而是拥有可变现、可在现实中流通的能力，商业化空间进一步拓宽，ARPU 值有望大幅提升。QuestMobile 数据显示，更多的线上场景与时长、更强的消费意识和优越的生活条件使用户线上消费水平和消费意愿日渐增强。

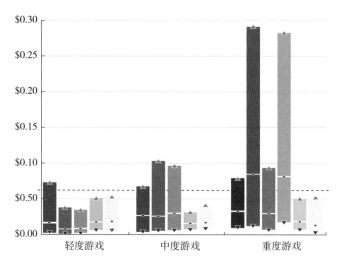

注：轻度游戏从左到右依次是：动作类、冒险类、街机类、休闲类、解谜类。
中度游戏从左到右依次是：棋盘类、纸牌类、博彩类、闯关类、文字类。
重度游戏从左到右依次是：多人在线类、角色扮演类、模拟类、策略类、竞技类、运动类。

图 3-5 平均活跃用户付费值（ARPDAV）对比

资料来源：GameAnalytics。

产业蓬勃向上的发展必将吸引大量的科技精英与技术人才，经济活力与生产力形成正反馈式的良性循环，推动元宇宙加速成为全球经济活动的新蓄水池。

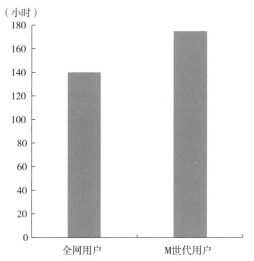

图3-6 2020年11月M世代与全网用户月人均使用时长

资料来源：QuestMobile。

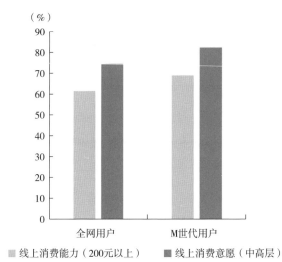

图3-7 2020年11月M世代与全网用户消费能力及消费意愿

资料来源：QuestMobile。

第三节　元宇宙投资，是升级还是升维

互联网的独角兽效应近二十年以来吸引了大量的全球资本加速入局。若元宇宙的投资仅仅是互联网投资的升级，那全球资本大可以复制互联网的投资策略及节奏，用寻找互联网独角兽的方法去围猎元宇宙的未来超级大牛股。元宇宙投资若是需要在互联网的基础上升维，则需要缜密的分析与判断，哪些可以借鉴？哪些必须重构？巨头们加速跑步入场，新生代陆续登陆战场，交互、算力、应用、内容等方向都将重构！抢占用户时长／注意力的独角兽逻辑或许可以借鉴。

一、升维源于重构：交互、算力、应用、内容

XR 硬件之于智能手机的全方位升维，更甚于智能手机之于计算机的全方位升维。

- 交互：键盘、鼠标—触摸屏—动作识别/触觉交互；
- 算力：GPU—手机芯片—专用 VR/AR 芯片；
- 应用：独立—半封闭半开放—开放；
- 内容：PGC—UGC/PUGC—AIGC。

1. 交互：键盘、鼠标—触摸屏—动作识别／触觉交互

人机交互（Human-Computer Interaction，HCI）是指人与计算机之间使用某种对话语言，以一定的交互方式，为完成确定任务的人与计算机之间的信息交换过程。不同的计算机用户具有不同的使用风格——他们的教育背景不同、理解方式不同、学习方法以及具备技能都不相同，如一个左撇子和普通人的使用习惯就完全不同。另外，还要考虑文化和民族的因素。研究和设计人机交互需要考虑的是用户界面技术变化迅速，提供的新的交互技术可能不适用于以前的研究。还有，当用户逐渐掌握了新的接口时，他们可能提出新的要求。

简单来看，人机交互的核心是如何让机器更了解人类——其功能靠可输入、输出的外部设备与相应软件。我们常用的键盘、鼠标、系统级 UI 均属于人机交互的范畴。从历史迭代来看，计算机到智能手机再到 XR，交互载体由键盘鼠标升级至触摸屏再升级至动作识别／触觉交互。XR 全面普及后，人机交互预计将迭代至：头显摄像头捕捉手势、转化成数据代码，以此重构虚拟世界。

在最初键盘和鼠标诞生，我们可以通过敲击键盘告诉 DOS 计算机应该计算的内容，而图形界面的产生使得我们可以通过鼠标的点击和选择将我们的想法反馈给计算机，这些技术我们沿用至今。但是，计算机会融入网络，融入环境，融入生活，为此计算机会更小，更廉价，有网络连接，有超越图形界面的，可以和环境、人做更多的交互的手段。在各项识别技术、人工智能计算机图形等发展起来之后，人和机的交互会渐渐回归到人和自然物理世界惯有的交流方式来，而不

再受限于器材本身[①]。

  鼠标是第一代人机交互的标志,而触控技术的出现则让人机交互模式发生了再一次的变革。在触控技术发展成熟之后,体感技术开始再一次刷新人机交互模式,它利用即时动态捕捉、语音识别等功能,实现了不需要任何手持设备可进行人机交互的全新体验。近年来,人机交互技术领域热点技术的应用潜力已经开始展现,比如智能手机配备的地理空间跟踪技术,还包括可穿戴式计算机、隐身技术、浸入式游戏等的动作识别技术,甚至于虚拟现实、遥控机器人及远程医疗等的触觉交互技术。

  XR 时代,人的五感体验将被逐步满足。人类的感觉包括触觉、视觉、听觉、嗅觉和味觉[②]。间接来说,其实人是通过眼睛、手势、语音来与外界进行交流的,现代人机交互设备的发展基本也是基于这三项而来,我们尚未发现太多的嗅觉和味觉交互设备。现有的人机交互模式显然还不是人机交互的终极方式,真正意义上的人机交互方式是人将摆脱任何形式的交互界面,输入信息的方式变得越来越简单、随意、任性,借助于人工智能与大数据的融合,交互设备能够非常直观、直接、全面地捕捉到人的需求,并且协助我们处理。换言之,就是智能设备将懂得我们的潜在意图,并按照我们的意图进行执行以及反馈。VR/AR 技术不仅展现了真实世界的信息,而且将虚拟的信息同时显示出来,两种信息相互补充、叠加。在视觉化的增强现实中,用户利用头盔显示器,把真实世界与计算机图形多重合成在一起,便可以看到真实的世界围绕着它。如今 Retina Display 技术也逐渐应用

---

① 王堃杰. 人机交互技术在现代生活中的应用趋势 [J]. 中国科技投资, 2018.
② 王堃杰. 人机交互技术在现代生活中的应用趋势 [J]. 中国科技投资, 2018.

在智能手机和平板电脑上，它利用人的视觉暂留原理，让激光快速地按指定顺序在水平和垂直两个方向上循环扫描，撞击视网膜的一小块区域使其产生光感，人们就能感觉到图像的存在。实际上，我们正在追求从二维到三维的视感变化，视觉是人类最丰富的信息来源，无论是输入输出，其数据量都远非其他方式可比。当然，也由于人与计算机的交互一直受到输入/输出之间信息不平衡的制约，使得用户到计算机的输入带宽不足，在此基础上催生了诸如视线追踪、语音输入等许多新的输入技术。

2. 算力：GPU—手机芯片—专用VR/AR芯片

从笔记本计算机到智能手机；从输入密码解锁，到毫秒级面部识别解锁；从1千克左右的大哥大，到100克的智能手机；从只能玩黑白像素贪吃蛇游戏，到流畅运行的3D游戏《王者荣耀》。智能设备的人机交互、便携能力等体验因为芯片进化，已经有了质的改变。按照这一思路来看VR/AR行业，我们仍处在相对早期的发展状态，要实现这些手机级别的交互体验，VR/AR也需要核心算力的再次飞跃。

VR彻底构造三维虚拟空间需要巨大的算力支持，这往往通过PC机的高性能CPU与显卡才能勉强实现。然而，这类高性能计算设备往往难以做到小型便携化，VR显示设备外接高性能设备变为必然趋势，采用线缆连接方式造成的行动区域受限大幅削弱了VR的发展空间。

目前VR处理器分为手机芯片及专用芯片，以骁龙820、MTK（联发科）、三星、麒麟等为代表的手机芯片性能优越，但其功耗与散热问题难以解决且成本较高；以高通骁龙865为基础的XR专用芯片是目前 VR 一体机的绝对主力芯片。

高通于 2018 年推出专门为 VR/AR 一体机设计的芯片 XR1，其性能比骁龙 845 XR 版稍弱，但成本更低，基本达到沉浸式 VR 体验的最低标准。2019 年高通骁龙发布了 5G + XR 芯片 XR2，骁龙 XR2 是以骁龙 865 为基础针对 VR/AR 设备进行改造的专用芯片平台，结合了高通 5G、人工智能及 XR 领域的最新技术，相对 XR1 其性能得到显著提升，目前新一代 VR 一体机 Oculus Quest 2、VIVE Focus 3、Pico Neo 3 系列等均采用 XR2 平台。

根据高通官方介绍 XR2 芯片性能：

- 在视觉体验方面，XR2 平台的 GPU 可以 1.5 倍像素填充率、3 倍纹理速率实现高效、高品质的图形渲染，支持眼球追踪的视觉聚焦渲染，支持更高刷新率的可变速率着色，可以在渲染重负载工作的同时保持低功耗，XR2 的显示单元可以支持高达 90fps 的 3K×3K 单眼分辨率在流传输与本地播放中支持 60fps 的 8K 360 度视频。
- 在交互体验方面，XR2 平台引入 7 路并行的摄像头支持及定制化的计算机视觉处理器，可以高度精确地实时追踪用户的头部、嘴唇及眼球，支持 26 点手部骨骼追踪。
- 在音频方面，XR2 平台在丰富的 3D 空间音效中提供全新水平的音频层以及非常清晰的语音交互，集成定制始终开启的、低功耗的 Hexagon DSP，支持语音激活、情境侦测等硬件加速特性。
- 除硬件平台外，高通还提供包括平台 API（应用程序编程接口）

在内的软件与技术套装以及关键组件选择、产品、硬件设计资料的参考设计。

此外,正如现在手机的发展是不断地将更好的硬件集成到手机上,在这一条集成之路走到黑。行业也在考虑另外一种解决方案[①]——5G+云XR,让我们未来的智能XR设备脱离硬件的桎梏。在5G甚至是未来6G这样的高速网络的基础之上,把这些智能设备的运算端放到云服务器上,让智能设备只充当显示端,如此一来便可进一步提升设备的显示能力、运行的性能以及让设备更加轻便易用。

3. 应用:独立—半封闭半开放—开放

尽管PC、智能手机上已经有许多带有元宇宙属性的应用,但是,当前的应用还未体现出元宇宙在应用方面的优势。如今,引领元宇宙中应用的前沿硬件中,以AR/VR/MR为先头部队。

(1)操作系统:VR安卓占据主流,AR则乾坤未定

VR一体机目前主要使用安卓系统。早期的VR一体机基本沿袭手机端的计算芯片与操作系统,如Oculus Go采用高通骁龙821芯片,Vive Focus采用高通骁龙835芯片,操作系统则是在安卓系统的基础上进行优化及定制。类似地,分体式VR包括PC VR、PS VR以及华为VR Glass、创维V601等超短焦手机VR,其运行的操作系统仍以连接的主机为主,包括Microsoft WMR、Sony PS及安卓系统。

---

① 星柏的早起奇迹:元宇宙的价值到底在哪?有什么方向值得关注[Z/OL].(2021-10-05). https://www.jianshu.com/p/a2046b48dd1d.

AR 操作系统系生态占领制高点。目前市场上的创业型公司 AR 眼镜自身缺乏系统研发能力，当前仍多以安卓系统为基础进行优化与定制。科技巨头将 AR 操作系统视为战略制高点，如 Microsoft HoloLens 采用以 Windows NT 为基础的 Windows 10 Holographic 系统；HoloLens 2 则采用全新多平台操作系统 Windows Core OS；Magic Leap 自研专为空间计算设计的 Lumin OS[①]。国内公司虹宇科技 2020 年发布自研 VR/AR 3D 多任务系统 Iris OS，可以呈现 2D、3D 的窗口及全景应用，支持多人多设备协作，兼容各类芯片平台及光学模组。公司致力于将 Iris OS 打造为开放的 VR/AR 操作平台，目前已与 OPPO、vivo、TCL 等厂商展开合作。

（2）行业标准：海外巨头积极加入

OpenXR 是一个由 Khronos 组织联盟开发的开放式、无版权费用的 XR 行业标准规范，旨在简化 VR/AR 软件开发，打通游戏引擎及内容底层连接，塑造具备互通性的开放生态。OpenXR 最大的意义是，游戏开发者使用一个 API 接口就能让游戏在不同品牌的 VR/AR 中运行。硬件厂商则可利用现有 OpenXR 内容降低市场进入门槛，为消费者提供更丰富的内容体验。

产业巨头逐步加入 OpenXR[②]。目前 Microsoft 在 HoloLens、WMR 头显均提供 OpenXR 支持；Unity 推出 OpenXR 支持预览版；Epic 宣布虚幻引擎 5 不再支持 SteamVR、Oculus 等平台，转而支持且仅支持 OpenXR 标准；Oculus 推荐游戏引擎使用 OpenXR 等。国内厂商中华为、兆芯、Pico 等也加入 OpenXR 联盟参与标准的讨论与制定工作。

---

① 何万城. VR 陀螺. 2020 年 VR/AR 产业发展报告 [Z/OL]. 2021-02-05.
② 何万城. VR 陀螺. 2020 年 VR/AR 产业发展报告 [Z/OL]. 2021-02-05.

图 3-8　支持 OpenXR 的公司一览

资料来源：Khronos 联盟。

4. 应用场景：娱乐之外，商用场景百花齐放

VR 围绕内容可分为消费与商用两大领域。为大众所熟知的多为消费类产品，包括 VR 游戏、VR 电影、VR 直播等，强调"身临其境"的体验感。近年来，Microsoft、Google、HTC、华为等巨头持续加码消费类 VR，但由于清晰度不佳、网络延迟、成本过高等原因，消费类 VR 内容的普及与渗透速度不及预期。与此同时，商用类 VR 由于更低的技术门槛、更精准的应用场景吸引到越来越多的资金投入，商用类 VR 内容的市场份额正在逐年增长。其中，教育、零售、制造、个人消费及服务业（包括房产中介、文旅行业）、建筑（包括家装行业）以及专业服务业累计占比超过 75%。根据 IDC 预测，2020—2024 年中国 VR 市场企业 IT 支出的 CAGR 为 39.5%，到 2024 年将达到 921.8 亿元的市场规模。

AR 因产品形态与价格尚未达到消费级的水平，当前主要在商业场景落地，其中基于 AR 的远程协作解决方案是未来几年 AR 商用市场的重要落地场景。AR 远程协作可通过 AR 眼镜或具备 AR 功能的手机等采集声音音频，并通过无线网络传输到后台协助端进行技术支持，具有低延迟、高画质的优良特性。基于 AR 眼镜的远程协作可以解放双手，借助 AR 远程协作系统，可由经验丰富的技术人员协助运维人员进行"面对面"的远程指导服务。当下代表性的主流 AR 远程协作平台有 Microsoft Dynamics 365、Atheer ARMP、Scope AR WorkLink 等。

5. 内容：PGC—UGC/PUGC—AIGC

从 PC 互联网到移动互联网再到元宇宙，技术的进步提高了内容消费者们产出内容的能力，而后来互联网的兴起更是让内容消费者生产、分发内容的门槛大大降低。在这样的背景下，由于消费者的基数远比已有内容生产者庞大，让大量的内容消费者甚至是人工智能参与到内容生产中，毫无疑问将大幅提升内容生产力。因此，让用户来创造内容（User-generated Content，UGC）、AI 来生产制造内容（AI-generated Content，AIGC）成为扩大内容生产规模，提高内容生产质量和效率的一大实现途径。

（1）UGC 模糊内容生产者与消费者的界限，以扩大内容产出规模

Web2.0 之前，专业的新闻工作者是信息传播的主体，PGC 是主流的内容生产模式。Web2.0 之后，用户强调个性化表达，网络的交互作用得以体现，用户既是网络内容的浏览者，也是网络内容的创造者。UGC 随之兴起，互联网上的内容迎来飞速增长，并形成"多、广、专"的局面，对人类知识的积累和传播起到重要的推动作用。UGC 并不是某一种具体的业务，而是一种用户使用互联网的新方式，即由原来的以下载为主变成下载和上传并重。

UGC在2000年前后迎来第一波盛行,以博客、维基百科、YouTube、Facebook等为代表的社交、互动及分享平台为用户创造内容提供了简易的工具以及营造了分享的氛围。2010年之后,UGC迎来第二波爆发,移动互联网与智能手机的普及让用户规模与用户时长迅速攀升,用户可以随时随地利用手机制作图片、视频,并将所见所闻用手机记录下来分享给他人,内容的生产与消耗均进一步扩容。越来越多的内容不再来自传统媒体或互联网SP,而是直接来自用户:论坛、博客、社区、电子商务、视频分享、网络直播等。2018年之后,推荐算法广泛应用于内容分发环节,消费者得以在数量庞大的互联网内容迅速中找到满足自己个性化需求的UGC内容。

UGC随着技术的变革以及不断改变展现方式,与互联网内容的发展高度重合。互联网内容经历了图文时代、视频时代、短视频时代、直播时代,UGC的载体也完成了从PC到手机再到App的转变。

未来,进入元宇宙时代后,各类沉浸式设备、网络通信技术进一步升级,UGC内容有望在数量、形式、可交互性等方面进一步突破。

内容生产力的不足也许暂时会通过模糊内容生产和消费的边界、释放"消费者"这一身份下的生产力得到了缓解,但人脑的知识图谱终究是有限的,当内容生产者和消费者的生产潜力都被消耗殆尽,内容消费需求的缺口又能由什么来填补?答案是人工智能。

(2)AIGC突破人类知识图谱极限,极大提高了内容生产质量与效率

元宇宙时代到来之后,用户与互联网发生交互的时间将大大延长、频次显著提升,对内容的消耗规模将进一步提升。对比移动互联网的游戏与元宇宙时代的新内容,以3A大作GTA为例,由1 000人

的团队做了五年，但是平均用户时长仅为 189 个小时，即一个用户 189 个小时就能把千人团队五年的内容全消耗完；而元宇宙作为用户的虚拟家园，大体量用户长时间沉浸，3A 游戏内容生产管线永远不可能满足玩家消耗，唯一的解决方案是持续创新内容产出模式。当前来看，一方面通过第一方广泛应用数字建模且保证内容真实，另一方面由第二、第三方联合推出内容或者大力鼓励生产 UGC 内容。但无论是借助内容工具（引擎、开发平台等）还是 UGC 内容（用户激励机制），最终都会受限于人类知识图谱的极限。因此，元宇宙需要成为具备自我内容进化机制的平台——进化机制的驱动力量必然指向人工智能。

人工智能技术的发展与完善，将在内容的创作上为人类带来前所未有的帮助，具体表现在能够帮助人类提高内容生产的效率，丰富内容生产的多样性、提供更加动态且可交互的内容。在部分领域，机器自动生成的内容，质量已经接近或达到人类水平，甚至可以用机器替代人，有些需要创意的内容，机器甚至可以创造出比人想象力更奇特的内容。人工智能参与内容生产主要有两类方式：一是 AI 替代人：凭借 AI 的高效率，替代人进行内容的生产；二是 AI 与人协作：AI 作为工具辅助人，或人辅助 AI 进行内容生产。

AIGC 的关键在于如何去理解人类和机器对信息处理上的不同。在朱迪亚·珀尔（Judea Pearl）《为什么：关于因果关系的新科学》一书中，描述了因果律的三阶段梯论[1]：第一层级研究"关联"，第二层级研究"干预"，第三层级研究"反事实推理"。

---

[1] 朱迪亚·珀尔. 为什么：关于因果关系的新科学 [M]. 江生, 于华, 译. 北京: 中信出版社, 2019.

- 第一层级的"关联",是指观察能力,指发现环境中规律的能力。考虑的问题是"如果我看到……会怎样"。典型的例子是,"某一症状告诉了我关于疾病的什么信息","某一调研告诉了我们关于选举结果的什么信息"。

- 第二层级的"干预",是指行动能力,指预测对环境刻意改变后的结果,并根据预测结果选择行为方案。考虑的问题是"如果我做了……将会怎样"和"如何做"。典型的例子是,"如果我吃了阿司匹林,我的头疼能治愈吗","如果我们禁止吸烟会发生什么"。

- 第三层级的"反事实推理",是指想象能力,指想象并不存在的世界,并推测观察到的现象原因为何。问题是"假如我做了……会怎样?为什么?",典型的例子是,"是阿司匹林治好了我的头疼吗","假如在过去的两年内,我没有吸烟会怎么样"。

Rct Studio 依据内容生成的体量与社交互动方式,将内容生产划分为四个阶段[①]:

①第一阶段(专业化的内容生产):单人体验,内容生成体量较小;

②第二阶段(用户生产内容):小范围的多人交互,内容生成体量显著增长;

③第三阶段(AI 协助下的内容生成):大规模多人涌现式体验,内容生产体量进一步增长;

---

① rct AI. 从 UGC 到 AIGC:穿越历史周期,做时间的朋友 [Z/OL].(2021-07-30). https://www.huxiu.com/article/444758.html.

④第四阶段（全 AI 生成的内容）：同时上线元宇宙，社交场景与娱乐内容同时爆发，内容生成体量指数级增长。

AI 内容生产市场处于非常早期的、不具备推理的弱人工智能阶段，AI 在小部分领域能够实现自动生产内容，在大部分领域更适合与人协作，提升素材搜集、整理、检查等方面的效率。在与人协作的过程中，机器可能会完成大部分机械重复工作，人完成小部分创造性工作。由于人工智能还没有达到规模化商业应用阶段，目前重点需要关注的还是 AI 生产内容能够达到何种效果，再谈论后续以何种产品形态商业化、如何商业落地、应用后如何影响内容行业。

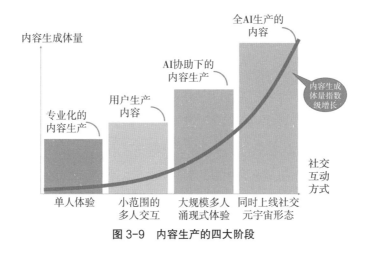

图 3-9　内容生产的四大阶段

二、升级源于借鉴：独角兽诞生的路径图

中国互联网二十年的发展史，也是独角兽们的迭代史[①]。

---

① 阿朱说. 中国互联网 20 年简史（1998—2018），告诉你本质是什么、规律是什么 [Z/OL].（2018-07-05）. https://mp.weixin.qq.com/s/X195WPlHz6IyMyg-lpc9Yg.

独角兽是投资界的一种信仰。关于独角兽，最早关于独角兽的描述是由古希腊历史学家、医生克特西亚斯（Ctesias）于公元前5世纪在其著述《印度史》（*Indica*）中记载印度北部风物，其中的："在印度，有像马一样大，甚至更大的野兽。这些动物的通体是白色的，头是深红色的，眼睛是蓝色的，前额长着有角，长约一肘。"独角兽在西方人眼中是瑞兽，代表着高贵、纯洁、权力。投资界提到独角兽，更多的是对优质企业的向往。独角兽企业一词最早由硅谷的一位风险投资人Aileen Lee在一篇科技媒体报道中，用独角兽来形容估值在10亿美元以上，并且创办时间相对较短（十年左右）的企业，它们具备发展迅猛、相对稀少的特质，且从事的往往是新兴、前沿的产业，这就是独角兽企业的由来。

中国互联网的二十年发展史，也是一部独角兽的迭代历史。根据胡润研究院发布《2020胡润全球独角兽榜》，2020年中国227家独角兽上榜，仅次于美国的233家，中国独角兽企业较上年增加21家。另有16家海外独角兽企业由华裔联合创办，主要在硅谷。全球十大独角兽企业中的6家来自中国，从中国独角兽企业所属行业来看，电子商务行业有39家上榜、人工智能行业有21家上榜、金融科技行业有18家上榜、物流与健康科技行业各有16家上榜。

独角兽作为投资界的信仰，源于其明显的爆发性、成长曲线好、独有的核心技术、能抓住风口、颠覆性的商业模式、有规模效应。

国内互联网自1998年发展至今的二十四年历史梳理中，在1998年之前，1994年、1995年是两个关键节点：1994年中国正式接入国际互联网，我国第一条64K国际专线的正式接通标志着中国正式进入互联网时代，雅虎同年成立；1995年Amazon成立，"水木清华"

同年上线,这是中国第一个真正的互联网网站。

1. 1998—2004 年是"前 Web 时代"

1998 年是中国的门户网站元年,相对于 Google 于海外的成立,国内丁磊于 1997 年创立了网易、张朝阳于 1998 年创立了搜狐、王志东于 1998 年创立了新浪、马化腾于 1998 年创立了腾讯、刘强东于 1998 年创立京东。1998 年是内容门户 + BBS 论坛社区 + IM + 游戏的中国互联网主航道雏形初现年。

1999 年马云创立了阿里巴巴、当当网成立、天涯社区成立、盛大成立、红袖添香成立、中华网成立(纳斯达克上市的中国第一股)、51job 成立。

2000 年,百度创立,同年互联网泡沫破裂;网易、搜狐、新浪同年均在纳斯达克上市。

2001 年,国产手机开始大放异彩,联想、海尔、步步高均介入。

2002 年,中国移动与中国联通的手机短信开始互通,互联网历史上的 SP 业务开始兴起。

2003 年,盛大发布了《传奇世界》,一举引爆了中国的网络游戏热潮,九城、完美、巨人随后跟进,开创了中国网络游戏的大航海时代。

2004 年,支付宝成立;空中网、掌上灵通(移动手机内容 SP 厂商)、金融界(垂直金融内容门户公司)、腾讯、携程、51job、盛大同年上市。

2. 2005—2009 年是"后 Web 时代"

海外部分，2004 年 Facebook 成立，2005 年 YouTube 成立，2006 年 Twitter 成立，2008 年 Airbnb（爱彼迎）成立，2009 年 Uber（优步）成立。

2005 年是博客元年，门户网站的历史闪光位置让位于社区，资本也开始跟进：2005 年沈南鹏成立红杉资本、徐新成立今日资本，同年雅虎注资 10 亿美元给阿里巴巴，助力其战胜 eBay；新浪微博、360、迅雷、赶集网、58 同城、土豆网、校内网、豆瓣、电驴、去哪儿、汽车之家、PPTV 纷纷成立；同年，腾讯收购了张小龙的 Foxmail。百度上市。超女史上最火的一届 PK 赛，大众短信投票引爆全国。

2006 年，优酷网、酷六网、大疆成立，Google 收购 YouTube，主流内容形态开始由图文，让渡给视频。

2007 年，iPhone 问世，智能手机时代来临，阿里巴巴 B2B 业务在中国香港上市。

2008 年，Google 正式发布安卓操作系统，Apple 发布 iPhone3G 手机，App Store 上线，诺基亚开始消亡；美图秀秀、唯品会同年上线。

2009 年，工信部批准 3G 牌照；哔哩哔哩成立。2009 年是交战年——淘宝发布购物搜索，屏蔽百度爬虫；Microsoft 也发布了 Bing 搜索引擎来与 Google 搜索引擎竞争；腾讯和搜狗针对输入法进行诉讼；网络游戏《魔兽》的代理运营权在九城、网易之间拉锯；基于 QQ 社交网络关系的开心网和千橡开心网也进行了诉讼——PC Web 互联网进入成熟期，行业要开始高度集中、进行整合。

3. 2010—2015 年是"前移动互联网"时代

海外部分，2010 年 Apple 推出 iPhone4，引爆全球，诺基亚退出历史舞台。Amazon 发布智能音箱 Echo，Apple Watch 发布，开始布局穿戴设备。

2010 年，小米、美团、聚美优品、爱奇艺创立，Google 正式退出中国；团购网站引爆了"百团大战"的同时，如家与快捷、58 同城与赶集网、携程与去哪儿均有激烈竞争，标志中国 PC 互联网终于走到了尽头——2010 年 11 月 21 日，在工信部、网信办的协调下，奇虎 360 和腾讯达成和解，不互相封杀卸载对方的软件。1998 年开始的 PC Web 互联网，走到了 2008 年智能手机元年，2009 年互联网产业整合交战，最终在 2010 年"3Q 大战"最高巅峰对决中收场。

2011 年是中国移动互联网元年，移动 App 开发迎来热潮。微信这一现象级应用跃出江湖，小米手机销量大增且推出全新 OS 系统 MIUI；知乎、探探、腾讯视频、陌陌上线。

2012 年，中国手机网民数量超过了使用计算机上网网民数量，字节跳动成立，今日头条、滴滴出行、唱吧、百度云盘上线；华为、锤子正式宣布进入智能手机领域、360 和海尔也联合推出超级战舰手机。

2013 年，工信部批准 4G 牌照，4G 时代正式来临；喜马拉雅 FM、网易云音乐、作业帮上线；小米开始构建自己的智能产品生态；乐视智能电视发布；微信发布了游戏流量入口、公众号。

2014 年，小红书、豆瓣 App、斗鱼、全民 K 歌上线；网约车大战拉开了移动互联网战争的白热化大幕，移动互联网的"船票"之争愈演愈烈；ofo、商汤、深蓝科技创立。

2015年，拼多多、摩拜单车创立，ofo推出共享单车，微鲸科技成立，京东推出叮咚智能音箱；在大众创业万众创新的推动下，互联网金融开始火热，红包大战拉开了微信支付和支付宝支付的大战。

4. 2016年至今，是"后移动互联网时代"和"人工智能时代"

2016年，AlphaGo 4∶1战胜李世石；Google Alphabet、IBM、Facebook、Amazon、Microsoft宣布成立人工智能联盟；2016年Apple发布AirPods，无线耳机时代来临；2016年Google反击Amazon，推出Google Home智能音箱，智能音箱之战打响了人工智能竞争的第一枪；2016年Google公开宣布其战略转型——由Mobile First全面转向AI First；2016年特斯拉发布无人驾驶汽车Model 3。

2016年，快手、抖音上线；百度宣布战略转型——All in AI；大疆发布Phantom 4，寒武纪推出"寒武纪1A"处理器。直播最关键的应用——实时美颜技术、虚拟AR技术助力直播热从娱乐很快扩展到了电商，从虚拟送礼盈利走向推荐商品带货盈利，带动了2016年的微商热；从支付宝AR找福字、美颜App自带兔子耳朵虚拟表情开始，展现了现实和虚拟的实时结合。

2017年，Apple推出智能音箱HomePod、发布iWatch 3；2017年百度无人驾驶汽车试驾、国内智能音箱大混战，人脸识别设备开始大规模部署、数字货币火爆、全球智能手机出货量首次零增长，移动互联网浪潮结束。

2018年，BAT+字节跳动的四强格局确立，移动互联网领域格局已定；2018年工信部发布5G牌照，5G时代正式到来；哔哩哔哩、爱奇艺、小米、映客、拼多多、虎牙迎来上市潮；在直播热、直播技术、直播打赏普及成熟的基础上，快手、抖音短视频火热崛起，除了技术流畅、打赏付费习惯成熟外，也多了附近、朋友、互动；共享单车危机爆发、P2P暴雷、滴滴出行整改、头腾大战开启。

2019年，中美贸易战；流量模式遭质疑；资本寒冬。

2020年，疫情催生了直播电商，薇娅、李佳琦第电商主播横空出世；抖音海外版被美国封杀；蛋壳公寓暴雷；社区团购大混战。

2021年，在线教育灰飞烟灭；Roblox上市并首次在招股书中提出"元宇宙"概念，引爆全球；Facebook改名为"Meta"。

一个个时代的结束同时开启一个个时代的来临，复盘历史，投资可以借鉴过往二十四年的独角兽迭代史，展望下一个时代，独角兽或许就在下面的推演中：

①下一代主流硬件是什么？下一代主流操作系统是什么？很可能是VR/AR，也可能是可穿戴设备，甚至是外骨骼；操作系统大概率是虚拟OS。

②下一代主流社交网络工具是什么样子的？以虚拟身份进行社交，模糊现实与虚拟的边界。Facebook Horizon，Roblox……

③下一代搜索是什么样子的？很可能使用视觉识别、语音交互，甚至是动作捕捉。

④下一代内容是什么样子的？体验内容的方式发生彻底改变，过去是视、听、说三感，未来除视、听、说之外可能还有触、嗅觉，甚至会是共感觉效应。

⑤下一代游戏是什么样子的？游戏会吃掉影视，还是影视会吃掉游戏？VR/AR游戏可能只是下一代游戏的雏形，影游合并为互动剧、

元宇宙版本的剧本杀等。

⑥下一代电子商务是什么样子的？可交易的范围更广、模式更立体、交易的货币很特别、售卖的商品多数是 NFT。

⑦下一代被重塑的社会各行各业会是什么样子？元宇宙包含现实物理世界，元宇宙中的部分存在反向影响现实物理世界。

三、最大的不确定性或在新的内容及分发模式中

除了技术进步之外，元宇宙的内容形态将发生质变。有别于互联网时代的流量为王，从一开始，元宇宙内容就是以创意为驱动导向。相比于影游等，元宇宙内容面临更大的技术难题，需要更高的研发投入。元宇宙要求效果高度逼真，从场景到人脸的精细刻画意味着更多人力和物力投入；元宇宙融合了游戏、视频等多种形式的内容，也需要创新内容的运营方式；内容转化方面必须进行更多考虑，包括内容的筛选、呈现方式等。因此，制作更加复杂的元宇宙内容形态对内容制作方全方位的能力要求更高，我们认为元宇宙时代内容的最大特征，是靠创意驱动，而非流量。

元宇宙有望革新观众与内容的交互形式以及极大程度地丰富内容的展现形式。一方面，元宇宙可以突破物理时空局限，因此观众与内容创作者进行实时、高频交互的娱乐方式将成为可能，例如允许观众进入虚拟直播空间进行互动，抑或允许观众进入视频的拍摄场所，体验真正的身临其境。目前各平台 UGC 多为视频、音频、图片、文字等形式，依托优质的内容吸引用户留存，而元宇宙的兴起，预计会带来新的创作平台与形式，在元宇宙中搭建新内容社区平台或挑战原有

内容体系平台。另一方面，元宇宙能够模糊真实与虚拟世界的边界，线上、线下一体化或将成为元宇宙内容的最终结构，现实世界与虚拟空间的互通、交流也能极大程度地丰富内容形式。

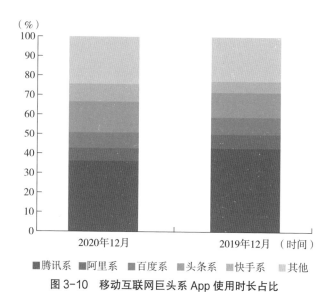

图 3-10　移动互联网巨头系 App 使用时长占比

资料来源：QuestMobile。

无论互联网内容形态如何变迁，其核心都是抢占用户注意力。从图文到视频，每一轮新媒体形式的变化都带来新的创作生态变化，如以抖音、快手为代表的短视频平台积累了海量视频内容创作者，生产了大量原创短视频、短剧等，成为重要的新内容生产平台。图文形式要求文字内容精准细致，平面视角较强；而短视频则更具直观性，有代入感，容易加深印象，且创作门槛越来越低，推进意见领袖全民化趋势显著。根据移动互联网智能服务商 QuestMobile 发布的报告称[1]，

---

[1] 参考移动互联网智能服务商 QuestMobile 发布的报告《中国移动互联网 2020 年半年大报告》。

短视频信息流模式具有成瘾性，成为时间黑洞抢占用户使用时长，头条及快手系的"短视频+直播"产品形态抢占效果明显。

在视频化趋势下，各平台都着力于拓展内容，内容成为增加用户留存和拉长用户时长的核心要素，丰富且良好的内容生态有助于平台商业价值的提升。但仍然无法给用户带来多感官全方位的沉浸式体验，在增强体验和改编方面仍面临诸多挑战。建立在这一基础上，元宇宙需要足够的优质内容吸引用户进入和留存，需要更有价值、具有真实感的内容激发消费者的兴趣，借此实现对用户时长/注意力的争夺。M世代群体对独特、优质内容要求更高，传统影视和游戏给用户带来的互动性和参与度不足，传统影视剧集仅能靠内容和演员演技给观众带来观感的提升，即使是3D电影也只能在视觉方面增强观众体验；游戏近年来囿于商业化过度和微创新不足的困境，用户在一定程度上产生"审美疲劳"。元宇宙如何响应M世代的体验诉求？我们认为元宇宙需要推出高度仿真、满足M世代感官体验诉求的新内容形态，才能用席卷的方式快速抢夺用户。

尽管我们梳理的投资脉络主线是围绕硬件为核心，但是我们认为最令人激动的投资标的可能出现在最新的内容形态及分发模式中。首先，随着文化产业各个领域边界的消除与融合，以及产业及金融资本的涌入，基于新内容，元宇宙的分发模式必然会被重构。不同于传统电影依赖于电影院放映、传统电视剧项目依赖于各大卫视与视频网站播放、以及当前游戏行业分发平台集中度较高的现状，元宇宙内容的分发必将引进新的技术标准与牌照许可（尤其是国内市场），以实现在文化产业的不同领域、不同的媒介形式之间相互转换与传播，分发环节预计会重构、入局方更多，包括运营商、硬件商、内容方等。其次，回顾 4G 发展历程，新一代通信技术对相关行业的传导机制，首先受益的是通信设备制造商，其次是电信运营商，再次是各类终端设备制造商，最后则是互联网内容与服务提供商（包括分发商）。具体说来，在通信设备制造商方面，第一波受益者主要是华为、中兴等；在电信运营商方面，主要是中国移动、中国电信、中国联通、中国广电（2020 年成立，4G 时代未参与，5G 时代将发力），由于 5G 投入巨大，5G 世代运营商前期的收益低；在终端设备制造商方面，主要为华为、Apple、小米、三星等手机、4K/8K 电视、VR/AR 智能设备制造商；在互联网内容与服务提供商，主要有阿里巴巴、腾讯、百度、字节跳动以及媒体内容提供方等。4G 时代的头部互联网巨头，比如腾讯、阿里巴巴、百度、新浪、今日头条等，正代表着当下最新的内容形态及分发模式。

（文中提到的公司，仅为学术探讨所用，不构成任何推荐）

站在当下，激荡的过往科技发展史中沉淀下来的各大巨头，均会跑步入场元宇宙，全球范围内各大巨头将如何演绎出元宇宙的发展史？过程中将诞生怎样的新巨头？谁会化蝶新生？谁将掉队？谁是最终的赢家？最大的不确定性当属内容与分发模式，谨记升维模式，而非简单借鉴，我们拭目以待！

第四章

元宇宙的终局:生物与数字的融合

马斯克在由喜剧演员乔·罗根（Joe Rogan）主持的《乔·罗根脱口秀》（*The Joe Rogan Experience*）节目中，两个半小时的时间里他比较全面地回答了主持人自己的价值观，特别是阐述他坚信人类可能生活在一个巨大且先进的计算机游戏中，认为人类文明很可能与游戏一样，都是许多模拟文明中的一部分。

这不是马斯克第一次分享这个想法，早在2016年的Recode's annual Code Conference上，他就说过：

"鉴于我们明显处于与现实无法区分的游戏的轨道上，并且这些游戏可以在任何机顶盒或PC以及其他任何东西上播放，而且可能存在数十亿台这样的计算机或设备，那么我们在基础现实中的概率只有数十亿分之一。"

他还表示，如果人类文明停止进步，然后有什么灾难性的事件要抹除文明，那唯一的解决办法就是人类创造一个足够真实的虚拟世界——四十年前，我们只能玩一款叫*Pong*的游戏，两个矩形和一个点就是该游戏的全部，这就是游戏的开始；四十年后，我们有了3D模拟，以及几百万人的在线游戏。而技术仍在发展，我们很快就会拥有VR和AR世界——在马斯克对元宇宙的终局描述中，元宇宙是一种救赎。

第一节　用户的需求指向"扩大世界观"

一、天然契合 M 世代

Z 世代，是一个盛行于欧美国家的名词，指 1995—2009 年出生的人群。作为和互联网一起成长的一代，Z 世代是真正意义上的"互联网原住民"。尽管各国对 Z 世代的定义有所不同，一个显而易见的事实是，他们已经成长为全世界人口中不可忽视的力量。他们生活富足，奉行 YOLO（you only live once，活在当下）文化，注重精神体验，在各大网络平台上，热衷于展现自我，分享生活状态，建立多元文化圈，热爱表达与尝试，寻求认同感，普遍具有全球意识，与元宇宙的特质匹配度极高。

Z 世代的这些特征与元宇宙的价值观高度契合，这是元宇宙得以快速发展的重要基石之一，因而在《元宇宙》中将 Z 世代迭代为 M 世代。对 M 世代而言，元宇宙带来的数字化体验，是另一种人生的维度和可能性，脱离了物理世界的桎梏，最大限度满足他们精神层面的成就感与幸福感。2021 年 4 月，咨询公司德勤（Deloitte）发布第 15 版年度数字媒体趋势（Digital Media Trends）报告。这份于 2021 年 2 月进行的针对 2009 名美国消费者的在线调查显示，对于 M 世代来说，玩视频游戏是他们最喜欢的娱乐活动（26%），其次是听音乐（14%），浏览互联网（12%）和参与社交平台（11%）。M世代中只有10%的人说在家中看电视或电影是他们最喜欢的娱乐方式。疫情及疫情的反复压缩了线下的活动空间，迫使用户将更多时长转向对线上虚拟空间的探索，随着投入精力和时间的不断增加，进一步对虚拟空间的价值产生了更多的认同感，这些都为元宇宙的到来做好铺垫。

国内M世代的趋势也势不可当。据国家统计局数据显示，截至目前中国"95后"群体总数约为2.8亿，占中国总人口的15%，成为未来互联网的主力人群；互联网赛道中，"95后"在全体网民中占比超过3成，贡献了移动互联网近50%的增长率；泛娱乐平台中，"95后"DAU（日活跃用户数量）平均时长为42.83分钟，是全网用户的近1.5倍。所有数据均指向95后，或者说M世代已经成为互联网消费的主力军。究其原因，在于M世代已经逐渐成长为整体消费市场的主力军，占整体消费力的40%，每月可支配收入可达3501元，19—23岁的在校"95后"，35%有多种收入来源。月收入10 000—20 000元的"95后"人群比例与"85后"相近，月收入5 000—10 000元的"95后"占比28.7%。

二、元宇宙中的新身份、新认同

根据元宇宙的定义，元宇宙是囊括现实物理世界，数字化everything的虚拟集合，尤其是人的感受，站在用户的角度，信息化、数字化（先数字化试听、再数字化其他感官感受）以及未来的智能化，我们不禁要思考，用户最终需要的是什么？

从PC时代的冲浪、到社交App的层出不穷，用户的需求指向的是多看看这个世界的多样性、复杂性、精彩性，即"扩大其世界观"。从 PC 时代用户的虚拟社交，到微信时代的实名社交，元宇宙开启了下一轮用户身份虚拟化的开始。

元宇宙首先给用户带来了新的虚拟形象，这一虚拟新形象可以完全不同于现实世界，相对现实物理世界，扩大了用户所能体验的"世界范围"。元宇宙中的互动、社交带来新的认同，扩大了用户的"世界观"。元宇宙中最典型的虚拟身份当属中本聪，世人均不知道他在物理世界中的真实身份，但并不妨碍他在加密世界中的鼎鼎有名。

元宇宙给予用户的新身份，溢出效应主要在生产关系尤其是社交关系的互动中。用户凭借新身份在新空间、新社交网络中的言行举止来重新定义自己，链上生成的新身份可以与其他链上身份构成新的社交网络，其中又可以衍生出许多原生的社交场合，比如加密艺术创作、展示与分享。

物理世界与元宇宙相互影响，当元宇宙中能独立生产并建立起独立的各类关系时，元宇宙内部就能建立起独立的经济系统，进一步外溢至物理世界中。基于生产关系、社交关系带来的身份认同，外溢至现实物理世界，将带来更多经济增量。类似网游中的公会、联盟。生产关系、社交关系非常重要，元宇宙中的各类资源，必须依靠元宇宙中的各类关系才变得有意义。元宇宙越庞大，身份就越重要，在元宇宙及物理世界中的价值就越高。

我们不能用简单的利益驱动来解释人们为什么会沉迷于某种社交方式，纯粹是因为足够有趣，用户在社交网络中的所有行为，都可以理解成是一场追求社会地位的游戏，娱乐的作用非常凸显。相对于长短视频的被动娱乐属性，游戏、直播是主动的娱乐选择。元宇宙的社交，如 NFT 收藏品，既是投资，也是有娱乐性质的社交活动。基于不同群体的偏好有异，评价 NFT 收藏品时，会有大的分歧，故而 NFT 收藏品的核心价值取决于其在社交网络的价值。

三、元宇宙赋予用户"币权"

互联网的盈利模式，向来崇尚"羊毛出在狗身上"，如 Google、Facebook 都是以广告为主要盈利模式，用户的点击、发文都视为流量，与广告变现挂钩。以 Facebook 的虚拟货币为例，正在兴起的"币权"模式[①]，是各平台正构建内循环的经济模式。

币权模式的兴起，对应的是 Apple 的"苹果税"。Apple 自 2008 年推出 Apple Store 以来，所有的 App 收费（自身收费、内置收费）均需要被 Apple 抽成 30%。PC 时代，用户与 Facebook 是"用户——Facebook 网站"的关系，App 时代则是通过"用户——应用商店、下载 Facebook App"的路径，才能间接建立起"用户——Facebook"的连接。Facebook 自己的虚拟货币，即绕开 Apple 的抽成，自建经济体系，用体系内的货币购买体系内的道具或服务。

虚拟货币可以视为用户在 Facebook 上的社交资产，用户让渡了自身的行为隐私，从阅读、转发、点赞到收藏、搜索，用户的每一次行为被 Facebook 收集后，用庞大的算法——数据分析方法，服务于精准广告投放，来实现 Facebook 的商业变现。与此同时，Facebook 也会构建一个算法（模型），以评估用户在社交网络上的价值，构建

---

① 石基零售.所有的经济体，都可以用币权制度再做一遍［Z/OL］.（2019-06-25）.
http://www.woshipm.com/it/2507439.html.

出用户的社交资产。根据用户在 Facebook 上的虚拟贡献（每一次的阅读、转发、点赞等）给予奖励，实质上即为虚拟货币，类似区块链上的用户，凭挖矿耗费的电力、内存、CPU 去换取虚拟货币。用户让渡自己的行为隐私，获取虚拟货币，用虚拟货币购买虚拟道具进行消费，实现 Facebook 体系内的闭环。

Facebook 等平台自建的经济体系，本质上是将用户资本化。通过阅读即挖矿、点赞即挖矿、转发即挖矿、消费即挖矿、社交即挖矿、交易即挖矿的区块链思想，将用户的时长消耗的每个节点，均实现了资本化，构建了用户资产化的新模型。相对于人工智能是继蒸汽机、电力的第三次生产力革命，区块链思想牵引下的用户资本化（币权）[1]则是继股权、期权后的生产关系创新、制度创新。

过往的生产关系创新，无论是股权（针对高管）、期权（针对中层及业务骨干），均是理顺企业内部的生产关系，激励内部员工的积极性与创造力，币权将激励对象扩大至最毛细血管处的用户，调动用户积极性与创造力——基于时长（资本）、社交（资本）、消费（资本）三个维度，公开、公平、公正地去激励。

如趣头条以金币为核心制定了一整套激励机制，1 元 =10 000 金币。在普通用户角度，假设一个用户平均一天耗时 4 小时，进行阅读和做其他任务，每天金币的收益估计值如下：首先是阅读，半分钟最高 60 金币，1 小时最高 7 200 金币，4 小时 28 800 金币，但官方写的是每小时 900 金币，那 4 小时为 3 600 金币；第二是时段奖励，1 小时 60 金币，4 小时 240 金币；第三是晒收入，300 金币；第四是

---

[1] 颜艳春. 用户资本主义：第三次生产关系革命 [Z/OL].https://m.sohu.com/ a/345540323_654037/2019.

每天签到，连续一周平均每天580金币；最后是做一次开宝箱＋分享，开宝箱40金币，每次分享120金币，好友阅读得840金币，共计1 000金币，各种方式合计5 720金币，即0.57元。若拉一个新用户，获得110 000金币，即11元；若唤醒用户，获得6 000＋1 800＝7 800金币，即0.78元；促活用户，获得5 720金币，即0.57元。[①]

游戏中也有生产系统，如SLG资源类手机游戏：SLG（Simulation Game）即模拟游戏，玩家可以体验一些平常接触不到的模拟设备或在游戏中体验现实生活，通常在线时间很长，可以将获得的资源交易后换取利润。华云云手机可以24小时在线十分适用这一点，全天上线实现利润最大化，搭配工具制作可以完成自动挂机实际操作。如MMORPG类手机游戏，如《地下城与勇士》《逆水寒》等游戏，MMORPG游戏的一大特色——"爆肝"，必须做的每日任务及活动非常多，因此代练服务需求很旺盛，运用云手机再加上工具制作即可操作大部分玩法不复杂的手机游戏自动挂机，除了游戏代练，这类游戏同样也可刷金币。如CCG/TCG类手机游戏：CCG（Collectible Card Game）/TCG（Trading Card Game）即卡牌游戏。比如2021年9月初上线的《哈利波特》，此类游戏卡牌都有一定的价值，玩家之间可以交换自己的卡牌。

但游戏中的奖励不是真正的"币权"，只是按照游戏既定的路线去获得游戏中的某种属性，这种属性玩家可以通过"氪金"得到，游戏管理员（GameMaster）也能任意调配。但元宇宙中的"币权"，指的是创造性或体力性的，制造出新的数字产品。这种数字产品，有使

---

① 知乎. 趣头条的用户增长策略和金币激励机制分析 [Z/OL]. （2018-10-09）. https://zhuanlan.zhihu.com/p/46294368.

用价值或者公认的资产性，且必须是元宇宙的用户创造出来的，任何所谓的官方是无法提供的，自然也就无法以所谓官方的形式，提供给另一些用户。

四、币权撑起更高阶的需求

NFT 就是为元宇宙量身定做的，赋予元宇宙用户以"币权"。NFT 是用于表示数字资产（包括 JPEG、视频剪辑等形式）的唯一加密货币令牌。NFT 可以买卖，保时捷作为率先尝试 NFT 的汽车品牌，于 2021 年 8 月初将独家设计草图（保时捷外观设计总监 Peter Varga 的草图）作为非同质化代币（NFT）进行拍卖；10 月 11 日，日本游戏巨头史克威尔·艾尼克斯（史克威尔·艾尼克斯是世界知名游戏开发商和发行商，拥有《最终幻想》《勇者斗恶龙》《古墓丽影》等超级 IP）宣布与日本 doublejump.tokyo 公司合作推出 NFT 项目《资产性百万亚瑟王》，该项目将于 10 月 14 日在 LINE 发售，《资产性百万亚瑟王》是百万亚瑟王系列的最新作品，也是该系列首个 NFT 项目，用户在购买后可自由选择边框和背景从而组合出新的 NFT 作品，并可进行二次流通。

元宇宙中的币权，增强了用户的自我供给能力，进而满足更多的需求与欲望。供给不是指市场供给而是指自我供给，不同于市场供给，自我供给能力是自己的支付能力，支付能力是多方面的，包括资金、劳动力、技能、财富、人脉、社会地位、权力、智慧、对工具的运用等。每个人供给能力不一样，资源禀赋不一样，对不同欲望的满足程度不一样。支付能力越强，欲望满足度越高。支付能力越弱，恩格尔系数越高,即用于温饱等生存消费占总消费的比例越高;支付能力越强,恩格尔系数越低,用于温饱的消费占比少,用于高阶消费的占比多。

互联网时代开启的社交是为了丰富当下的现实物理世界,以现实物理世界为主、互联网社交为辅;而未来物理世界或许只需要满足人类的基本生理需要,更高级的需求都将在元宇宙中得以实现——美国心理学家马斯洛的"需要层次理论"。他在1943年所著《人类动机理论》中提出,人的需要可以分为五个层次,它们依次是:生理的需要、安全的需要、社交的需要(包含爱与被爱,归属与领导)、尊重的需要和自我实现的需要[①]。元宇宙中,几乎没有底层的生理与安全需要,用户的高层次需求往往都是基于自我的,即用他人作为工具,体验自我实现的感觉,如尊贵的服务、身份消费、权力体系。单机游戏中每个人都是主角,在多人网游中,已经出现了阶层分化,但NPC(非玩家角色)能充当最底层。以《失控玩家》为例,元宇宙能带来高层次的需求体验,源于元宇宙的诸多场景、NPC,元宇宙中的体验感越真实,NPC提供的马斯洛需求层次则越高。

在元宇宙,用户可能会花费99%的精力去追求高层级需求和社交,用户核心的话题将是创造、探索、审美、娱乐。或许有一天,钱能从用户追求中被抹除,认知和想象力将是用户一生的追求。

---

① Abraham H. Maslow. A Theory of Human Motivation[J]. Psychological Review, 1943, 50: 370-396.

五、有望创造出新的价值观

人本主义心理学家亚伯拉罕·马斯洛在其人生最后一段时间,对自我实现有了新的洞见,构想了一种更高层次的需求,他称之为超越(transcendence)。他把这一理论称为"Z理论"[①]。

在马斯洛看来,"超越者"经常视这样一些价值观和经验为动机:它们超越了基本需求的满足和个人独特潜力的实现,这些"元动机"包括对除自我之外的召唤的全心投入、对"高峰体验"(peak experience)的追求,以及对存在价值(the value of Being)的坚守,包括真、善、美、正义、意义、嬉戏、积极、卓越、简朴、优雅、完整等,而这些价值本身即是终极目的。

马斯洛观察到,当他询问超越者们的行事理由和生活的价值来源时,他们经常引用上述那些价值,其之所以花那么多时间在自己的事情上,并没有更进一步的理由。这些价值并不为其他任何东西服务,也不是用于实现任何其他目标的工具。

马斯洛认为,满足这些"元需求"是必要的,"以避免疾病,达到最充分的人性或是实现最充分的成长……它们是值得人为之生、为之死的,对它们进行思考,或者与它们融为一体,会给人带来人类之所能及的最大快乐。"

在元宇宙里,我们可以畅想:没有贫富差异、种族歧视、性别歧视、伤痛,残障人士可以在这个世界里快速奔跑、失聪的小姑娘能"感觉"到声音,人人平等且拥有元宇宙范围内的绝对自由,用户摆

[①] 澎湃. 马斯洛对人性的洞察 [Z/OL].(2020-05-18) https://m.thepaper.cn/baijiahao_7446292.

脱现实世界的各类束缚在虚拟的世界中生活，真实的世界里只剩下我们创造出来的各类人工智能体，执行着我们探索宇宙的使命；也或许我们始终无法摆脱现实物理世界的束缚，如同《源代码》中描述的那样，在营养液中保留部分身体或保留逐渐退化掉了四肢和躯干，我们大脑在虚拟世界里模拟、创造，最终反馈到现实世界中。再大胆设想下，如果能把人类的思想、意识用芯片、磁盘储存起来，完成从碳基生命到硅基生命的转变，那么某种程度上讲，虚拟世界就成了真实世界，而人的意识在硬盘里，只要能源足够供应，就接近达到了永生。

第二节　科技的需求指向"数字化everything"

在凯文·凯利《科技想要什么》一书中，最后一部分讨论的是"方向"，作者总结了科技发展的方向，同时指出了人类和科技的关系，在"科技的轨迹"这一章里，作者指出了科技发展的13个方向，分别是：效率、机会、自发性、复杂性、多样性、专门化、普遍性、自由、共生性、美感、感知能力、结构、可进化性。作者在"无限博弈"这一章里指出科技进化的目标是人类与科技可能性博弈的继续，即无限博弈——一场最终不会分出胜负的博弈，"有限博弈者在边界内游戏，无限博弈者以边界为游戏对象"——通过不断改变规则和目标、保持开放性，这场持续博弈将不断持续下去。在这场博弈的本质中体现出来的是技术元素的真正本质和需求——生命不断增加的多样性、对感知能力的追求、从一般到差异化的长期趋势、产生新版自我的基本能力、对无限博弈的持续参与①。

多样性、感知、差异化、新版自我、无限博弈……走过信息化之后，科技的需求目前指向了数字化：现实世界什么样，我们就有能力把它在计算机的世界里存储成什么样，相对于信息化以人为主以机器为辅，数字化的表征则是以机器为主以人为辅。

一、数字化承"信息化"、启"数智化"

信息化与数字化的界定看似模糊，从文字定义来看，信息是经过人为理解、加工进而提炼的，不等于原始的、百分之百的事实。举例来说，线下商店购买商品，客户从进入商场的门口、进入、挑选货品、放入购物筐、POS机结账、支付、出门，行动轨迹中最重要的是筛选出来交易环节，核心在于人工POS机扫描出来的"信息"——商品名称、型号规格、数量、价格，这些信息是基于收银人员的人为识别、理解、加工并选择提炼的，这是信息化的过程。若真正的数字化技术支撑的无人店，购买货物的全过程，从进门到出门，均全程、全息地实时记录，数字化是以机器为主，能做到数字化的技术支撑群是非常庞大的，涉及感知、认知层面的识别，进而判断并给予反馈，囊括业务智能化处理、数据驱动、大数据技术（数据存储、数据计算）、人工智能技术（巨量的数据分析）、物联网技术（物联网设备）。

根据数字化的定义②——数字化是要在计算机系统中虚拟仿真物

---

① ［美］凯文·凯利.科技想要什么[M].熊祥,译.北京：中信出版社，2011.
② 人民网人民数据.数据化、信息化、数字化和智能化之间联系和区别解析[Z/OL].（2021-05-31）. https://baijiahao.baidu.com/s?id=1701256631426158887&wfr=spider&for=pc.

173

理世界，从而通过数字技术驱动企业的业务创新、驱动商业模式的重构、驱动商业生态的变革。按照 Gartner 的定义，业务数字化是指利用数字技术改变商业模式，并提供创造收入和价值的新机会，它是转向数字业务的过程。数字化简单地说，就是将信息用数字表达出来，将问题和现象转化成可分析、可量化的形式的过程，追根溯源，数字化源于 20 世纪 40 年代的香农证明的采样定理，即用离散的序列可以代表连续的函数。形象地说，万事万物都可以纳入 0 和 1 的算筹，任何具象都可以抽象为数字，都可以进行"数字化"，这是一种技术概念。

从应用的角度来看，数字化把数据当作类似于土地资源去开发。开发则需要数据资源，于是记录已经发生的所有数据成为前提；需要开发资源，则需要 ABC（AI、Big Data、Cloud）等数字化技术；需要将资源充分变现，则需要用到数字营销、数字孪生等各种数字化变现方法。

在趋势上，所有信息类的事物都将数字化，并以更便捷、丰富、高效的虚拟形式孪生呈现，再配合其他材料技术等，将趋于无限仿真。AR、VR 类技术已走向数字化，但仍然依赖信息交互界面（如你需要选择虚拟屏幕上的 start 按键），动作识别、眼球识别才是真正的数字化。未来我们所生活的物理世界上，一切信息的数字化需要许多探索工作去迭代回归，也需要开发更多实物载体，如传感器，以支撑实时信息的感知、采集、处理。我们以城市化建设中最重要的食品物流链为例，一盒牛奶，从奶牛吃的牧草的种植、产出；牛奶的出厂、运输、储存、接单、配送、签收，直到你打开这盒牛奶，所有信息都是记录在册，可查询、追溯、校验、取证。

数字化衔接信息化与数智化。数智化是数字化最终的结果，包括业务单元的智能、商业的智能、商业生态的智能。这里需要特别强调——数据只有积累到一定程度，智能机器或业务单元才能被训练出来。所以数智化是数字化的结果——数据饲养下的智能化水平的水到渠成。

信息化是一种映射的逻辑，将关键的节点信息提炼出来，且多为人工提炼。感知、采集、识别判断、指令传递、动作控制、反馈监测均处于数据层面，与人的关系只有数据界面交互，特别强调的是所有语义内容均为人为定义、解读、赋予，信息系统只是传递、运算、执行。

而数字化开始接近语义层面的识别问题。在信息化的基础上，在识别、采集数据底层已经设计、赋予了语义内容，且在算法上植入了包括自然语言理解、智能识别、自组织、自寻优等智能能力，助力系统的识别判断、指令传递、动作控制、反馈监测都具备了一定的语义内容，与人的交互，进而开始具备双向的语义互动。

数智化则完全构建了人与机器的各方面自由交互，人与机器之间的语义裂隙迭代式被填平，并最终走向无差异。

二、数字化≠信息化的线性升级

世界的复杂性决定了我们在接近高难度的问题时，采用抽象、建模等方法去逼近真实境况，通过数据的巨量迭代，得到最优化的解决方案。在信息化时代，我们的技术手段非常有限，对世界运行过程中的难题，采用简单的、选择性的、线性的映射，通过最笨重的人工方式记录，如一个客户姓名、一件衣服的颜色，于是大量的基于各种关系的数据库应运而生，构建了结构性的描述。信息化是互联网时代的长足进步，但我们设想，能否跃过简单、粗糙的人工识别的方式，更加智能化？

数字化不是信息化的简单升级，是跃过了信息化的惯性路径。我们借助海量传感器（从成本到性能再到性价比都合适的）捕捉实时动作，用越来越成熟的实景地图技术、定位技术、最佳路径规划技术进行辅助，经过训练的人工智能视觉识别技术，在识别准确率、识别速度上越来越快（深度学习让机器识别的训练也越来越容易，更多现实世界的东西可以被机器识别）。配合海量的数据传输技术、海量的数据存储技术、海量的数据计算处理技术，如同将人体生命特征信息，毫无遗漏地用各种传感器监控起来，所采集的信息源源不断被上传到云端的大规模计算机世界中，在计算机世界里就可以用数字化重建这个人的全部生命特征。借力各类技术——传感器/GPS/摄像头、人工智能视觉识别/语音识别、数据爬虫/关联推荐技术、4G/5G/NB-IoT、海量数据存储与计算技术、区块链技术、大规模云计算技术，现实物理世界在计算机世界里，理论上可以全息重建。

信息化是一条路，借助于人力，正在发生变革；数字化，是另外一条路，它更多借助于自动化设备、智能 OS 设备，装备了大量传感器的设备，以大数据和人工智能深度学习驱动的数智化或人工智能视觉识别驱动的数智化，实现物理世界的全息。

- 解构数字化时代技术，包括信息输入——传感器、视觉识别、语音识别；逻辑处理——AI 智能匹配、智能调度运筹、AI 算法模型自动自适应优化调参；信息输出——语音交互、多轮会话、智能推荐、文本生成。
- 运行层面的数字化技术，包括端——芯片、模组，操作系统（如华为发布的鸿蒙），传感器、GPS；管——数据网关、传输中间件、时序数据库；云——IoT 接入平台、标识解析、大数据湖、人工智能服务、数字孪生可视化、BIM。①

2021 年 5 月 28 日，日本在内阁会议上通过了 2021 年《制造业白皮书》。白皮书提到，鉴于美国、中国、欧洲加强进出口管理，白皮书从经济安全保障的角度出发，要求日本国内制造业强化供应链，精准把握风险，同时指出必须推进脱碳化和数字化。

按照价值链来看，数字化包括：

- 研发设计环节：使用 3D 仿真 CAD（计算机辅助设计）、仿真测试验证 CAE（工程设计中的计算机辅助工程）、VR/AR 仿真体验、3D 打印虚拟制造；
- 研发—生产协同环节（标准主数据服务）：注重标准主数据，如材料信息标准主数据库、研发设计 E-BOM 和生产 M-BOM 对齐；
- 生产环节—混合现实：AR/VR/MR 辅助装配，把数字世界和物理世界协同在一起；
- 仓储环节—AI+IoT+自动化技术：无人立体仓库、无人运输小车 AGV（自动导引运输车）；

---

① 阿朱. 为啥现在大家搞不懂数字化，是因为数字化时代其实还没来 [Z/OL]. (2021-06-02). https://blog.csdn.net/david_lv/article/details/117489795.

- 物流环节——运筹学＋人工智能技术：智能物流规划与调度；
- 产品销售环节：个性化交互式配置，会用到 XR 技术和 3D 仿真技术；
- 产品运维环节：智能产品，带传感器、智能操作 OS、5G/WiFi 数据传输技术，做到远程数据采集、远程诊断；如果是单向的物理世界映射到数字世界，即数字孪生；在数字世界远程操控物理世界，即信息物理系统（CPS）。

根据应用场景不同的数字化价值链：

- 仿真——数字世界仿真技术、AR/VR/MR 技术、数字孪生可视化技术、CPS；
- IoT——传感器、智能硬件、自动化技术；
- 人工智能——机器视觉、运筹学／推荐；
- 大数据——行业标准主数据库服务、人工智能知识图谱；
- 电子商务应用——用户在线化自助选配下单、购买支付。

三、数字化跨越数字经济，走向知识文明

信息化[①]是指将现实物理存在的事物，通过数据化手段，借助二进制编码，通过电子终端呈现。这是相对于信息化完全是靠人来实现的，也就是说人工录入数据，才能实现信息化。数字化采用的是自动

---

① 创业行．信息化、数字化、智能化，你能分清吗 [Z/OL]．（2021-05-14）．https://xw.qq.com/cmsid/20201013A010BB00?f=newdc.

化采集，采集—呈现—分析几乎同时完成，不需要人工录入数据，比如利用手环记录的心跳和运动数据。

从概念上来说，数智化①是指事物在网络、大数据、物联网和人工智能等技术的支持下，所具有的能满足人的各种需求的属性。通俗来说，即利用以上技术，能动地、自动地做出决策，如无人配送车，将传感器物联网、移动互联网、大数据分析等技术融为一体，从而能动地满足货物配送的需求。

借助数字化，未来世界将呈现物理世界和数字世界两个平行世界的特点②，物理世界是原型和基础，数字世界为物理世界提供质效优化的数字解决方案。数字化将劳动者由人变成了"人+机器"，劳动者可以呈现指数级增长；将生产资料变成了"工农业用品+数据"，数据从有形到无形，且没有数量限制；将劳动资料变成了"工农业设备+计算力驱动的数字化设备"，呈现指数级增长，生产力得到了空前的解放，人类社会快速进入数字时代。数字化从近期看指向数字经济，从远期看指向知识文明。

数字科技驱动网络协同创新模式。工业时代，创新是由基础研究到应用研究再到行业发展"链式创新"的单向、线性过程。数字化则着眼于物理世界和数字世界的互动融合，一方面需要解决实际应用、面向用户需求、开发全新市场的场景式研发与创新，从用户需求出发对科学研究形成逆向牵引；另一方面各类基础学科、基础技术领域的

---

① 王继祥.信息化、数字化、智能化、数智化等概念内涵深度解析[Z/OL].（2021-03-31）. https://www.sohu.com/a/458252337_808311.
② 环球网.加强技术与科学的互动　推动数字经济进入发展新阶段[Z/OL].（2020-08-31）. https://baijiahao.baidu.com/s?id=1676505785977155297&wfr=spider&for=pc.

各项基础和应用创新寻求突破。每个创新主体都是庞大网络体系中的节点之一，都会参与到新科学、新技术、新产品的开发应用全过程，创新产业化周期大大缩短。

网络式生态化的协同式创新正在释放更多的活力，即从基础研究到应用开发的中间环节，呈现出网络式的研究特点，多主体参与，创新模式发生了质变。从创新周期来看，创新节奏加快、周期缩短、快速迭代、持续改进、及时反馈以及敏捷管理的创新，正在引领这一轮的数字化创新，并不断驱动其他长周期的创新领域[①]。

第三节　元宇宙的终局：生物与数字的融合

一、人机协同或人类第三条递归改善路径

约 15 亿年前，地球上只有原核生物（prokaryotes），大自然通过 20 亿年的进化，孕育出这些结构简单的存在；漫长岁月中，偶然的一个原核细胞 A 进入了另一个原核细胞 B，不论是 A 入侵了 B 还是 B 吞噬了 A，但这个过程偶发性地创造出第一个真核细胞（eukaryotic），变为一体的 AB 是一种新的存在，AB 有了属于自己的

---

① 王晓明. 量子科技将成为数字科技的核心力量之一 [Z/OL].（2020-10-31）. https://baijiahao.baidu.com/s?id=1682029359349587476&wfr=spider&for=pc.

第四章 元宇宙的终局：生物与数字的融合

DNA 和生存模式①。

这样的一次入侵或吞噬，孕育出新的巨大成果，创造出惊人的结构，这个结果如果足够复杂，可以产生分工，分别为细胞、骨骼、肌肉。当下我们仍不知道 DNA 传递的确切机制，但我们已经知道，隔离了时间和空间，我们会将自身的信息，经过某些修改后，然后传递给下一代，我们在修改自己的 DNA，虽然微不可查但的确发生了。

基因的变异亿万年里一直在发生，但 7 万年的时候，又发生了一次突然的改变，让人类从芸芸众生中的一员变成了地球的主宰，这个过程不是基因在起作用——饱受欺负的智人得到了一个超级外挂，那就是语言。在此之前，群体内人的交流诉求是通过吼叫来表现，如面对围猎的动物，他们只能大喊自己的同伴，但掌握了语言之后，就可以清楚沟通被围猎的动物的位置、动物的体型及特征，在信息传递的时候，智人就具备了其他芸芸众生无法模拟的优势。

在理查德·道金斯（Richard Dawkins）所著的《自私的基因》为我们提供了一种新的世界观，书中将进化论从基因层面升华至文化层面。这本书中指出，在文化发展之初，是有一些传播上的障碍的，但后来产生了一些倾斜传递，类似于基因传递中的校正读码以及其他的精细的传递结构，这些结构寄生在信息传递的高速公路上，带来了巨大的改变，这就是文化的基因——被称为"模因"（meme）。并提出在这个世界上，只有我们人类，能够反抗自私的复制因子的暴政。

无论是真核的爆发还是文化爆发，都是在稳定规则上发展出来的

---

① 无名狂客.地球生命的诞生之：从原核细胞到真核细胞期间经过了漫长的 20 亿年 [Z/OL].（2020-07-25）. https://baijiahao.baidu.com/s?id=1673177713498262582&wfr =spider&for=pc.

自我改善机制,爆炸性的成果是递归从量变到质变产生的结果。

英国国防部与德国国防军两个国防规划部门在2021年5月发出的报告《"人类增强"——新范式的曙光》提供了一种人类自我改善的新范式——人机协同。人机协同可以分为四个阶段:一是手持设备;二是可穿戴眼镜、耳机等;三是义肢、义体;四是人脑协处理器。

人工智能专家杰弗里·辛顿(Geoffrey Hinton)说,神经科学家已经知道一些大脑运行的事实,却还不了解其计算原理。如果我们真的能理解大脑是如何学习的,而不是那些心理学家构建的模糊的模型,懂得它、模仿它甚至制造它,理解到那种程度,它就会产生跟DNA结构在分子生物学中的那种影响。我们会由此构建第三条递归改善的高速公路(人机协同类似原核细胞A和原核细胞B构建真核一样),由此构建人机协同的自我完善之路。

递归式自我提升会引起智能爆炸?我们从技术发展史看产业变化[1]:从IT到DT。

- CT时代:通信技术(Communications Tech)。根据《信息简史》[2],它从人类信息产生、交互、表示、记录沉淀做了历史性的脉络梳理,它认为从人类没有产生语言不会说话开始,就已经产生了有节奏的鼓点,后来有了语言、文字、字典、书籍,后又发现了宇宙微波、无线电,发明了电报乃至电话以及现在的

---

[1] 阿朱说. 从IT到DT,再到OT [Z/OL].(2018-07-03). https://www.sohu.com/a/239273534_610516.

[2] [美]詹姆斯·格雷克. 信息简史 [M]. 高博,译. 北京:人民邮电出版社,2013.

移动无线电话。从电报开始,我们可以叫作 CT 时代,即:通信技术。

- IT 时代:信息技术(Information Tech)。从单机时代到局域网时代到 Web 互联网和移动互联网时代,核心技术就是联网——连起网来,靠人协作来提高生产力。在互联网时代来临之前,巨头包括 CPU Intel、服务器 IBM、PC Dell、存储 EMC、路由器 Cisco、软件 Microsoft、数据库和中间件 Oracle、应用软件 SAP,商业模式很简单——做 IT 产品卖 IT 产品。互联网来临之后,信息走出了单人单企业的边界,全社会全球互通了,巨头包括信息搜索 Google、社交网络 Facebook、社交媒体 Twitter、商务社交 Linkedin,通过整合用户(流量),转移支付(广告),这些均是 IT 时代的成果。

- DT 时代:数据技术(Data Tech)。IT 时代做 IT 工具是为了帮助用户更好地完成所想做的事,DT 时代做 IT 工具的目的是收集数据,收集来数据是为了建模,让人工智能深度学习来训练模式,再让人工智能关联推荐来进行事情的自动化。DT 时代的核心技术是大数据和人工智能深度学习。DT 首先被应用到了社会化资源的整合与调度,如 Amazon 智慧采购、Uber 智慧打车调度、Airbnb 智慧住宿调度、菜鸟网络智慧仓储物流调度,它们都是靠社会化海量资源的最佳调度优化来获利,抢占了社会商业活动的发展红利。

- 未来或许会进入 OT 时代:操作技术(Operational Tech)。DT 时代为了收集数据,付出了大量的精力。虽然有 Web 互联网、移动互联网,有 OpenAPI、有数据爬虫技术,让数据汇集更方便,但仍然需要人通过 Web 交互或移动交互来输入数据,数据的产生速度、产生质量仍然不高;到了万物皆智能、皆能联网时代,核心技术是 IoT、人工智能视觉听觉识别技术,万物直接产生数据、数据不需要抽象转化、直接发送到云端。

过去我们需要通过信息化,人为把事情判别抽象整理为结构化的文本信息描述出来,现在我们根据现实世界的视觉、触觉、听觉、味觉,就直接采集直接存储,这就有了数字化、数字孪生的说法,这样的多媒体数据,它的容量才够大、才真实。

关于人机协同,我们普遍关注特斯拉和 Space X CEO 埃隆·马斯克所开创的 Neuralink,这家公司旨在通过人脑植入,实现人脑和计算机之间的无线接口,Neuralink 重点在于创建可植入人脑的设备,最终目的是帮助人类跟上人工智能的进步。

关于 Neuralink 建立的意图,马斯克曾经在一次演讲中说道,随着时间的推移,我们可能会看到生物智力和数字智力的合并,它主要是关于宽带、你的大脑和数字化版本自己之间的关联速度,尤其是输出这部分,此后在 2017 年 2 月迪拜举行的"世界政府峰会"上,马斯克也强调了人机共生的重要性,他认为人类需要与机器相融合,成为"半机械人",才能避免在人工智能时代被淘汰。

人机共生不仅能够增强人类认知能力,也可以用于治疗癫痫或重度抑郁症等疾病,从疾病治疗入手是马斯克惯用的打法——马斯克的逻辑是先从人们生活的实际问题入手。SpaceX 和特斯拉遵循的都是这个逻辑,先从近期能够解决的问题入手,如火箭发射、电动车、太阳能电池等。在医疗领域,电极阵列和其他植入物被用于帮助改善帕金森病、癫痫症和其他神经退行性疾病的影响。然而，地球上很少有人将复杂的植入物放置在头骨内，而具有基本刺激装置的患者数量也只有数万人而已。这是因为对人类大脑进行操作是非常危险、有侵害性的，只有那些用尽了其他医疗方法都没有很好效果的人，才能选择进行这样的手术。

Braintree 联合创始人 Bryan Johnson[①]，创立公司 Kernel，致力于自主医学研究，以试图增强人类的认知能力，Kernel 及其日益增长的神经科学家和软件工程师正在努力扭转神经退行性疾病的影响，最终使我们的大脑更快、更聪明。

生物智力和数字智力的合并，障碍巨大，如神经科学研究人员对人类大脑神经元通信的理解非常有限，收集这些神经元数据的方法非常初级。此外，这项技术也存在着遭受网络攻击的隐患。虽然困难重重，但仍然有诸多与马斯克一样想要用人脑直接控制计算机的技术先锋。

人机协同的关键在于脑机接口（Brain-computer Interface，BCI），也称意识—机器接口（Mind-machine Interface，MMI）、直接神经接口（Direct Neural Interface，DNI），是一种人类大脑同外部设备之间的直接沟通方式。脑机接口旨在用于研究、扫描、辅助、增强和修复人类意识或感官功能。脑机接口的研究始于 20 世纪 70 年代的加州大学洛杉矶分校，由国家科学基金拨款，遵从一份同 DARPA（美国国防高级研究计划局）签署的协议。由这项研究所发表的论文也第一次在科学文献中提及"脑机接口"。

---

① TechWeb. 马斯克旗下脑机接口公司有新动作：规划做动物实验 [Z/OL]. （2018-03-29）. https://baijiahao.baidu.com/s?id=1596252647844468610&wfr=spider&for=pc.

20世纪80年代，在一份关于"脑机接口"的报告中，涉及意识控制物体、移动机器人和使用脑电信号，脑机接口的研究领域至此主要集中于神经修复术应用，例如恢复受损的听力、视力等。由于大脑的皮质具有可塑性，植入假体所发出的信号在被人体适应后能被大脑操作，在多年的动物实验后，世界首个神经义肢于20世纪90年代中叶被植入人体。

脑机接口的研究始于汉斯·贝格尔（Hans Berger）首次发现人类大脑活动时所产生的电信号，即脑电波，以及脑电扫描法的运用。与该领域的几个先驱科学家一起，神经外科医师和发明家菲尔·肯尼迪（Phil Kennedy）在20世纪90年代与其他几位科学家一起研发了"侵入式"人脑—计算机接口[1]。1996年，在动物身上做过测试之后，美国食品药品监督管理局（Food and Drug Adminstration，FDA）允许Kennedy将电极植入无法说话或者移动的闭锁综合征患者体内。第一位志愿者是特教老师玛乔丽（Marjory），她患有渐冻症（ALS），手术后Marjory能够通过思维控制开关，然而由于她的身体太过虚弱，在手术过后76天去世。1998年，53岁的越战老兵约翰尼·瑞恩（Johnny Ray）成为第二名志愿者，手术后Johnny从昏迷中醒来，虽然意识清醒但没办法移动除了眼皮以外的身体部位。肯尼迪（Kennedy）医生后来通过手术，让一位因患有闭锁综合征而严重瘫痪的病人利用她的大脑控制计算机中的光标。2014年，为了建造一个语音解码器，把人想象自己说话时产生的神经信号进行翻译，通过语音合成器进行输出，67岁的Kennedy选择在自己身上做了一项史

---

[1] wanjiaojiao. 毕生研究人脑接口的大神：他找人锯开了自己的脑壳，往里插入了电极 [Z/OL].（2015-11-18）. http://www.hereinuk.com/53545.html.

无前例的试验——在他自己的大脑中植入电极以便在大脑的运动皮层和计算机之间建立联系，后续 Kennedy 在伯利兹城进行了长达十小时的第二场手术——植入了电子元件，这样他就能从自己的大脑中收集数据。2015 年秋天，Kennedy 在芝加哥美国神经科学学会上呈现了利用自己的大脑研究出来的结果——在大声朗读特定声音时，他所记录的 65 个神经元总是以特定组合表现出来，而在他默念这些声音时，也会出现同样的组合，这很可能是研发思维语音解码器的关键。

二、元宇宙扩展物理城市的尺寸与增长空间

在 2021 年华为举办的"智能世界 2030 论坛"上，华为首次通过定量与定性结合的方式，对未来十年的智能世界进行系统性描绘和产业趋势的展望。汪涛（华为常务董事、ICT 产品与解决方案总裁）认为探索是人类与生俱来的天性，并用三个手印来表达他的看法，并代表华为发布了以"无界探索，翻开未来"为主题的《智能世界 2030》报告[①]。

- 第一个手印，是几万年前人类在洞穴里留下的，我们总是会对那些非凡的创造惊叹不已。用毕加索的话来说，它的艺术表现力和我们今天的创作没有什么两样。
- 第二个手印，是伦琴研究中的射线拍下了他爱人的透视手骨图。

---

① TiAmoForever. 华为发布《智能世界 2030》报告，多维探索未来十年趋势 [Z/OL].（2021-10-15）. https://www.cnblogs.com/TiAmo-zhang/p/15409569.html.

他对放射性物质的好奇，为我们今天的医学带来了革命。
- 第三个手印，是未来智能世界中的数字手印。它将会深度融合生物特征与数字信息，让我们对未来的智能世界充满想象。

展望医、食、住、行、城市、企业、能源、数字可信八大方向在2030年的前景，充分体现出未来的智能场景中，生物特征与数字信息的融合。

- "医"——让健康可计算，让生命有质量；
- "食"——用数据换产量，普惠绿色饮食；
- "住"——新交互体验，让空间人性化；
- "行"——智能低碳出行，开启移动第三空间；
- "城市"——数字新基建，让城市有温度，更宜居；
- "企业"——新生产力重塑新生产模式，增强企业韧性；
- "能源"——绿色能源更智能，呵护蓝色星球；
- "数字可信"——数字技术与规则塑造可信未来。

生物与数字的结合，本质上是用智能去增强人，我们需要将智能视为一个优化过程，一个引导未来进入一种特定配置的过程。基因驯化人，文化感染人，人机协同增强人，数字信息已经达到了与生物圈信息相似的程度，它呈现指数级增长，表现出高度保真的复制；通过差异复制，通过人工智能表达，并且已经有了无限的重组能力。生物与数字的融合，就像之前的进化转变一样，生物与数字信息之间潜在共生将达到一个临界点，这种融合的其中一种可能走向，就是将产生一个更高级别的超级有机体——元宇宙。

元宇宙是下一代计算平台。现代科技伴随着每一次交互的改变，形成平台升级。PC＋互联网是最早的计算平台，人类拿到了进入数字世界的密钥。手机＋移动互联网紧随其后，形成了第二波信息科技浪潮，打开了人类进入数字世界的大门。新硬件＋元宇宙开启了数据智能时代，人机协同寄生于元宇宙中，开启了生物与数字的融合。

第一个大型平台是 PC 上互联的网页，它将信息数字化，将知识置于算法的力量之下，Google 是主宰者；第二个大型平台是社交媒体，主要在手机上运行，它将人数字化，将人的行为和关系置于算法的力量之下，主宰者是 Facebook 与微信；第三个大型平台将世界其他地区数字化，它将人的体验数字化，在这个平台上，所有的内容都将是机器可读的，受算法影响，最大限度扩展了物理城市的尺寸与增长空间。(**见附后彩页元宇宙的本质、历史观、终局**)

第五章

元宇宙全球产业地图

1. Facebook：All in 元宇宙

2. Apple：硬件蓄势待发

3. Microsoft：抢占产业优势地位

4. 腾讯：发力全真互联网

5. 以太坊：元宇宙世界经济基础

6. 字节跳动：Facebook 全球最强竞争对手

7. 华为：搭建基础设施

8. Nvidia：元宇宙世界硬件底层

9. Google：AR → VR → XR

10. HTC：构建闭环生态

11. Sony：战略辅助硬件

12. 百度：All in AI

13. Amazon：底层技术实力深厚

14. 阿里巴巴：多场景协同发力

15. 高通：元宇宙世界之"芯"

16. 小米：强势切入硬件

17. Unity：远不止游戏引擎

18. Roblox：元宇宙早期雏形

19. Epic Games：打破虚拟世界藩篱

20. Valve：硬件、内容与平台

《三体》并不是一种幻想，在人类的面前有两条路：一条向外，通往星辰大海；一条对内，通往虚拟现实。

——刘慈欣

刘慈欣认为，人类的未来在于前一条路，后一条将会带来内卷。然而，元宇宙的火爆正引发科学圈、哲学界新的思考。或许，这两条路可以合二为一——元宇宙！

第一节　全球巨头跑步入场

的确，我们有了互联网，有了 Apple、特斯拉、Facebook，进入了信息时代，生活更加方便，物质更加丰富。然而人类社会的科技发展已然进入停滞期，绝大多数"低垂的果实"早已被摘完。如果以能源利用方式带来的生产力跃升来标识工业革命成果，那么第一次工业革命（蒸汽技术革命）是人类利用化石能源的革命；第二次工业革命（电力技术革命）是人类利用电力能源的革命。前两次工业革命均带来生产力的极大跃升，而第三次工业革命（计算机及信息技术革命）的意义在于互联网普及，重塑了生产及生活方式。以能源利用方式为衡量标准，计算机及信息技术革命仅仅是更有效地配置现有资源，但并没有带来生产力的明显跃升，或许真正的第三次工业革命应当是人类利用核能源的革命。近六十年以来，人类自然科学研究进步缓慢，有渐进式的改良，而无颠覆式的创新；人类生产力发展也渐渐停滞，仍停留在第二次工业革命后利用化石与电力能源的阶段。

在此背景下，全球陷入存量博弈，内卷化趋势加剧，国家与国家之间、国家内部、企业与企业之间等对存量资源的争夺越来越激烈。"内卷化"一词多见于学术界基于制度、文化等层面的社会现象进行的一种讨论。从制度变迁角度看①，变迁被概括为演化、革命和内卷三种典型形态：演化是指一种连续性的、增进性的、发散性的或沿革式的社会变迁；革命是一种间断性的、突发式的或者说剧烈的社会制度的改变与更替，是从一种社会制度跳跃式地变为另一种社会制度；而内卷则是一个社会体系或一种制度在一定历史时期中、在同一个层面上的内缠、自我维系和自我复制。与演化相比，内卷表现为自我重复而没有增进。一言以蔽之，内卷化就是指社会发展停滞不前之后，对存量资源争夺越来越激烈的一种社会现象。

那么，我们应该向外拓展边界，拥抱星际探索的星辰大海，还是向内寻求增量，获取虚拟世界的替代方案？事实上，人类航天事业在登上月球时达到高峰，却在美苏争霸结束后迅速凋敝。1966年美国阿波罗登月工程发射的"土星五号"依然保持着人类历史上使用过的最高、最重、运载能力最强的运载火箭纪录（127吨）。1998年美、欧、日、俄等16个国家建设的国际空间站到2024年（后延期到2028年）就要"退役"，且此后没有建设新空间站的计划，而中国于

---

① 人民论坛网.内卷、打工人……这些流行语暴露了什么？[Z/OL].（2021-05）. https://xw.qq.com/cmsid/20210606A0169800.

2021年新建的太空空间站或将是2028年之后人类唯一的太空空间站。目前人类距离星辰大海仍然远不可及。同时，我们越来越沉浸在虚拟世界，花费在社交网络、电子商务、网络游戏的时间越来越长，现实世界高度内卷化趋势下，躺平文化、宅文化、丧文化日益流行，越来越多的人转向虚拟世界，寻找在真实世界无法获取的满足感。

元宇宙一方面尽可能地复刻现实世界的底层逻辑，如身份、社会地位、经济、文化等，让虚拟世界的沉浸式体验更加真实；另一方面，也在不断探索超越现实世界的可能性，以实现在现实世界里无法做到的事情。从经济与商业的角度解读，一方面元宇宙将会赋能所有传统行业利用新技术、新理念创造出新的商业模式、新的客户和新的市场；另一方面，元宇宙不受现实条件的限制，要素规模无限大、消费频率大幅提升、边际成本趋零化，其经济规模将数倍于现实世界。元宇宙究竟是通往人类内卷还是星辰大海，这取决于技术如何发展与使用。科技巨头们跑步入场元宇宙，一方面为应对激烈的存量竞争，需要寻找新的商业增长点；另一方面，为下一代人类科技革命积蓄力量，以争夺下一个时代的话语权。

一、巨头们的"阳谋"

我们认为科技巨头们争先恐后布局元宇宙的最直接原因，是为了打造全新的商业增长点。这里的新增长点不限于可观的盈利空间，更包括新一代的流量入口，以及庞大的商业版图。从盈利空间到流量入口再到商业版图，更是巨头们野心与诉求的层层递进、逐步升维……

1. 盈利空间：以游戏管中窥豹，元宇宙的商业潜力巨大

元宇宙是下一代互联网，它将影响各行各业。每一个时代都会有一个先导行业爆发式增长，再带动其他要素发展，其他要素的跟进会进一步促进相关行业的发展，从而形成正反馈，产业化的过程助推社会加速进步。新内容之于元宇宙，如棉花之于工业革命。首先回顾工业时代的先导行业以及工业革命发生的顺序：英国的工业革命首先从棉纺行业开始，具有高收入弹性需求的纺织品市场刺激并维持了机械化大规模生产，促进英国贸易量与商品配送需求大规模增长，进而带动了其他领域的工业革命，产生了煤炭、蒸汽机、电报、公路、铁路、轮船等。

游戏具备元宇宙的部分特征，是元宇宙的先行者，展现出广阔的盈利空间。UGC 游戏 *Roblox* 已成为全球最大的多人在线创作游戏平台，截至 2020 年年底，*Roblox* 拥有超 2 000 万个游戏体验场景，全平台用户使用时长超 300 亿小时，开发者社区累计收入 3.29 亿美元。NFT 游戏 *Axie Infinity* 稳居链游 TOP1，碾压头部传统游戏《王者荣耀》。AxieWorld 数据显示，2021 年 8 月，*Axie Infinity* 收入达 3.64 亿美元，较 7 月收入环比增长 85%，其 8 月收入仅次于以太坊（收入 6.7 亿美元）。作为对照，全球移动游戏收入榜第一的《王者荣耀》7 月全球收入为 2.31 亿美元。目前普遍认为游戏是元宇宙的雏形之一，游戏将会融合艺术、文化、技术形成探索元宇宙的内容大潮。游戏等内容将担负起先行者、引领者的角色，推动上下游产业逐次进入元宇宙时代。

2. 流量入口：从互联网到元宇宙或是人类最近一次大迁徙

根据互联网世界统计数据，截至 2020 年 5 月，全球互联网用户数量达到 46.48 亿人，占据世界人口的 59.6%，过去十年的年均复合增速达 8.3%。这部分互联网用户，既是互联网时代的"旧遗民"，也将是元宇宙时代的"新移民"，辞旧迎新的迁徙必然将在未来的某一时点爆发。流量红利殆尽的当下，连接全球的元宇宙成为最新的"流量密码"。流量迁徙将会带来巨大的财富机遇，互联网科技巨头们一旦掌握了这一流量密码，自然也就将其转化成了巨额财富。

更不必说，当前的 M 世代本就是互联网的原住民，相比之前世代拥有更强的虚拟内容消费能力。这代人伴随着互联网一起成长，受互联网、即时通信、短信、MP3、智能手机和平板电脑等科技产物影响较深。他们通常不畏权威、追求社交认同、注重自我实现、愿意为知识及喜欢的一切付费。根据 QuestMobile 统计数据，截至 2020 年 11 月，"95 后""00 后"活跃用户规模已经达到 32 亿，占全体移动网民的 28.1%，其线上消费能力和意愿均远高于全网用户的平均水平。同时，M 世代也是技术迭代的早期消费者，是移动互联网中的重度用户。他们兴趣爱好极其广泛，是社交、娱乐、购物等方面的生力军。

3. 商业版图：以元宇宙为支点撬动前沿科技成果

元宇宙吸纳了信息革命（5G / 6G）、互联网革命（Web3.0）、人工智能革命、以及 XR 技术革命等前沿科技成果[①]，向人类展现出构建

[①] 品途商业评论. 从创作者变现范式转移谈起，NFT 的元宇宙基础构建角色与价值捕获逻辑［Z/OL］.（2021-09-02）.https://www.beekuaibao.com/article/882945307624837120.

与传统物理世界平行的全息数字世界的可能性；引发了信息科学、量子科学、数学和生命科学的共同进步，改变了科学范式；推动了传统哲学、社会学甚至人文科学体系的突破；囊括了所有的数字技术，包括区块链技术；丰富了数字经济转型模式，融合了DeFi、IFS、NFT等数字金融成果。元宇宙这一个概念涉及了5G、VR、游戏、社交、内容、消费等多个领域，因此攀登元宇宙这座大山，对巨头们拓展自身的商业版图也至关重要。

正如互联网经济是架构在IT及其相关技术基础之上，元宇宙的崛起同样离不开庞大技术体系的支撑。《元宇宙》研究了业界对元宇宙技术体系的各种分析和论述，总结提炼出支撑元宇宙的六大技术支柱BIGANT，包括区块链技术、交互技术、电子游戏技术、人工智能技术、网络及运算技术、物联网技术。可以说，元宇宙的每一细分技术体系都蕴藏着巨大的商业潜力。

二、巨头们的"筹谋"

电影《头号玩家》中有一句台词——"It is a war to control the future"（这是一场控制未来的战争）。在这场未来之战的终局到来之前，没有人可以停下脚步。我们认为科技巨头争先恐后布局元宇宙的最根本原因是抢滩下一代超级巨头。

每一轮工业革命都会诞生全新的主导力量，人们普遍关心的是"下一时代，谁主沉浮"。第一次工业革命——蒸汽技术革命最终确立了资产阶级对世界的统治地位，率先完成了工业革命的英国，很快成为世界霸主。第二次工业革命——电力技术革命最终形成了西方先进、东方落后的局面，资本主义逐步确立起对世界的统治。第三次工业革命——计算机及信息技术革命使得美国强势崛起成为唯一的超级大国，美元通过石油、强大经济、军事实力成为全球货币，捆绑全球经济，成为世界警察。第四次工业革命——人工智能、虚拟现实、量子通信等技术革命将进一步深刻改变世界，重塑世界格局，是发展中国家、后发国家弯道超车的重要机遇。以中国为例，我国缺席前两次工业革命遭到落后挨打，导致了近百年的近现代民族屈辱。我国在第三次工业革命中大力投入，对原先领先的欧洲、日本、韩国等实现了超越，并且和美国一起成为世界上互联网技术最发达的两个国家，确立了互联网领域全球领先的地位。同时，第三次工业革命过程中，我国成就了阿里巴巴、腾讯等估值超过5 000亿美元的互联网巨头，也出现了京东、美团、滴滴出行等公司创造出丰富多样的商业模式以及巨量的就业机会。第四次工业革命必然是世界各国举国力重点投入，来谋求国家综合实力与国际竞争力提升的终局之战。

　　成为下一代巨头的核心诉求是谋求下一代行业主导话语权。掌握了行业主导权，等于掌握了资源与分配[①]，未来就能够站在整个产业链的顶层，获取最大的话语权、价值和主导权。具体来看，作为核心的芯片，VR专用的AMOLED屏幕市场中，三星占据该领域95%以上的份额。开发引擎方面暂时没有任何一款国产的达到世界级标准的引擎。Epic Games的Unreal Engine 4，占有全球商用游戏引擎80%的市场份额。Unity的游戏引擎，基本占据了大部分手游开发市场。Unity和虚幻引擎目前是开发VR应用最佳的工具，AR开发也离不开

---

① https://www.beekuaibao.com/article/882945307624837120.

OpenXR 的技术标准和规范。

三、为何非要跑步入场

通过复盘操作系统变迁史——PC 互联网到移动互联网时代，操作巨头的切换，以及再难有"后来者居上"，是为了解释科技巨头的急切——为什么元宇宙在如此早期的发展阶段，却能吸引众多科技巨头蜂拥而至，甚至 All in 元宇宙。

PC 互联网时代，Microsoft Windows 占据绝对的霸主地位，Apple Mac OS 位居次席。2010 年第 4 季度，Windows 和 Mac OS 在 PC 操作系统的市占率分别是 92.55% 和 6.17%，合计达到 98% 以上，并且二者在过往十年内一直保持垄断地位。2021 年第 3 季度，Windows 和 Mac OS 市占率分别为 75.4% 和 15.93%，合计占比依旧维持在 90% 以上[①]。

移动互联网时代，操作系统的主导力量发生转变，Microsoft 式微而 Google 崛起。一方面，Google 接过 Microsoft 操作系统大旗，安卓在智能手机操作系统中的份额不断攀升。2016 年第 4 季度，在全球智能手机出货量达到历史最高值的同时，安卓在智能手机操作系统中的市占率也首次突破 70%，达到 71.61%。另一方面，Apple 则依靠在手机市场新推出的 iOS 操作系统拿下 18.95% 的份额，二者合计达到 90% 以上。此后，移动互联网操作系统的竞争格局几乎定型，2021 年第 3 季度，安卓和 iOS 的市占率分别为 72.44%、26.75%，二者合计达到 99% 以上。

---

① 人民网.鸿蒙登场！它的征途是万物互联［Z/OL］.（2021-06-03）.https://baijiahao.baidu.com/s?id=1701528922564514528&wfr=spider&for=pc.

第五章 元宇宙全球产业地图

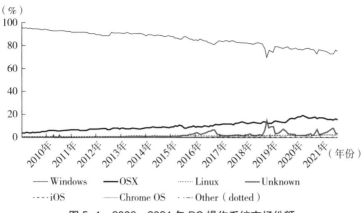

图 5-1　2009—2021 年 PC 操作系统市场份额

资料来源：Stacounter。

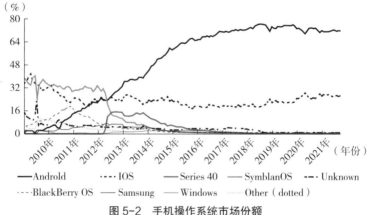

图 5-2　手机操作系统市场份额

资料来源：Stacounter。

通过复盘操作系统竞争格局的演变，我们可以得出一条定律——"后来者难居上"。一旦某一赛道操作系统的市场格局确定之后，后来者几乎没有翻盘的可能性[①]。具体来看，安卓在手机端先入为主，

---

① 春公子. 在美国三轮限制之下，鸿蒙提前亮相，你们真的看懂华为鸿蒙了吗［Z/OL］.（2021-06-17）. https://baijiahao.baidu.com/s?id=1702812636481462631&wfr=spider&for=pc.

201

但还是无法挑战 PC 端 Windows 的统治地位。Microsoft 错失手机端的布局先机，尽管后续发力，但是 Microsoft Windows Mobile 最终没能重续 PC 端的辉煌。"后来者难居上"是因为操作系统不仅仅是操作系统本身，还包括生长于操作系统之上的整个产业生态，后来者想要逆袭，需要承担整个产业生态的迁移成本，而这几乎没有可能。仅仅从产业生态中的开发者角度看，目前全球范围内安卓的开发者数量约 2 000 万，iOS 开发者数量约 2 400 万，后来者操作系统想要完成几千万开发者的迁移，其难度可想而知。因此，Microsoft Windows Mobile 布局手机端、Google 安卓逆袭 PC 端的失败是不可避免的。

展望未来，"后来者难居上"定律在元宇宙时代将更加鲜明。全球智能手机出货量在 2016 年触顶后连续四年下滑，爆款 App 自 2015 年的拼多多、2017 年的抖音后再无接棒者，硬件、软件的疲软均表明通信技术变革带来的移动互联网红利已经走到顶点[①]。随着互联网向元宇宙的方向进化，产业发展的大趋势从硬件和软件两个维度来推演，硬件层大概率会走向所有设备的智能化、互联化，也就是万物互联的 IoT 时代。软件层的全新操作系统必须把握住万物互联的机遇，能够降低软硬件结合的门槛，从而把握住新时代的行业主导地位。元宇宙时代的产业生态相比于 PC 互联网、移动互联网将更加复杂，后来者颠覆前者的难度将进一步增加。故，巨头们跑步入场。

---

① 昆仑策.关于华为鸿蒙的三个核心问题［Z/OL］.（2021-06-04）. http://www.kunlunce.com/e/wap/show2021.php?classid=176&id=152725.

第二节　抢滩元宇宙：20 个案例

元宇宙尚在发展早期阶段，当前科技巨头主要着力于四大领域寻求突破：一是硬件设备，二是平台与生态，三是算力迭代，四是算法创新。XR 设备等新硬件是元宇宙的入口，直接决定用户规模。平台和生态的健全程度决定谁能够在未来的元宇宙市场中占据优势份额，内容也将成为抢夺用户注意力的利器。算力、算法、人工智能也将成为元宇宙时代重要的生产要素。海内外科技巨头争相布局元宇宙，综合来看，Facebook、Apple、Google 同时占据硬件、平台与生态、算力算法优势；腾讯、字节跳动拥有全球化、多层次的流量优势并持续补足元宇宙细分版图；以太坊、Nvidia 构建元宇宙的经济系统与硬件底层；Microsoft、华为、百度、阿里巴巴基于科技积累从底层基础建设出发；Roblox 兼具 UGC 与经济系统特征，颇具元宇宙雏形；Epic Games、Valve 等游戏制作公司也基于自身资源禀赋积极布局……

科技巨头们围绕四大竞争方向，利用自身优势抢滩元宇宙。我们将全球科技巨头按照元宇宙的投资版图（硬件及操作系统、后端基建、底层架构、人工智能、内容与场景、协同方）划分为若干类：硬件主导型、平台与生态主导型、算力先进型、算法创新型，共 20 个案例。(**见附后彩页全球视野的排兵布阵图**)

表 5-1　科技巨头按照投资版图划分元宇宙布局

	硬件及操作系统	后端基建	底层架构	人工智能	内容与场景	协同方
Facebook	√	√	√	√	√	
Apple	√		√	√	√	
Microsoft	√	√	√			√
腾讯		√	√		√	
以太坊		√	√	√		
字节跳动	√	√			√	
华为		√	√	√		
Nvidia	√		√			
Google		√	√		√	
HTC	√		√		√	
Sony	√				√	
百度		√		√	√	
Amazon		√			√	
阿里巴巴		√	√			
高通	√		√		√	
小米	√	√		√		
Unity			√		√	
Roblox		√	√		√	
Epic Games			√		√	
Valve		√		√		

一、Facebook：All in 元宇宙

Facebook 目前是国内外元宇宙布局最为激进的科技巨头，其计划是五年内转型为一家元宇宙公司，并于 2021 年 10 月 28 日，

Facebook 正式更名为"Meta"。Facebook 的优势在于数量庞大的用户与流量基础，全球化的陌生人社交基因，后通过收购 Oculus 补齐硬件短板（Oculus VR 出货量占据全球 3/4 份额）。Facebook 的目标是连接世界上的每一个人，给他们"与任何人分享任何东西"所需要的工具。扎克伯格曾说："我们真正的目标是建立社区，很多时候，推进技术的最好方法就是将其在社区中使用。"2021 年 9 月，Facebook 承诺投资 5 000 万美元用于构建元宇宙；10 月，Facebook 官网发文表示，计划在未来五年内在欧盟招聘 10 000 名员工以帮助建设元宇宙。站在 Facebook 的角度来看，元宇宙是个更大的社交平台，相比如今的社交模式，元宇宙能够带来更多、更好的社交体验。成为元宇宙时代巨头符合 Facebook 的核心使命与价值观（Facebook 元宇宙布局详见表 5–2）。

1. 硬件及操作系统

（1）VR 头显

按时间顺序：Oculus DK1/DK2、PC VR Oculus Rift CV1、PC VR Oculus Rift S、Oculus Go VR 一体机、Oculus Quest VR 一体机、Oculus Quest 2 VR 一体机。

除了在头显 VR 设备上的布局，Facebook 还与雷朋合作推出了智能眼镜 Ray-Ban Stories，这标志着智能穿戴从手腕向头戴方向的转变。虽然这款眼镜没有 AR 显示的功能，但已经可以看作是一个小型的头戴计算中心，用户通过眼镜拍照，在手机 App 上完成分享，又能通过内置的开放式扬声器来打电话、听音乐。预计在 2023 年，Facebook 将发布代号为"Orion"的 AR 眼镜，这款眼镜将是对 AR

表 5-2　Facebook 元宇宙布局

硬件及操作系统	后端基建	底层架构	内容与场景	人工智能	协同方
Oculus VR 头显/一体机 自研操作系统		数字货币 Diem　电子钱包 Novi 技术储备 收购西雅图 Xbox 360 手柄设计团队 Carbon Design 收购 3D 建模 VR 公司 13th Lab 收购游戏开发引擎 RakNet 收购计算机视觉公司 Nimble VR 收购以色列深度感测团队 Surreal Vision Pebbles Interfaces 收购苏格兰空间音频公司 Two Big Ears 收购原型制作公司 Nascent Objects 收购爱尔兰 MicroLED 公司 InfiniLED 收购面部识别技术创企 FacioMetrics 收购瑞士计算机视觉公司 Zurich Eye 收购丹麦眼动追踪创企 The Eye Tride 收购德国计算机视觉公司 Fayteq	Facebook Horizon World Facebook Horizon Workrooms 社交平台 游戏平台 投资与收购 投资 360 度视频与 VR 内容制作平台 Blend Media		

206

第五章 元宇宙全球产业地图

续表

硬件及操作系统	后端基建	底层架构	内容与场景	人工智能	协同方
		收购虚拟购物与人工智能创企 Grostyle 收购脑计算（神经接口）创企 CTRL-lab 收购伦敦计算机视觉创企 Scape Technologies 收购瑞典街道地图数据库 Mapillary 收购新加坡 VR/AR 变焦技术公司 Lemnis	收购 VR 游戏 *Beat Saber* 开发商 Beat Games 收购云游戏公司 Play Giga 收购游戏开发商 Sanzaru Games 收购 VR 游戏 *Lone Echo* 的开发商 Ready At Dawn 收购 VR 游戏 *Onward* 的开发商 Downpour Interactive 收购 VR 游戏 *Population: one* 的开发商 BigBox		

207

智能眼镜的一次新尝试。Facebook 希望智能眼镜能够让人们直接接电话，并在镜片上获取信息，还可以分享位置信息。

（2）自研操作系统

Facebook 正在开发自己的操作系统，用于取代安卓。Facebook 发布的硬件产品 Portal 智能显示器、Oculus VR 头戴设备目前虽然都是运行定制版安卓，但是 Facebook 希望用自研操作系统取代它。Facebook 内部已经开始着手研发新系统，以消除对安卓的依赖。该项目的负责人之一是曾参与过 Windows NT 开发的 Microsoft 前员工马克·卢科夫斯基（Mark Lucovsky）。Facebook 希望能打造类似 Apple 一样的闭环生态。具体来说，Facebook 希望能控制整个生态系统，包括硬件设计、芯片、操作系统等各个环节。

2019 年 10 月，三星还和 Facebook 合作，为其代工生产即将推出的 AR 眼镜上面所装置的芯片。该芯片预计将采用内含 EUV 技术的 7 纳米制程来生产。

2. 内容与场景

（1）游戏与全景

2017 年 9 月，Facebook 投资 360 度视频与 VR 内容制作平台 Blend Media。Blend Media 团队建立了全球最大的 360 度视频和 VR 影片库，并广泛应用于多家社交媒体，这次投资带给 Facebook 的不仅是在其社交平台上更丰富的沉浸式视频，更是 Facebook 对于涉足 VR 行业的一次尝试。

2019 年 11 月，Facebook 收购 VR 游戏 *Beat Saber* 的开发商 Beat Games。*Beat Saber* 这款游戏使得 VR 游戏首次广泛进入公众视野，

通过这次收购，Facebook 成功吸引了一批 VR 开发人员，为后续的 VR 行业发展奠定了基础。

2019 年 12 月，Facebook 收购云游戏公司 Play Giga。该公司成立于 2013 年，是一家西班牙的本土游戏公司，Facebook 这次收购扩大了其在全球范围内 VR 游戏行业的影响力，表明其进一步进军视频游戏市场的意图。

2020 年 2 月，Facebook 收购游戏开发商 Sanzaru Games。该公司近 100 名员工加入 Facebook 公司虚拟现实（VR）部门，该游戏开发商开发的 VR 游戏 *Asgard's Wrath* 曾获得玩家高度评价，这次收购将使得 Facebook 在构建 VR 游戏生态上获得更大的助力。

2020 年 6 月，Facebook 收购 VR 游戏 *Lone Echo* 的开发商 Ready At Dawn。Ready At Dawn 一直是 VR 生态和 Oculus 平台的大力倡导者，在 Facebook 收购 Oculus 时，该游戏开发商就已经准备踏足 VR 领域。Facebook 对于 *Lone Echo* 所展现出的虚拟现实叙事冒险情节也表现出极大兴趣，认为其将为虚拟现实中冒险类游戏制定标准。

2021 年 5 月，Facebook 收购 VR 游戏 *Onward* 的开发商 Downpour Interactive。该游戏近年来一直是比较卖座的 VR 游戏之一，目前已经在 Rift 以及 Quest 平台上线。Facebook 的这次收购是其一直以 VR 游戏为切入点的布局策略的延续。

2021 年 6 月，Facebook 收购 VR 游戏 *Population: one* 的开发商 BigBox。Facebook 在一份官方声明中评价 *Population: One* 一直是 Oculus 平台上表现最好的游戏之一，并称 Facebook 愿意帮助 BigBox VR 发展并加速其对 *Population: One* 的愿景的实现。

（2）社交平台

Faecbook Workplace：在新冠肺炎疫情大流行的背景下，Facebook 尝试为企业和员工提供更多的居家办公和视频互动的解决方案，提供了名为 Workplace 的企业社交网络，允许用户直播以及实现多人聊天功能。

3D 全景视频：针对更丰富、更真实的视频互动需求，Facebook 将 VR 技术视为下一个解决居家办公的新方案。作为对 VR 视频的尝试，用户可以从 Facebook 新闻流中看到 3D 全景视频，用户可以在视频中移动鼠标，不断改变视角。Facebook 的 3D 全景视频也将在其头戴 VR 设备 Oculus Rift 上呈现。

Messenger：Facebook 旗下的 Messenger 将整合第三方工具，使用户可以通过第三方工具在 Messenger 平台上进行社交分享，包括对图片进行动画编辑，实现动态图像，让照片与语音结合等功能。早在 2020 年下半年，Oculus 就开始强制要求用户使用 Facebook 账户进行登录，预计在 2023 年用户可在戴着 Quest 头显的情况下，使用内置的键盘输入或语音转文本功能，与 Messenger 好友进行聊天互动。

Facebook Horizon：2021 年 8 月，Facebook 推出远程办公应用程序 Horizon（VR 社交），利用 VR 设备可以实现在虚拟现实中进行会议。在此前 Facebook 副总裁透露 Facebook 内部已经使用该程序近一年，并认为推出 Horizon 将会是 Facebook 迈向元宇宙的重要一步。

Instagram：Facebook 旗下社交媒体平台之一。Instagram 在新冠肺炎疫情流行期间利用 VR/AR 技术与博物馆合作，在社交媒体应用程序中提供虚拟博物馆之旅服务。参与 Instagram 业务的博物馆包括凡尔赛宫、大皇宫和史密森尼学会，后者有十多家博物馆与之相关，包括美国国家历史博物馆、史密森尼美国博物馆和史密森尼学会大楼。

（3）游戏平台

Oculus Quest Store：2014年3月，Facebook以20亿美元现金及股票收购Oculus公司，这次收购奠定了Facebook之后在VR行业的一系列布局的基石，与之相对应的Oculus Quest Store是Facebook为VR软件所打造的一个开发者平台，在这上面VR开发者可以发布新的VR软件产品。Facebook通过这一平台鼓励更多更广泛的VR开发者加入VR生态圈从而实现VR行业的发展。

App Lab：由于许多备受玩家喜欢的VR游戏初期都是由小型团队开发的，为了刺激更多开发人员的创造力，Quest正式推出App Lab。App Lab可以允许开发人员不再需要应用商城的批准，就可以在一个安全环境中直接和Quest用户共享其创作。App Lab作为一个以社区为中心的平台，未来会在Quest中发挥更大作用。

Oculus Home：如果说Oculus Quest Store和App Lab建立了VR软件开发商与用户之间的关系，那么Oculus Home肩负着建立VR设备与用户之间的关系的任务。Oculus Home的开发者利用Facebook的两个开源软件工具React和Flux来创建Home的用户界面，并为Home界面增加了新的特性和功能，使得用户在接触VR设备这一新鲜事物时也能很快熟悉。

3. 底层架构

（1）数字货币与电子钱包

Diem（原名Libra）是Facebook开发的数字货币，是一种由美元支撑的稳定货币。同时，Facebook正在打造NFT产品和功能，数字钱包Novi将可用于存放NFT。

（2）支持技术

2014年6月，Facebook收购西雅图Xbox 360手柄的设计团队Carbon Design。Carbon Design团队在设计一流的消费电子产品方面有着丰富经验。

2014年8月，Facebook收购游戏开发引擎RakNet。Oculus收购了RakNet并将其技术转为开源，这将为Oculus及其关键合作伙伴提供更多的工具，也为即将到来的虚拟现实平台开发软件。

2014年12月，Facebook收购3D建模VR公司13th Lab虚拟现实技术公司。13th Lab的3D建模技术和Nimble VR公司的低延迟专人跟踪技术相结合，研发出了一种3D建模技术可用于VR/AR平台。

2014年12月，Facebook收购计算机视觉公司Nimble VR。Nimble VR公司拥有优秀的手势操控技术，该技术可以利用110度广角的摄像头跟踪、识别用户的手势。

2015年2月，Facebook收购计算机视觉团队Surreal Vision。Surreal Vision利用"3D场景重构算法"重塑基于虚拟现实的世界，使沉浸于VR世界的用户与周围的现实环境互动。

2015年7月，Facebook收购以色列深度感测技术与计算机视觉团队Pebbles Interfaces。Pebbles Interfaces的技术可用于精准探测和追踪手部运动。在完成收购后，Pebble Interfaces将该公司的技术与Oculus的VR设备进行了整合，可以通过VR头显上的摄像头将手指运动转换成虚拟运动。

2016年5月，Facebook收购苏格兰空间音频公司Two Big Ears。Two Big Ears是一家位于苏格兰的初创型公司，专门为虚拟现实和360度全景视频等内容打造空间音效。应用Two Big Ears的技术将使得 360 度视频内容配音的音效更加逼真。

2016 年 9 月，Facebook 收购原型制作公司 Nascent Objects。该公司开发的模块化消费电子平台能够利用小型电路板、3D 打印以及模块化设计迅速制作出产品的原型。这次关于 VR 硬件设备的收购使得 Facebook 可以围绕 Oculus Rift、Open Compute Project，以及互联网项目等打造开发者工具。此外，Nascent Objects 的技术还可以用于内部开发，例如用于制作原型或产品测试。

2016 年 10 月，Facebook 收购爱尔兰 MicroLED 公司 InfiniLED。InfiniLED 拥有一项能耗减少技术，该技术可以把 VR 设备的能耗减少 20—40 倍，在 VR 头显中运用这项技术将使得其能耗大大降低。

2016 年 11 月，Facebook 收购面部识别技术初创公司 FacioMetrics。该公司主要利用机器学习算法来实时分析面部行为以及开发 VR/AR 应用。

2016 年 11 月，Facebook 收购瑞士计算机视觉公司 Zurich Eye。Zurich Eye 的解决方案可以用于内置场景追踪，这对于当前虚拟现实行业来说是一项非常重要的技术。Zurich Eye 的这项技术使得 Oculus 的追踪技术更加先进。

2016 年 11 月，Facebook 收购丹麦眼动追踪初创公司 The Eye Tride。该公司开发了一套用于计算机的眼动追踪设备开发套件，可以为智能手机和潜在的虚拟现实头显带来基于注视追踪界面的软件。The Eye Tride 还开发了视网膜凹式渲染技术，VR 系统可以通过用户看到的画面生成完美的图形，从而节约计算能力。

2017 年 8 月，Facebook 收购德国计算机视觉初创公司 Fayteq。Fayteq 的独特技术，是在现有的视频中追踪、添加或删除物体。

Facebook 可能希望借助 Fayteq 的技术为其直播应用和增加实时物体添加功能。

2019 年 2 月，Facebook 收购虚拟购物与人工智能初创公司 Grostyle。该公司精通于人工智能技术，通过识别照片就可以实现购物。

2019 年 9 月，Facebook 收购脑计算（神经接口）初创公司 CTRL-lab。该公司专门从事人类使用大脑控制计算机，其生产的腕带能够将大脑的电信号传输到计算机中。

2020 年 2 月，Facebook 收购伦敦计算机视觉初创公司 Scape Technologies。Scape Technologies 致力于开发基于计算机视觉的"Visual Positioning Service"（视觉定位服务），目标是帮助开发者构建具备超出 GPS 的定位精度的应用程序。

2020 年 6 月，Facebook 收购瑞典街道地图数据库 Mapillary。Mapillary 致力于建立一个全球性的街道级图像平台，目前已有的全球性图像平台精度不够，该公司的技术可运用在 VR 设备上使得获得的图像更为精确。

2020 年 9 月，Facebook 收购新加坡 VR/AR 变焦技术公司 Lemnis。已有的 VR 头显设备都面临着视觉不适和晕动症等问题，这些问题影响了 VR 技术的广泛采用。而 Lemnis 公司的技术可以有效解决这些困扰现代 VR 头显已久的问题。

二、Apple：硬件蓄势待发

Apple 追求极致的产品体验，极富创新精神。Apple AR 眼镜或许会重新定义虚拟交互设备，就像 iPhone 重新定义了手机一样。Apple

硬件的强势，配合它的闭环生态，Apple 继续追求在元宇宙时代的主导地位（Apple 元宇宙布局详见表 5-3）。

1. 硬件及操作系统

（1）AR 眼镜

Apple 暂未发布 VR/AR 硬件，预期 Apple 旗下的首款 AR 眼镜将于 2022 年发布。

据《电子时报》Digitimes 报道，目前 Apple 首款 AR 设备已完成其 P2 原型机测试，或将于 2022 年第二季度投入量产，并于 2022 年下半年正式上市。据称 Apple AR 头显将规划两款产品，一款为高端产品，内含摄像头与激光雷达传感器，重量为 100—110 克，采用 5 纳米制程晶片，仍需通过蓝牙连接至 iPhone 搭配使用，镜框部分将采用高强度轻量化含有微量稀土元素的镁合金材料。另一款是针对大众的 AR 产品，目前设计尚未定案，预估量产上市时间将会在 2023 年以后。

2017 年 11 月，Apple 收购加拿大 AR 初创公司 Vrvana。Vrvana 的主要产品是一款 AR 头显——Totem。Totem 被称作是一款"扩展现实"设备，它同时具备 AR 和 VR 的技术，让用户通过一款头显可以感受两种不同的体验。这使得头盔可以在 VR 和 AR 环境之间进行转换。

（2）自研仿生芯片

A11 Bionic：A11 是全球首款具有神经网络引擎（NPU）的处理器，A11 也是首款 Apple 使用自主研发 GPU 的处理器，显示性能比上一代提升 30% 的同时能耗降低 50%，极大提升了 AR 程序的性能，

表 5-3　Apple 元宇宙布局

硬件及操作系统	后端基建	底层架构	内容与场景	人工智能	协同方
收购加拿大 AR 头盔初创企业 Vrvana AI 仿生芯片 ARKit 操作系统	收购与投资 图像传感器创企 InVisage Technologies 激光传感器公司 Finisar 以色列计算机视觉公司 Camerai 音乐内容识别公司 Shazam 丹麦计算机视觉公司 Spektral 英国动作捕捉公司 Ikinema 瑞典面部识别技术公司 Polar Rose 定位技术公司 WifiSLAM 芬兰室内定位公司 Indoor.io 德国 AR 公司 Metaio 瑞典面部捕捉技术公司 Faceshift AI 创业公司 Emotient 空间感知与计算公司 Flyby Media 德国眼球追踪公司 SensoMotoric Instruments 以色列面部识别公司 RealFace 法国图像识别公司 Regaind LiDAR 传感器公司 II-VI MicroLED 公司 LuxVue Technology 以色列 3D 传感器制造商 PrimeSense AR 光波导公司 Akonia 专利技术储备		收购 VR 直播公司 NextVR 收购 VR 虚拟会议公司 Spaces App Store		

解决了 AR 程序严重发热的问题。这也是 Apple 第一款支持人工智能加速的处理器，A11 拥有超高速仿生学习方式。这些全新的技术让 A11 支持快速人脸识别，速度高达每秒 6 000 亿次。

A12 Bionic：A12 处理器是全球首款 7 纳米制程，集成了 69 亿晶体管的处理器。A12 在 GPU 性能上有极大提升。另外，A12 的神经网络引擎在运算速度上由 6 000 亿次提升到了 50 000 亿次，运算速度的提升使得搭载 A12 芯片的设备可以支持全新的智能 HDR 光影捕捉等需要强大运算性能的功能。

A13 Bionic：A13 使用了更加成熟的第二代 7 纳米制程，拥有 85 亿晶体管。A13 降低了能耗的同时推出了全新的 ISP 图像算法，可以让四颗摄像头同时录制 4K、60fps 的视频，每秒的运算速度可以达到 10 000 亿次。

（3）操作系统：ARKit（已到第五代）

ARKit 主要提供了两种 AR 技术：一是基于 3D 场景（SceneKit）实现的增强现实，二是基于 2D 场景（SpritKit）实现的增强现实。ARKit 整合了设备运动跟踪、摄像头图像采集、图像视觉处理、场景渲染等技术，提供了简单易用的应用程序接口（Application Programming Interface，API）以方便开发人员开发 AR 应用。开发人员不需要再关注底层的技术实现细节，从而大大降低了 AR 应用的开发难度。

2. 内容与场景

2016 年 3 月，Apple 在 Apple Store 上架了 View-Master VR 虚拟现实头戴设备。此外，随着 iOS11 的正式推出，第一批 AR 应用也同步上线了 App Store。

2020年5月，Apple收购VR直播公司NextVR。NextVR成立于2009年，提供了一些虚拟现实与体育、音乐和娱乐融合在一起的VR内容，这些VR内容可以在PlayStation、HTC、Oculus、Google、Microsoft等多家制造商的VR头显上观看。此外，NextVR还拥有包括拍摄、压缩、传输和内容显示等在内的40多项VR专利技术。

2020年8月，Apple收购虚拟会议公司Spaces。该公司不仅提供虚拟现实体验，还提供一种将虚拟形象带入Zoom会议的方式。在Spaces初创时，其以提供自由漫游VR体验为主要业务。它利用面部追踪技术，使得自己的游戏更具身临其境感。

3. 后端基建

2010年9月，Apple收购瑞典面部识别技术公司Polar Rose。Polar Rose是一家从事面部识别技术的厂商。基于其技术，Polar Rose提供了许多产品，其中包括针对网络服务的面部识别技术FaceCloud，以及为手机添加功能性的FaceLib。

2013年3月，Apple收购定位技术公司WifiSLAM。WifiSLAM可以让手机应用通过Wi-Fi信号，侦测用户在建筑物内的位置，据称其精度可达到2.5米，广泛应用于室内地图、新型的零售和社交。

2013年11月，Apple收购以色列3D传感器制造商PrimeSense。PrimeSense一直是Microsoft Kinect体感控制器的合作伙伴。Kinect使用摄像头和景深传感器来捕捉用户的运动，并将其应用于Xbox游戏。在被收购前，PrimeSense的业务在逐渐从大尺寸固定传感器向便携式设备中的小尺寸传感器发展。PrimeSense的技术可被用于Apple

公司的一系列设备上，包括 Apple 电视机和智能手表。

2014 年 5 月，Apple 收购 MicroLED（微米发光二极管）公司 LuxVue Technology。LuxVue 主要业务以研发低功耗、高亮度 LED 屏为主。在被收购前，LuxVue 已经申请了多项 MicroLED 技术。

2015 年，Apple 收购芬兰室内定位公司 Indoor.io。该公司是一家基于室内场景的定位服务及数据服务提供商，此次收购旨在促进 Apple 的室内定位项目。

2015 年 5 月，Apple 收购德国 AR 公司 Metaio。Metaio 是一家增强现实和 AI 视觉的公司，它开发了一套增强现实创作工具——Metaio Creator，用户可用 Creator 在短时间内创建增强现实场景。

2015 年 9 月，Apple 收购瑞典面部捕捉技术公司 Faceshift。Faceshift 是一家专注于实时动作捕捉技术的公司，专利是无标记（markerless）面部动画捕捉技术，该技术可以通过 3D 传感器实现快速、准确的面部表情捕捉。该公司专门为 Maya、Unity 等动画软件推出过一款名为 Faceshift Studio 的产品，该产品通过分析演员的面部动作、表情，将这些动作表情赋予动画虚拟人物。

2016 年 1 月，Apple 收购人工智能创业公司 Emotient。该公司可以利用人工智能技术对人们的面部表情进行分析以解读其情绪。在医疗领域，医生可以通过该技术可以解读那些无法自我表达的病人的心理情绪。在销售领域，零售商则可以利用该技术监控购物者在店内过道里的面部表情。

2016 年 1 月，Apple 收购空间感知与计算公司 Flyby Media。Apple 收购 Flyby Media 旨在强化其 VR 和 AR 团队。Flyby Media 的技术与计算机视觉关系密切，该技术可帮助系统监测和绘制其周围环境地图。

2017年2月，Apple收购以色列面部识别公司RealFace。RealFace由Adi Eckhouse Barzilai和Aviv Mader在2014年创立，开发了一款面部识别软件可提供生物识别登录服务，使用户在登录移动设备或PC时无须输入密码。

2017年6月，Apple收购德国眼球追踪公司SensoMotoric Instruments（SMI）。SensoMotoric Instruments公司创立于1991年，开发了一系列眼球追踪硬件和软件，应用领域包括虚拟和增强显示、车载系统、临床研究、认知训练、语言学、神经科学、身体训练和生物力学以及心理学。此外，该公司开发的眼球追踪眼镜，能够以120Hz的采样率实时实地记录用户的自然注视行为。SMI还为Oculus Rift等虚拟现实头戴设备开发了眼动跟踪技术，该技术通过分析佩戴者的目光帮助用户减少佩戴设备时的眩晕感。

2017年9月，Apple收购法国图像识别公司Regaind。Regaind具有先进的照片和面部分析技术。此外，该公司还开发了一种计算机视觉API，可以从图像中提取更微小的细节。

2017年11月，Apple收购图像传感器初创公司InVisage Technologies。Apple收购了InVisage Technologies以提高智能手机等空间受限设备的成像能力。量子薄膜是InVisage Technologies的主要产品，它是一种结合软件技术与材料科学的材质，可以用于创建出更小的成像，从而在各种条件下获得品质更高的图片。此外，它的吸光能力可媲美硅，但薄膜层的厚度只有后者的十分之一，可吸收全光谱，从而提升效能。

2017年12月，Apple投资激光传感器公司Finisar。2017年之前，

Finisar 一直是 Apple iPhoneX 手机的激光芯片供应商。Finisar 生产的 VCSEL（垂直腔面发射激光器）用于 iPhoneX 和 AirPods 距离传感器。这种芯片可以增强深度和近距感测功能，为 Apple 设备的一些新技术提供如面容 ID（FaceID）、动画表情（Animoji）、ARKit 等功能。

2017 年 12 月，Apple 收购音乐内容识别公司 Shazam。Shazam 成立于 1999 年，凭借极强的音乐识别能力受到投资者和用户的青睐。除了音乐，Shazam 还可以进行对电影、书籍、海报等声音和图像内容的识别，同时，该公司也试图利用 AR 技术将用户与内容联结。

2018 年，Apple 收购以色列计算机视觉公司 Camerai。Apple 对 Camerai 的收购旨在加强在 AR 和计算机视觉的能力。而且该公司的技术已经成为"每台 Apple 设备相机的重要组成部分"。

2018 年 9 月，Apple 收购 AR 光波导公司 Akonia。Akonia 的显示技术可以应用在轻薄透明的智能镜片上，显示出彩色的完整视场角图像。该公司在 2018 年时就已经获得了与全息系统和材料相关的 200 多项专利。

2018 年 10 月，Apple 以 3 000 万美元收购丹麦计算机视觉公司 Spektral。该次收购将有助于增强 iPhone 的 Memoji 或 FaceTime 上的 AR 功能，Apple 也可将此技术用于 AR 眼镜。Spektral 以前名为 CloudCutout，运用机器学习和计算机视觉技术在智能手机上实时分离视频背景中的人物，并叠加新背景。

2019 年 10 月，Apple 收购英国动作捕捉公司 IKinema。该公司开发的动作捕捉技术，可以将人的视频素材变形为动画角色。应用 IKinema 动作捕捉技术的电影包括《雷神 3：诸神黄昏》和《银翼杀手：2049》。

2021年5月，Apple投资LiDAR传感器公司II-VI。该公司在被收购前主要向Apple公司提供iPhone和iPad配件，帮助Apple实现先进的AR体验。II-VI为Apple提供了LiDAR传感器，该传感器嵌入在iPhone Pro和iPad Pro设备中，能够实现快速深度感应，提供更逼真的AR体验，并很可能被运用在Apple的VR/AR头显中。

三、Microsoft：抢占产业优势地位

Microsoft首先提出企业元宇宙解决方案。通过Microsoft HoloLens、Mesh、Azure、Azure Digital Twins等帮助企业客户实现数字世界与现实世界融为一体（Microsoft元宇宙布局详见表5-4）。

1. 硬件及操作系统

（1）AR眼镜

Microsoft先后推出HoloLens 1、HoloLens 2，其中HoloLens 2相对一代CPU性能有显著提升，与Microsoft Azure、Dynamics 365等远程方案可以很好地结合使用。Microsoft HoloLens（第一代）通过全息体验重新定义个人计算。HoloLens融合了切削边缘光纤和传感器，可以提供固定到现实世界各地的3D全息影像。Microsoft HoloLens 2是完全不受束缚的全息计算机。它可以改进由HoloLens（第一代）开启的全息计算功能，通过搭配更多用于在混合现实中协作的选项，提供更舒适的沉浸式体验。HoloLens 2在Windows全息版OS上运行，它基于Windows 10的"风格"，为用户、管理员和开发人员提供可靠、性能高且安全的平台。

表 5-4 Microsoft 元宇宙布局

硬件及操作系统	后端基建	底层架构	内容与场景	人工智能	协同方
HoloLens（一代） HoloLens 2 VR 控制器 X-Rings	企业元宇宙解决方案 Azure 云服务 Microsoft Dynamics 365 Dynamics 365 Windows Holographic 联合 Unity 推出 MRTK 开发工具				

（2）VR 配件

VR 控制器 X-Rings：X-Rings 是一个专门为 VR 设计的手持 360 度触觉控制器。它能够对物体进行 3D 渲染，并对用户的触摸和抓握力做出反应。从本质上讲，该设备可以复制 VR 环境中的形状，使用户能够抓住该形状对象。

2. 后端基建

（1）企业元宇宙解决方案

Microsoft 董事长兼 CEO 萨提亚·纳德拉在全球合作伙伴大会 Microsoft Inspire 2021 上官宣了企业元宇宙解决方案。萨提亚·纳德拉表示，"随着数字世界和物理世界融合，企业元宇宙将创建基础架构堆栈的新层。该平台层将物联网、数字孪生和混合现实结合在一起。使用元宇宙堆栈，可以从数字孪生开始，构建任何物理或逻辑事物的丰富数字模型，无论是资产、产品还是跨越人、地点、事物及其交互的复杂环境"。

Microsoft 的企业元宇宙技术堆栈，通过数字孪生、混合现实和元宇宙应用程序（数字技术基础设施的新层次）实现物理和数字的真实融合。从物理世界到元宇宙技术堆栈具体包括：Azure IoT、Azure 数字孪生、Azure 地图、Azure Synapse、Azure 人工智能 & 自动化系统、Microsoft Power 平台、Microsoft Mesh & 全息镜头。

（2）Azure 云服务

Azure 云服务是灵活的企业级公有云平台，提供数据库、云服务、云存储、人工智能互联网、CDN 等高效、稳定、可扩展的云端服务，Azure 云计算平台还为企业提供一站式解决方案，快速精准定位用户需求，并了解适合企业的各种方案和相关的服务。

（3）Dynamics 365

利用 Dynamics 365，用户将拥有唯一的智能业务应用程序产品组合，该产品组合可以助力每个人提供卓越的运营并创造更富吸引力的客户体验。

（4）Windows Holographic（Holographic 现已更名为 Mixed Reality）

Windows Holographic 平台能够提供全息影像框架、交互模型、感知 API 和 XboxLive 服务。这意味着所有应用在三维的世界中都将像真实存在的物体，而其他如 Envelop 等应用使用的都是扁平化设计。

（5）联合 Unity 推出 MRTK 开发工具

一款面向混合现实应用程序的开源跨平台开发工具包。MRTK-Unity 是由 Microsoft 驱动的项目，它提供了一系列组件和功能来加速 Unity 中的跨平台 MR 应用开发。其功能包括：一是为空间交互和 UI 提供跨平台输入系统和构建基块；二是通过编辑器内模拟实现快速原型制作等。MRTK 旨在加快面向 Microsoft HoloLens、Windows Mixed Reality 沉浸式（VR）头戴显示设备和 OpenVR 平台的应用程序开发。

四、腾讯：发力全真互联网

腾讯在消费互联网的游戏、社交媒体等方面已经占据较大优势，未来需要持续补足去中心化、分布式与协作技术等。从腾讯自身的技术储备看，腾讯的元宇宙布局主要集中于数据处理、区块链、服务器、人工智能、图像处理、虚拟场景等专业技术领域。从组织架构看，腾讯进行了第五次组织架构调整。腾讯视频、微视、应用宝被合并到新成立的在线视频事业部；原QQ负责人梁柱调任腾讯音乐CEO，而天美工作室负责人姚晓光将兼任PCG社交平台业务负责人主管QQ，目标是"希望探索游戏领域所积累的计算机图形技术和能力应用于社交和视频领域的想象空间"（腾讯元宇宙布局详见表5-5）。

1. 硬件及操作系统

（1）投资AR眼镜公司Meta

2016年6月，腾讯投资增强现实公司Meta。该公司在2016年发布了增强现实设备Meta 2。Meta组建了一支世界级的技术团队，Meta可能是在AR领域唯一一家有能力与Microsoft Hololens和Magic Leap等背靠巨头的大公司展开正面竞争的创业公司。

（2）投资AR眼镜公司Innovega

2017年2月，腾讯以300万美元投资AR眼镜厂商Innovega。该公司通过旗下的增强现实眼镜和隐形眼镜系统eMacula（原称为iOptik）而广受关注。

（3）投资Snap公司（旗下产品包括WaveOptics光机、Snap AR眼镜）

2017年11月，腾讯以20亿美元购入Snapchat母公司Snap 1.46亿股股份。2021年5月，Snap拟斥资超过5亿美元收购AR光波导公司WaveOptics。WaveOptics成立于2014年，其技术主要用于工业、企业和消费者市场的沉浸式AR体验。WaveOptics作为全球领先的基于SRG表面浮雕光栅光波导的AR头戴式设备的光学模组供应商，拥有领先AR硬件企业的市场地位，处于快速发展的AR生态系统的核心。2021年5月，Snap公司首发最新的Spectacles智能AR眼镜。与该公司早期推出的智能眼镜不同，这款新的AR眼镜有内置摄像头，但不会对图像做任何全息处理，而是直接将虚拟图像投射到佩戴者面前的世界。Spectacles可提供2000尼特的亮度，并具有26.3英寸的对角线视场和双波导显示器。该设备使用"快速空间引擎"，并具有手动跟踪功能，可以以6DOM技术跟踪，并且仅重134克。该眼镜可以启动AR相机，并可以用来玩AR游戏。眼镜还可以使用两台RGB摄像机以115度的视野，每秒1920*1440像素和30帧的速度捕获视频。

（4）投资手部追踪公司Ultraleap（原Ultrahaptics）

2021年6月，腾讯子公司Image Frame Investment向手势识别公司Ultraleap投资3 500万英镑。Ultraleap利用超声波在空气中构造用户能感觉到的三维物体，以满足VR/AR行业需求。2010—2020年，Ultraleap的手势识别技术已广泛应用于多个行业，包括汽车、游戏娱乐、餐饮、购物、医疗、工业等。

2. 内容与场景

（1）游戏内容

2018年9月，乐高联合腾讯宣布推出沙盒游戏《乐高无限》。游戏元素采用乐高小人仔以及其他乐高标识，游戏世界提供全新的探索生存、生产建造以及战斗冒险体验。《乐高无限》契合于元宇宙概念中的社交及创造元素，或将成为元宇宙游戏的先驱者。

2019年11月，腾讯游戏发行沙盒MMO游戏《我的起源》。MMO

表 5-5　腾讯元宇宙

硬件及操作系统	后端基建	底层架构	内容与场景	人工智能	协同方
投资 AR 眼镜 Meta 投资 AR 眼镜 Innovega 投资 Snap 公司 投资手部追踪公司 Ultraleap	自研 VR/AR SDK 投资元象唯思 投资虚幻引擎公司 Epic Games 收购与投资 投资 AI 与计算机视觉公司 UiPath 投资边缘 AI 视觉整体方案轻瞳视觉 投资三维 BIM 公司飞渡科技投资 3D 建模公司 ObEN 技术储备		QQ、微信 沙盒 MMO 游戏《我的起源》 与乐高合作开发《乐高无限》游戏内容 投资 UGC 游戏《罗布乐思》		

228

第五章 元宇宙全球产业地图

续表

硬件及操作系统	后端基建	底层架构	内容与场景	人工智能	协同方
			Snapchat　Wave VR Altspace VR　虚拟音乐会 　　　　　　　Discord 社交平台 投资 投资 VR 内容开发商柳叶刀科技 投资好莱坞娱乐工作室 Skydance Media 投资 IP 全产业链运营商灵龙文化 投资 VR 游戏研发商钛核网络		

（Massive Multiplayer Online Game），即大型多人在线的游戏。《我的起源》游戏世界建立在万人交互的联网基础上，支持多人在线合作竞争。通过收集资源，玩家在感受拟真生存压力的同时，可以进行一系列的合成建造，打造独特的家园并与他人分享。此外，地图上的一切动物均可进行捕获与养成，成为玩家的得力伙伴，还可以通过基因提取的方式，孵化专属自己的独一无二的宠物。

2021年7月，腾讯代理的Roblox国服版《罗布乐思》上线。腾讯于2019年与Roblox合资成立了罗布乐思数码科技有限公司进行本地化和推广。《罗布乐思》国服版由腾讯代理，在大陆地区发行。《罗布乐思》是一款集体验、开发于一体的多人在线3D创意社区，玩家可以在《罗布乐思》注册一个虚拟身份，体验社区里的各种小游戏。

（2）VR内容

2018年1月，腾讯投资IP全产业链运营商灵龙文化。灵龙文化创始人为百度文学的前身纵横中文网的创始人之一、曾位列中国作家富豪榜榜首的作家江南。公司规划业务涉及畅销作品的创作、剧本改编、影视研发和游戏授权以及VR内容开发。公司基于小说《龙族》开发的《龙族世界手游》已于2017年上线。旗下电影《上海堡垒》于2017年杀青。VR方面，灵龙文化和奥飞娱乐进行战略合作，将VR技术植入影视制作、主题公园体验等不同的领域。而奥飞娱乐目前已在VR上有诸多布局，包括投资VR支撑领域的动作捕捉公司诺亦腾、VR硬件制造商大朋VR、VR游戏制作公司时光机、全景视觉服务商互动视界等。

2020年2月，腾讯投资好莱坞娱乐工作室Skydance Media。Skydance Media旗下作品包括《终结者5》和虚拟现实游戏*Archangel*

等。Skydance Media 旗下设立游戏工作室 Skydance Interactive 正式进军 VR 游戏领域。

2020 年 12 月，腾讯投资 VR 游戏研发商钛核网络。钛核网络成立于 2016 年 3 月，团队核心成员来自腾讯、育碧、Epic Games 等知名游戏公司，有着多年 Unreal Engine 的项目使用经验，专注于用 Unreal Engine 4 引擎开发高质量的 VR 与单机游戏。公司的首款游戏《奇境守卫》于 2017 年 6 月在 PSVR 平台全球上线，上线 4 天即获得 PSVR 北美 6 月下载榜第 8 的成绩。

2021 年 6 月，腾讯投资 VR 内容开发商柳叶刀科技。该公司是一家面向中国和世界市场研发高品质主机与 VR 游戏的公司。

（3）社交平台

微信。尽管微信从未对外宣称要进入元宇宙，但一直以来，微信都是腾讯战略创新业务的入口和助推器。因此，在元宇宙赛道上，微信也被视作是具备强大竞争力的选手。微信之于其他产品的比较优势是用户在平台上积累了太多的社会资源和现有的社交关系，这也是微信将用户"锚定"在平台上的核心竞争力。熟人社交、与现实身份的强绑定是微信称霸社交软件的基础，也是入局元宇宙最大的掣肘。

Snapchat。2017 年 11 月，腾讯入股 Snapchat，占股 10%。Snapchat 是一款"阅后即焚"照片分享应用，该应用主要的功能是所有照片都只有 1-10 秒的生命期，用户拍了照片发送给好友后，照片会根据用户所预先设定的时间自动销毁。如果接收方在此期间试图进行截图的话，用户也会得到通知。

Altspace VR。2015 年 7 月，腾讯入股 AltspaceVR。AltspaceVR 的目标是把人们在现实世界中的社交体验搬到虚拟现实环境中。

AltspaceVR本身不研发VR设备,而是利用VR设备将不同的人组织到共同的虚拟环境中,让一群人在虚拟的影院、健身房、会议室里一起看电影、练瑜伽或者开会等。

Wave VR虚拟音乐会。2020年11月,腾讯音乐宣布与VR演出服务商Wave达成战略合作,将对其进行股权形式投资。根据合作协议,双方将共同探索VR演唱会蓝海市场,腾讯音乐将在QQ音乐、酷狗音乐、酷我音乐和全民K歌等旗下全平台提供Wave Show的中国区独家转播。同时,双方将共同为TME Live开发高质量的沉浸式演唱会内容,提供全球优质音乐内容和创新的交互式虚拟音乐娱乐体验。

Discord。2015年2月,腾讯投资Discord。Discord从游戏语音、IM工具服务起家,随后转向直播平台,进而开设游戏商店的社区平台,成为游戏玩家在游戏中沟通协作的首选工具。Discord还吸引了许多非玩家用户,被学习小组、舞蹈班、读书俱乐部和其他虚拟聚会团队广泛使用。2021年6月,Discord宣布收购AR初创公司Ubiquity6。Ubiquity6专注于以AR革新人类社交联结方式,并正在打造一个包含扫描、编辑和共享功能的消费者平台。

3. 后端基建

（1）自研VR/AR SDK

2015年12月,腾讯公布了VR SDK 1.0。这款SDK主要由5个功能组件所组成:一是用于头部姿态定位以及图像输出的渲染组件;二是用于解决多场景用户交互的输入组件;三是解决用户在虚拟现实世界中音视频感受的音视频组件;四是用于用户登录、用户信息的VR账号组件;五是解决虚拟现实环境中支付问题的支付组件。

（2）投资元象唯思（原腾讯副总裁、AI Lab 院长姚星创立）

元象唯思致力于打造互联网与现实世界相融合的无缝生态，将云渲染、人工智能、视频编解码及系统工程等技术引入数字孪生应用场景中，实现线上线下一体化交互体验。这与当下全球流行的元宇宙概念十分贴合，也与马化腾曾经提出的"全真互联网"构想不谋而合。元象唯思的目标是成为全真互联网的操作系统之一和重要的内容提供商之一。这个去中心化的生态连接了硬件、软件和用户，能让创作者从想法到设计的中间过程为零，让用户与虚拟世界的距离几乎为零。

（3）虚幻引擎（Unreal Engine）

Epic Games 是最负盛名的游戏制作团队，同时其旗下的虚幻引擎是全球最开放、最先进的实时 3D 创作平台。2021 年 5 月，最新一代虚幻引擎 5 预览版发布。该引擎是虚幻引擎的一个重要里程碑，是 Epic Games 专为次世代的游戏、实时可视化项目以及沉浸式交互体验准备的开发工具。它将使得各行业开发者在开发游戏时拥有更大的自由度、真实度和灵活性，帮助更新各种实时 3D 内容。

（4）投资人工智能与计算机视觉公司 UiPath

2020 年 7 月，腾讯入股人工智能独角兽 UiPath。UiPath 创立于 2005 年，公司创立的初衷是为企业提供机器人流程自动化解决方案，帮助企业自动化多个重复性的业务流程。在 2015 年获得第一笔融资后，公司开发了一款企业级 RPA 平台，也正式改名为"UiPath"。RPA 机器人主要通过模拟、录屏、脚本等形式模拟人类工作方式，从而将那些基于规则、重复业务流程实现自动化，为组织节省时间、提高工作效率。

（5）投资边缘人工智能视觉整体方案轻蜓视觉

2020年4月，人工智能视觉服务提供商轻蜓视觉科技获得腾讯战略投资。轻蜓视觉是一家专注于边缘人工智能视觉整体方案的高新技术公司，围绕"AI+边缘智能"战略，轻蜓视觉针对工业检测和安防识别等垂直领域提供算法、产品、方案与服务。

（6）投资三维BIM公司飞渡科技

2020年2月12日，腾讯投资三维BIM互联网创新型公司飞渡科技，持股比例为20%。飞渡科技主要提供公路、综合管廊、轨道交通、BIM数据服务等解决方案，核心产品则包括基于WebGL技术实现的三维应用开发平台Holo3D for Web、针对BIM/GIS的三维工程和地理空间数据集成软件Holo3D Data Hub、云服务端软件Holo3D Server，以及主打云端数据融合、清洗、转换和分发的iFreedo产品。

（7）投资3D建模公司ObEN

2017年7月，腾讯领投人工智能创企ObEN。ObEN是一家人工智能公司，致力于为消费者和明星打造完整的个人人工智能，为用户带来虚拟社交体验。ObEN通过构建个性化的虚拟声音、形象和个性来创造用户的人工智能虚拟形象，并帮助用户在新兴数字世界中存储、管理、运营他们的虚拟形象。

五、以太坊：元宇宙世界的经济基础

以太坊是一个开源的、有智能合约功能的公共区块链平台，通过其专用加密货币以太币（Ether，ETH）提供去中心化的以太虚拟机（Ethereum Virtual Machine）来处理点对点合约。以太坊的概念首次在 2013—2014 年由维塔利克·布特林（Vitalik Buterin）受比特币启发后提出，大意为"下一代加密货币与去中心化应用平台"，在 2014 年通过 ICO 众筹开始得以发展。截至目前，以太币是市值第二的加密货币，仅次于比特币（以太坊元宇宙布局详见表 5–6）。

比特币开创了去中心化密码货币的先河，充分检验了区块链技术的可行性和安全性。比特币的区块链事实上是一套分布式的数据库，如果再在其中加进一个符号——比特币，并规定一套协议使得这个符号可以在数据库上安全地转移，无须信任第三方，这些特征的组合完美地构造了一个货币传输体系——比特币网络。如果将比特币网络看作是一套分布式的数据库，而以太坊则可以看作是一台分布式的计算机：区块链是计算机的 ROM，合约是程序，而以太坊的矿工们则负责计算，担任 CPU 的角色。

1. 底层架构

元宇宙不仅是对现实世界的映射，还应该具备经济体系、治理和活动三大要素，而以太坊从诞生至今，确实围绕这三大要素形成了一系列要素生态。以太坊创始人维塔利克·布特林希望以太坊在未来 5—10 年后能运行元宇宙。

（1）经济体系

在经济体系方面，当前的以太坊，已经形成以 ETH 作为结算货币的底层经济体。在整个以以太坊为基础的经济体系中，ETH 首先作为底层结算资产，用于交易、支付 Gas 费用，在应用层作为基础抵押品流向借贷市场。

表 5-6 以太坊元宇宙布局

硬件及操作系统	后端基建	底层架构	内容与场景	人工智能	协同方
		以太币 ETH 去中心化自治组织	（1）去中心化创业投资：DAO、The Rudimental （2）社会经济平台：Backfeed （3）去中心化预测市场：Augur （4）物联网：Ethcore、Chronicled、Slock.It 智能锁 （5）虚拟宝物交易平台：FreeMyVunk （6）版权授权：Ujo Music 平台 （7）智能电网：TransActive Grid （8）去中心化期权市场：Etheropt （9）钉住汇率的代币：DigixDAO、Decentralized Capital （10）移动支付：Everex 去中心化应用 （1）德勤和 ConsenSys 在 2016 年宣布成立数字银行 Project ConsenSys （2）R3 公司在 Microsoft Azure 上运行私人以太坊区块链，将 11 间银行连接至一本分布式账簿（distributed ledger） （3）Microsoft Visual Studio 提供程序开发者使用 Solidity 编程语言 （4）英国 Innovate UK 提供近 25 万英镑给 Tramonex 用以太坊发展跨国支付系统 企业服务		

（2）治理与活动体系

在治理和活动方面，玩家在区块链世界中构建元宇宙，同时也构成了以太坊元宇宙的个体存在，不仅在经济体中进行价值交换，还参与治理和生活。以太坊出现后，去中心化自制组织 DAO 被提出。这种模式不仅使得核心开发者参与项目的提案、投票、决策，其利益相关者也可以参与其中，并获得激励（上层应用项目），同时在治理中形成经济体。以太坊生态中，每一个资产持有者、利益相关者，都可以通过参与提案、投票、决策参与治理。

2. 内容与场景

（1）去中心化应用

以太坊可以用来创建去中心化的程序、自治组织和智能合约，应用目标涵盖金融、物联网、农田到餐桌（farm-to-table）、智能电网、体育赌博等。去中心化自治组织有潜力让许多原本无法运行或成本过高的营运模型成为可能。

较知名的应用有：

- 去中心化创业投资：DAO 用以太币资金创立，目标是为商企业和非营利机构创建新的去中心化营业模式、The Rudimental 让独立艺术家在区块链上进行群众募资；
- 社会经济平台：Backfeed；
- 去中心化预测市场：Augur；
- 物联网：Ethcore、Chronicled、Slock.It 智能锁；
- 虚拟宝物交易平台：FreeMyVunk；

- 版权授权：Ujo Music 平台让创作人用智能合约发布音乐，消费者可以直接付费给创作人；
- 智能电网：TransActive Grid 让用户可以和邻居买卖能源；
- 去中心化期权市场：Etheropt；
- 钉住汇率的代币：DigixDAO 提供与黄金挂钩的代币，Decentralized Capital 提供和各种货币挂钩的代币；
- 移动支付：Everex。

（2）企业服务

企业软件公司也正在测试用以太坊作为各种用途。已知有兴趣的公司包括 Microsoft、IBM、摩根大通。除此之外，德勤和 ConsenSys 在 2016 年宣布成立数字银行 Project ConsenSys。R3 公司在 Microsoft Azure 上运行私人以太坊区块链，将 11 间银行连接至一本分布式账薄（distributed ledger）。Microsoft Visual Studio 提供程序开发者使用 Solidity 编程语言。英国政府中负责推动创新的机构 Innovate UK 提供了近 25 万英镑给 Tramonex 用以太坊发展跨国支付系统。

六、字节跳动：Facebook 全球最强竞争对手

字节跳动以社交与娱乐为切入口，借助短视频内容与流量优势在海内外市场同时发力，收购头部 VR 创业公司 Pico（小鸟看看）补足硬件短板。字节跳动收购 Pico 强势介入 VR 硬件领域后有望打破"App 工厂"的边界（字节跳动元宇宙布局详见表 5-7）。

表5-7 字节跳动元宇宙布局

硬件及操作系统	后端基建	底层架构	内容与场景	人工智能	协同方
Pico Neo 投资		《重启世界》物理引擎	头条 懂车帝 资讯	投资 & 收购	
投资 AI 芯片设计公司希姆计算				投资机器人研发商松智智能	
投资 GPU 芯片设计独角兽摩尔线程			西瓜视频 火山小视频 短视频平台	投资语音智能交互平台零零零科技	
投资泛半导体公司润石科技				投资机器视觉解决方案提供商镒智科技	
投资 RISC-V 初创企业睿思芯科			OHAYOO BMW光车 游戏平台 PIXMAIN	投资平台型机器人研发商盈合机器人	
投资芯片研发商云脉芯联			投资与收购 投资影视制作及内容创作公司吾里文化 入股秀闻科技、鼎甜文化、塔读文学、九库文学网等多家中腰部网文平台 入股第二大网文阅读平台掌阅科技 投资脉脉搏游戏 MYBO 收购北京止于至善科技 入股《仙境传说 RO》开发商盖姆艾尔 收购《无尽对决》开发商冰瞳科技	技术储备	
投资微纳半导体材料开发团队浔光芯半导体					
芯片技术储备					

1. 硬件及操作系统

（1）收购头部 VR 设备生产商 Pico

2021年9月，字节跳动以90多亿元收购 VR 厂商 Pico。从市场占有率看，Pico 是国内 VR 领域的领头羊。根据 IDC 发布的 2020 年第四季度中国 VR/AR 市场跟踪报告，2020 年，Pico 位居中国 VR 市场份额第一，其中第四季度市场份额高达 37.8%。

（2）投资 AI 芯片设计公司希姆计算

希姆计算致力于研发以 RISC-V 指令集架构为基础的人工智能领域专用架构处理器（DSA Processor）。公司自主研发的 NeuralScale NPC 核心架构是世界领先的。以 RISC-V 指令集为基础进行扩展、面向神经网络领域的专用计算核心，具有世界领先水平的能效比（Power Efficiency）和极致的可编程性，能够满足云端多样化的人工智能算法与应用的需求。

（3）投资 GPU 芯片设计独角兽摩尔线程

摩尔线程致力于构建中国视觉计算及人工智能领域计算平台，研发全球领先的自主创新 GPU 知识产权，并助力中国建立本土化的高性能计算生态系统。

（4）投资泛半导体公司润石科技

润石科技是一家集研发、生产、销售为一体的芯片设计公司，提供"芯片标准产品及芯片设计、芯片解决方案"等一站式专业服务，已经形成了较为成熟的国内外市场销售体系和健全完善的售前、售中、售后技术服务体系。

(5)投资 RISC-V 初创企业睿思芯科

睿思芯科提供 RISC-V 高端核心处理器解决方案。RISC-V 全称为第五代精简指令集，是一种开源的芯片架构，可以用于开发更适应特定产品和需求的独特芯片。

(6)投资芯片研发商云脉芯联

云脉芯联是一家数据中心网络芯片和云网络解决方案提供商，专注于数据中心网络芯片和云网络解决方案，致力于重新定义和构建面向云原生的数据中心网络基础设施，为云计算和数据中心运行客户提供从网卡到交换机，涵盖底层芯片、软硬件系统、上层 IaaS 服务的完整数据中心网络解决方案。

(7)投资微纳半导体材料开发团队光舟半导体

光舟半导体聚焦于衍射光学和半导体微纳加工技术，设计并量产了 AR 显示光芯片及模组，旗下还拥有半导体 AR 眼镜硬件产品。

2. 内容与场景

(1)产品矩阵

字节跳动旗下产品如今日头条、抖音、西瓜视频、抖音、激萌（Faceu）、飞书、图虫、火山小视频、懂车帝等，已经覆盖全球超 150 个国家和地区，月活用户高达 19 亿，内容和流量优势突出。

字节在海外上线了一款名为 Pixsoul 的 App，主打 AI 捏脸、与好友分享，由 Faceu 团队开发。

(2)文娱内容

2019 年，字节战略投资影视制作及内容创作公司吾里文化。吾里文化集内容创作、IP 开发、影视、游戏、动漫、新媒体娱乐等多板块业务布局于一体。字节跳动通过入股吾里文化进入免费阅读市场。

2020年，字节陆续入股秀闻科技、鼎甜文化、塔读文学、九库文学网等多家中腰部网文平台。其中，九库文学网曾与毒舌电影合作拍片；秀闻科技的磨铁集团在出版、影视领域有过多个成功的IP孵化案例，包括小说《明朝那些事儿》《诛仙》《盗墓笔记》以及电影《少年的你》；鼎甜文化IP资源储备丰富，业务范围涵盖有声剧、漫画、影视等多个领域。

2020年11月，字节入股掌阅科技。掌阅科技是国内仅次于阅文的第二大网文平台，旗下主要业务包括掌阅App、掌阅文学、掌阅精选、掌阅课外书、掌阅iReader国际版、掌阅公版、掌阅有声、iReader电子书阅读器等。

（3）游戏内容与平台

自有游戏平台：字节游戏业务已形成*Ohayoo*、朝夕光年和*Pixmain*这三大品牌。字节游戏从休闲游戏切入布局游戏领域，*Ohayoo*在休闲游戏领域已成为头部厂牌。字节的中重度游戏研发以朝夕光年为主体进行发行，自研中重度游戏正在陆续上线。*Pixmain*则是字节针对独立游戏而创建的发行平台。

2019年8月，字节入股麦博游戏（MYBO）。该公司专注于休闲手游开发，主打欧美市场，旗下休闲游戏曾多次获得Apple和Google全球推荐。

2020年10月，字节收购北京止于至善科技。该公司全资子公司有爱互娱的代表产品《红警OL》手游和长居日本畅销榜头部的《放置少女》。在App Annie 9月出海厂商榜单上，有爱互娱位于第18位。

2021年1月8日，字节入股《仙境传说RO：新世代的诞生》

的开发商盖姆艾尔。该游戏自2020年10月在中国港澳台地区上线后，持续一个月排名当地畅销榜、下载榜第一。

2021年3月22日，字节收购《无尽对决》开发商沐瞳科技。《无尽对决》是一款在线战术竞技类（MOBA）手机游戏。该游戏于2016年7月14日在安卓平台全球发布，2016年11月9日在iOS平台发布。

3. 底层架构

（1）物理引擎

2021年4月，字节跳动以1亿元战略投资代码乾坤。代码乾坤旗下产品《重启世界》（Reworld）被称为"中国版Roblox"，是目前中国第一的全物理开发工具与UGC平台。《重启世界》是代码乾坤基于自主研发的互动物理引擎技术系统而开发的，由具备高自由度的创造平台及高参与度的年轻人社交平台两部分组成。其中，《重启世界》编辑器是一个永久免费且具备强大3D物理引擎功能的设计平台，允许普通玩家以所见即所得的编辑模式，使用符合现实物理世界的"简单思维"进行创作。在《重启世界》手机端中，玩家设计出的内容可以发布在互动平台，供给其他玩家观赏与游戏。在互动平台上，还允许玩家同一个角色通用，即进入到所有已上线的产品中游戏。

（2）人工智能

2020年初，字节入股崧智智能。崧智智能是一家协作机器人研发生产商，可为字节提供通向B端的可能性。

2020年6月，字节加码投资零犀科技。该公司致力于语音智能交互平台的研发，全机器人客服技术在业内领先。

2020年7月，字节入股熵智科技。该公司是一家机器视觉解决方案提供商，基于人工智能为机器人提供 3D 视觉解决方案，典型应用场景是机器人的视觉分拣。

2021 年 1 月，字节与美团联手入股平台型机器人研发商盈合机器人。盈合机器人致力研发应用于国家应急管理、城市治理领域的机器人产品集群。

七、华为：搭建基础设施

华为从底层技术出发布局元宇宙，不仅发布 XR 专用芯片，游戏控制器和 VR 头显相关专利，更是围绕"1+8+N"战略集结了 5G、云服务、人工智能、VR/AR 等一系列前沿技术。同时，华为也通过自研、扶持开发者、与游戏厂商合作等多种形式，不断丰富 HMS 内容生态（华为元宇宙布局详见表 5–8）。

1. 硬件及操作系统

（1）分体式 VR 头显华为 VR

2019 年 9 月，华为在 Mate 30 系列手机国行发布会上正式发布华为 VR Glass。VR Glass 重量为 166g，屏幕分辨率为 3 200*1 600，支持 3.5mm 耳机和蓝牙耳机。

（2）华为一体机 MateStation X

华为在智慧办公新品发布会上推出了旗下首款旗舰一体机 MateStation X。这款产品搭载了国产编程教育品牌点猫科技的 Box3 平台。Box3 平台是一个基于网页的多人联机 3D 创作平台，能够让用户在 3D 沉浸环境下理解代码逻辑。

第五章 元宇宙全球产业地图

表 5-8 华为宇宙布局

硬件及操作系统	后端基建	底层架构	内容与场景	人工智能	协同方
华为 VR Glass 一体机 MateStation X 鸿蒙系统 海思 XR 专用芯片 VR/AR 技术储备	华为 Cloud VR 投资 AR 光波导公司鲲游光电 华为 5G	华为河图 通用 AR 引擎"华为 AR Engine" XR 内容开发工具 Reality Studio 自研 VR/AR SDK	华为应用商店 华为 VR 音视频生态平台 3D 内容平台		

(3) VR/AR 技术储备

在 VR/AR 技术方面,华为已经布局多年。从技术储备角度看,华为及其关联公司在全球 126 个国家/地区中,共有 1.4 万余件 XR/AR/VR/MR 领域的专利申请。其中,有效专利有 2 400 余件,授权发明专利有 2 300 余件。

(4) 鸿蒙系统

鸿蒙不是一款单纯的手机操作系统,而是面向万物互联时代的全场景分布式操作系统。华为提出"1+8+N"的战略,这里"1"是指智能手机这个主入口,"8"是指 4 个大屏入口——平板/车机/PC/智慧屏,以及 4 个非大屏入口——手表/耳机/AI 音箱/VR/AR 眼镜,"N"则是泛 IoT 硬件构成的华为 HiLink 生态,通过 HuaweiShare 实现各类设备互联互通。华为培育鸿蒙原生的应用生态,需要先切入其他 IoT 硬件设备市场,引导开发者开发基于鸿蒙原生的 IoT 应用生态,最后反哺手机鸿蒙原生生态,用"农村包围城市"的方式帮助鸿蒙实现全场景覆盖。

(5) 海思 XR 专用芯片

首款可支持 8K 解码能力,集成 GPU、NPU 的 XR 芯片,首款基于该平台的 AR 眼镜为 Rokid Vision。除了支持 8K 硬解码能力之外,该芯片可以支持到单眼 42.7 PPD[①]。海思 XR 芯片具有一流的解码能力,可以提供更加清晰的内容呈现效果,它使用了海思半导体专有架构 NPU,最高可以提供 9TOPS 的 NPU 算力。

---

① PPD（Pixel Per Degree）：每度像素数,用来衡量清晰度。

2. 内容与场景

（1）华为 VR 音视频生态平台

华为 VR 音视频生态平台提供了技术平台和内容制作方案，包括前端播放能力、视频点播 VOD 服务、音乐开发工具及 VR 内容的制作与发行等，为开发者提供从制作到发行的端到端一站式生态服务。华为依托完整的端到端 VR 技术解决方案，让开发者以最低的成本、最高的质量、规模化地量产优质 VR 音乐内容，满足用户消费与极致的音乐体验需求。

（2）华为应用商店

华为应用商店未来将提供更多新鲜有趣的 VR 应用，其中包含了多种新奇好玩的 VR 游戏，拥有海量 VR 内容源的 VR 视频平台以及教育类、工具类等多种应用。

（3）3D 内容平台

3D 内容平台是华为提供的致力于打造为全领域内容聚合的分发服务平台，为开发者搭建一个内容交流的桥梁，从而构建华为 VR/AR 等领域下的优质内容体验。该平台具备以下几个功能：

- 创意指导：合作场景广泛，如 AR 教育、AR 电商、AR 家居、AR 游戏等；
- 发布展示：便捷的流程发布，优质的模型展示；
- 在线编辑：场景开发 IDE，高效便捷地完成交互式 3D AR 场景开发。

3. 底层架构

（1）华为河图

华为河图已经不是广义上人们认知的地图（如 Google 地图、百度地图、高德地图等），它更是华为运用现代科技人工智能算法将虚拟模型与真实点云合成、建立的更加贴近现实世界的虚拟三维数字地图。河图目前共有人工智能强环境理解、直观信息获取、精准定位推荐、虚实融合拍照、人性化步行导航等五项核心功能。

（2）自研 VR/AR SDK

华为云 VR 云渲游平台安卓 SDK 集成华为自研音视频传输协议及网络优化算法，为用户提供低时延、高可靠性的云 VR 和云 3D 体验。

华为开发者中心提供两类云渲游 SDK：Mobile-SDK 和 VR-SDK，分别面向移动端设备和 VR 设备，可捕获与预测动作数据，并将其上传至云端，待云端完成渲染、编码后，将接收到的画面呈现在对应的设备上。

（3）通用华为 AR 引擎（华为 AR Engine）

华为 AR 引擎是一款用于安卓构建增强现实应用的引擎。华为 AR 引擎包含 AR Engine 服务、AR Cloud 服务与 XRKit 服务，其中 XRKit 是基于 AR Engine 提供场景化、组件化的极简 AR 解决方案，二者均可实现虚拟世界与现实世界的融合，带来全新的交互体验。

（4）XR 内容开发工具 Reality Studio

华为 Reality Studio 是多功能 3D 编辑器，它提供了 3D 场景编辑、动画制作和事件交互等功能，帮助用户快速打造 3D 可交互场景。可广泛用于教育培训、电商购物、娱乐等诸多行业的 XR 内容开发。华为 Reality Studio 目前只支持对模型进行基本的编辑，建模需要使用专业的建模软件完成。这套开发工具的价值在于不需要深入掌握 3D 技术就可以非常简单地开发 3D 互动场景。

4. 后端基建

（1）华为 5G

华为是当之无愧的 5G 领导者，率先推出了业界标杆 5G 多模芯片解决方案巴龙 5000，是全球首个提供端到端产品和解决方案的公司。2019 年，华为 Mate 20X 5G 手机、5G CPE Pro 已经获得了中国 5G 终端电信设备进网许可证，并即将推出 5G MiFi、5G 车载模组、5G 电视等多种形态的 5G 终端，从而加速 5G 规模商用。当前，千行百业正在拥抱 5G，华为提供了一系列模块化、全系列产品解决方案：

- 华为 5G RAN 全场景解决方案：以领先的硬件能力和软件性能实现最佳的网络体验，解决运营商在站点部署、频谱获取及体验一致性等方面的挑战，助力运营商加速 5G 网络规模部署，提升网络体验；
- 华为 5G 综合承载解决方案：基于业界领先的端到端产品、SRv6 新协议、网络云化引擎 NCE，帮助运营商建设一张大带宽、高可靠、SLA 可保障、智能运维的极简承载网，匹配 5G 应用诉求，释放 5G 潜能；
- 华为 5G 智简核心网：通过提供差异化业务，确定性体验和极简运营运维的网络能力赋能 5G 新商业。

（2）华为 Cloud VR

Cloud VR 解决方案包括内容平台、业务平台、网络方案、终端方案等四个部分，支持巨幕影院、直播、360度视频、游戏、教育五大场景的部署。Cloud VR 业务对时延要求非常高，该方案首次攻克了端到端时延影响体验的技术难题，实现了 VR 内容聚合上云、渲染上云，有效降低了终端成本及保护了内容版权，利用基于 5GHz 频段的 Wi-Fi 智能组网，全面提升了用户的 VR 体验。

（3）投资 AR 光波导公司鲲游光电

鲲游光电（North Ocean Photonics）是专注于微光学、光集成领域的高科技公司。鲲游光电为国内外客户提供设计、定制、生产一站式的晶圆级光学产品及服务。晶圆级光学是消费光子的基石性领域。晶圆级光学使得光学可以在精度提高的同时降低成本，进而满足众多新兴的需求和实现商业价值，包括 3D 深度成像与无人驾驶、AR/MR 显示、芯片间短距离全光传输、医学影像、航空军工、自动化安防等。

八、Nvidia：元宇宙世界硬件底层

Nvidia 力图为工程师打造元宇宙（企业元宇宙），积极开发适用 B 端元宇宙场景的技术工具平台。Nvidia Omniverse 是专为虚拟协作和物理属性准确的实时模拟打造的开放式平台。随着用户和团队在共享的虚拟空间中连接主要设计工具、资源和项目以协同进行迭代，创作者、设计师和工程师的复杂可视化工作流程也在发生转变（Nvidia 元宇宙布局详见表 5-9）。

第五章 元宇宙全球产业地图

表 5-9 Nvidia 元宇宙布局

硬件及操作系统	后端基建	底层架构	内容与场景	人工智能	协同方
	Nvidia CloudXR 平台构成包括： （1）Nvidia CloudXR SDK （2）Nvidia RTX 虚拟工作站 （3）Nvidia AI SDK Nvidia CloudXR	Omniverse 构成包括： （1）Omniverse Nucleus （2）Omniverse Connect （3）Omniverse Kit （4）Omniverse Simulation （5）Omniverse RTX	Omniverse Simulation-Isaac Sim Omniverse Simulation-DRIVE Sim		

251

1. 底层架构

Omniverse 构成：Nucleus、Connect、Kit、Simulation、RTX

Omniverse Nucleus：提供一组基本服务，这些服务允许各种客户端应用程序、渲染器和微服务共享和修改虚拟世界的呈现形式。

Omniverse Connect 库：被作为插件分发，使客户端应用程序可以连接到 Nucleus。当内容需要同步时，DCC 插件将使用 Omniverse Connect 库来应用外部接收更新，并根据需要发布内部生成更改。

Omniverse Kit：是用于构建本地 Omniverse 应用程序和微服务的工具包。它建立在一个基本框架上，该框架通过一组轻量级扩展提供了多种功能。这些独立扩展使用的是 Python 或 C++ 编写的插件。

Simulation：Omniverse 中的仿真由 Nvidia 一系列技术作为 Omniverse Kit 的插件或微服务提供。作为 Omniverse 一部分进行分发的首批仿真工具是 Nvidia 的开源物理仿真器 PhysX，该仿真器广泛用于计算机游戏中。

RTX Renderer：新的 Omniverse RTX 视口是 Omniverse 支持符合皮克斯 Hydra 架构的渲染器之一，它利用 Turing 和下一代 Nvidia 架构中的硬件 RT 内核进行实时硬件加速的光线跟踪和路径跟踪。

2. 内容与场景

（1）Omniverse Simulation-Isaac Sim

Isaac Sim 基于 Nvidia Omniverse 平台构建，它是一个机器人模拟应用与合成数据生成工具。机器人专家可使用它更高效地训练和测试机器人、模拟机器人与指定环境的真实互动,而且这些环境可以超越现实世界。

Isaac Sim 的发布还增加了经过改进的多摄像头支持功能、传感器功能以及一个 PTC OnShape CAD 导入器,让 3D 素材的导入变得更加轻松。从实体机器人的设计和开发、机器人的训练,再到在"数字孪生"中的部署(数字孪生是一种精确、逼真的机器人模拟和测试虚拟环境),这些新功能将全方位地扩大可以建模和部署的机器人和环境范围。

宝马是第一家使用 Omniverse 设计整个工厂的端到端数字孪生的汽车制造商,Omniverse 模拟出完整的工厂模型,包括员工、机器人、建筑物、装配部件等,让全球生产网络中数以千计的产品工程师、项目经理、精益专家在虚拟环境中进行协作,在真实生产产品前,完成设计、模拟、优化等一系列复杂的过程。据称通过 Omniverse,效率提高了 30%。此外,沃尔沃利用 Omniverse 进行汽车设计;爱立信通过 Omniverse 模拟 5G 无线网络;英国建筑设计公司 Foster + Partners 利用 Omniverse 实现跨 14 个国家的团队无缝协作。

(2)Omniverse Simulation-DRIVE Sim

Nvidia 创始人兼首席执行官黄仁勋先生在 GTC 大会开幕主题演讲中宣布,新一代自动驾驶汽车仿真软件 NVIDIA DRIVE Sim 将基于 Nvidia Omniverse 构建。

DRIVE Sim 通过使用 Nvidia 的核心技术建立起一个强大的云计算平台,能够实现高保真。该平台可以生成用于训练车辆感知系统的数据集,并提供一个虚拟试验环境来测试车辆的决策流程和其在极端情况下的表现。该平台能以软件在环或硬件在环配置来连接自动驾驶软件栈，以进行完整的驾驶体验测试。

3. 后端基建

Nvidia 发布的 Nvidia CloudXR 1.0 软件开发套件将通过 5G、Wi-Fi 和其他高性能网络，为增强现实、混合现实和虚拟现实内容（统称扩展现实 XR）带来重大提升。借助 Nvidia CloudXR 平台，任意终端设备都能充当展现专业级质量图形的高保真度 XR 显示器，包括头戴式显示器（HMD）和连接的 Windows 和安卓设备。CloudXR 基于 Nvidia RTX GPU 和 CloudXR SDK，支持从任意地方流传输沉浸式 AR、MR 或 VR 体验。

Nvidia CloudXR 平台构成包括：

- Nvidia CloudXR SDK，支持所有 OpenVR 应用程序，包括对手机、平板电脑和 HMD 的广泛客户端支持；
- Nvidia RTX 虚拟工作站以最快的帧速率提供高质量的图形；
- Nvidia AI SDK 可提高性能并增加身临其境的体验。

九、Google：AR→VR→AR

Google 对元宇宙的布局主要以 Google Glass、安卓为核心。以 AR 眼镜为入口，配套操作系统，希望延续移动互联网时代安卓生态的垄断。此外，还可借助 YouTube 的流量优势，打破主机和客户端的限制，推广操作系统，撬开更多终端渠道，YouTube 视频业务也可帮助进一步提升玩家沉浸感（Google 元宇宙布局详见表 5-10）。

第五章 元宇宙全球产业地图

表5-10 Google原宇宙布局

硬件及操作系统	后端基建	底层架构	内容与场景	人工智能	协同方
Google Glass	云游戏平台 Stadia				
企业版本 Glass Enterprise Edition Google Glass Enterprise Edition 2	Project Stream 游戏流媒体技术				
Daydream VR 平台 Daydream View VR					
收购加拿大眼镜公司 North 布局消费级 AR					
ARCore					

255

1. 硬件及操作系统

（1）AR 眼镜

2012 年，Google 推出首款 AR 智能眼镜 Google Glass。2014 年，Google 搁置 Google Glass 的相关研发，并加入三星之列发售 Cardboard "手机 VR"，正式进入 VR 领域。2017 年，Google Glass 以企业版本 Glass Enterprise Edition 回归，主要面向企业客户，涉及农业机械、制造业、医疗以及物流等领域。2019 年，Google Glass Enterprise Edition 2 问世。

2020 年，Google 收购加拿大眼镜公司 North 布局消费级 AR。North 主要研发支持手势控制操作的臂环设备 Myo，于 2018 年推出智能眼镜 Focals，并收购 Intel 的 230 多份智能眼镜专利。

（2）操作系统

2016 年，Google 发布 Daydream VR 平台，并上市 Daydream View VR。2017 年，Google 对标 Apple ARKit 推出 ARCore 平台。2019 年，Google 关闭 Google Jump，不再支持 Daydream VR 平台，战略重心重回 AR。

- Daydream VR 平台（2019 年关闭）：由 Daydream-Ready 手机及其操作系统、配合手机使用的头盔和控制器以及支持 Daydream 平台生态的应用三大部分组成。Daydream 平台主要是依靠安卓系统建立起来的，Daydream 平台的推出以及各项标准的制定很明确地展示出 Google 的 VR 策略——依靠庞大的安卓移动设备的保有量聚焦于移动 VR 设备的发展。
- ARCore：Google 推出的搭建增强现实应用程序的软件平台。

ARCore 使用三项关键技术来整合虚拟内容和现实世界：一是运动跟踪技术，让手机能够理解并追踪自身在环境中的相对位置；二是环境理解技术，让手机可以侦测到扁平的水平面，如地表或咖啡桌；三是光照强度估测技术，可以估量当前环境的光照情况。2017 年 10 月，Google 宣布与三星合作，将 ARCore 引入三星 Galaxy 智能手机系列。2018 年 5 月，Google 与小米公司合作，在国内推进 ARCore 增强现实套件的功能。

2. 后端基建

（1）游戏流媒体技术 Project Stream

2018 年 10 月 1 日，Google 宣布推出 Project Stream（流媒体计划），该计划允许 Google 浏览器用户以串流的方式在线玩视频游戏，首波进行测试的免费游戏是《刺客信条》系列的最新作品《刺客信条：奥德赛》。不同于流媒体直播游戏视频网络"Twitch"，Google Project Stream 的用户无需将游戏下载到电脑上，就可以直接在线玩视频游戏。

（2）Stadia

Google 云游戏自测试游戏流媒体技术 Project Stream 以后，迅速于 2019 年 11 月确定了云游戏平台 Stadia。Stadia 游戏库的运行基于一个功能强大的数据中心服务器，允许用户在没有游戏机或个人电脑的情况下，借助电视或移动设备畅玩游戏。换言之，玩家可以在安卓手机等轻量级硬件上玩到高渲染和高传输需求的大型游戏。同时，Google 在洛杉矶和蒙特利尔均开设了工作室，自研游戏以丰富 Stadia 内容供给。2021 年 2 月，Google 宣布关闭第一方工作室，但 Stadia 的服务会继续提供。

十、HTC：构建闭环生态

HTC布局元宇宙的核心优势在于其VR产品矩阵已经占据一定的市场份额与用户心智。HTC基于硬件优势，持续加大内容与平台生态建设，形成硬件—内容的良性循环（HTC元宇宙布局详见表5-11）。

1. 硬件及操作系统

（1）VR头显

HTC目前拥有的VR/AR硬件设备有PC VR头显VIVE Pro系列，PC VR头显VIVE Cosmos系列、移动VR头显VINE Focus系列。头显硬件是HTC布局VR行业的基础。

（2）追踪设备

HTC追踪器设备通过追踪使用者的动作进而模拟为虚拟世界中的动作，其中核心产品分别为VIVE面部追踪器和VIVE Tracker。

- VIVE面部追踪器可以精确捕捉面部表情和嘴部动态，实时解读使用者的意图和情感。而且其具备超低的延迟率，使得嘴部动态和声音可以同步。当前该设备已经可以追踪多达38种面部表情动态。
- VIVE Tracker则是通过追踪全身运动并将现实世界中的物体融入虚拟世界，实现真实对象和虚拟体验的无缝连接。

2. 内容与场景

第五章 元宇宙全球产业地图

表 5-11 HTC 元宇宙布局

硬件及操作系统	后端基建	底层架构	内容与场景	人工智能	协同方
VIVE Focus 系列		VIVE WAVE VR 开放平台	VIVE PORT XR Suite VIVE XR 应用解决方案		
VIVE Pro 系列			与万代南梦宫影业战略合作		
VIVE Cosmos 系列 VIVE 面部追踪器 VIVE Tracker			投资与收购 投资 VR 社交公司　投资 VR 会议平台 VRChat　　　　　　Engage VR 投资虚拟会议平台　投资数据可视化平台 VirBELA　　　　　3Data Analytics		VIVE X 加速器计划

259

(1) XR 应用解决方案

虚拟应用套装（VIVE XR Suite）是 HTC 第一款以 XR 生态为核心的产品解决方案，支持 VR、PC、平板电脑和智能手机等多种设备。VIVE XR Suite 能够借助先进的 XR 技术，消除人与人之间的物理距离。在新冠肺炎疫情流行背景下，它使得人们生活重新正常化、保持生产力，丰富了工作与生活。其主要场景有：

- 教育：在线学习、远程校园。生动的虚拟教学、沉浸式的课堂互动和场景转换、丰富的教师工具，有助于师生互动。同时它可定制和真正教室或校园设计相匹配的虚拟环境。
- 工作：远程会议、远程办公。它专为企业打造的虚拟现实协作和会议空间，随时预约或创建团队讨论，提供永久的私人或公共会议室，可从本地或网盘共享复杂的设计方案和媒体文件。
- 活动：会议、展会、音乐会、演出。它是远程会议、在线展会、虚拟演唱会的最佳选择，支持 VR、PC、平板电脑和智能手机等多设备的互动参与，带来超现实体验的同时，又能使用户像在真实生活中一样面对面地交流。
- 娱乐：虚拟主播、节日庆典。它基于社交体验的虚拟互动社区，轻松化身虚拟主播，定制个性化的派对聚会，虚拟商店及主题乐园，并且可以与其他用户进行交互。

(2) 投资 VR 社交公司 VRChat

2019 年 9 月，VR 社交平台 VRChat 宣布完成了 1 000 万美元的 C 轮融资，该轮融资由 Makers Fund、HTC、Brightstone VC 和 GFR

Fund 共同参投。游戏 *VRChat* 玩法与《第二人生》相似，玩家可以自行创建服务器，并通过虚构角色彼此交流。与游戏一起发行的软件开发工具包使玩家可以创造知名 ACG 系列的重要人物，并将其作为虚拟角色。目前 VR 社交产品主要有三种思路：全体验型、工具型、UGC 型。全体验型 VR 社交平台以 Altspace 和 Facebook Spaces 为代表，融入会议、游戏、聚会等场景，期望完全移植现实生活中的社交；工具型以 VTime 和 Rec Room 为代表，前者是聊天室，后者是体育游戏，支持简单场景的 VR 社交，均具备突出的功能属性；UGC 型以 VRChat 和 High Fidelity 为代表，理念是让用户自己创造内容，分享体验。

（3）投资 VR 会议平台 Engage VR

2020 年 5 月，Immersive VR Education 宣布获得 HTC 的 300 万欧元投资。该公司的 Engage 平台允许教育工作者创建定制的 VR 体验，在各种设备（包括 SteamVR 头显，Oculus Quest，Vive Focus Plus 和 Pico 头显等）上支持多达 50 个用户同时使用。Immersive VR Education 表示，HTC 的投资将用于进一步开发和增强 Engage 平台，建立其销售和营销能力，以及为 Engage 平台提供更多展示体验。

（4）投资虚拟会议平台 VirBELA

VirBELA 是一款基于云的企业应用程序平台，该平台支持定制虚拟办公室环境、会议场地以及学校空间，为远程工作、在线学习和虚拟活动 / 事件构建沉浸式 3D 世界。在 VirBELA 中，用户可以创建一个自己的虚拟形象，在虚拟空间中参加会议、在线活动、开展协作，使用多媒体界面显示文档或网站。2020 年 7 月，HTC VIVE 与 VirBELA 的合作为 XR Suite 提供了定制的虚拟办公室和教学环境，能举办最多容纳2 500人的大型在线会议。该软件能够帮助企业突破空间的限制，节省旅行成本的同时提高工作效率。

（5）投资3D数据可视化平台3Data Analytics

2020年8月，3D数据可视化平台3Data Analytics宣布获得130万美元种子轮融资，本轮融资分别来自马克·库班公司、HTC VIVE等投资方。同时，3Data Analytics也是HTC VIVE X孵化器投资的初创公司之一。该公司专注于开发跨平台的实时3D数据可视化工具，可通过WebXR应用展示各项IoT传感器的数据、日志以及数据流，兼容VR/AR、电脑、手机等设备。3Data还可帮助企业构建内部运营管理中心，提供一个可供员工查看的安全、规模化虚拟数据库。

（6）VIVEPORT游戏平台

HTC VIVEPORT是HTC提供虚拟现实内容和体验的应用程序商店。在VIVEPORT中，用户可以自行在虚拟现实中探索、创造、联系、观看以及购物。同时，VIVEPORT与万代南梦宫影业战略合作，将其旗下动画IP VR化。万代南梦宫影业以制作具有强大销售潜质的原创动画系列而闻名，如《偶像学园Aikatsu！》系列、*Battle Spirits*系列和*Tiger &Bunny*系列等。HTC VIVEPORT团队与万代南梦宫影业紧密合作，共同建立和发展VR生态系统，力求为消费者提供广泛的虚拟体验。根据双方合作计划，用户未来可以通过VIVEPORT享受全新的沉浸式万代南梦宫动画内容，还可与动漫偶像进行虚拟互动。

3. 底层架构

VIVE Wave VR开放平台。该平台集开发工具与配套服务于一身，旨在助力第三方合作伙伴简化移动 VR 内容开发流程，优化高性能设备的使用体验。VIVE Wave 的推出使得开发者们得以基于统一的开发平台和应用商店进行跨硬件的内容开发和发行，旨在解决长期困扰国内移动 VR 市场的高度碎片化问题。Wave VR 平台希望成为像 Unity 一样实现多平台支持，使得开发者可以不需要考虑不同设备间的兼容问题，自由地创造丰富的 VR 内容。

4. 协同方

VIVE X 加速器计划。VIVE X 加速器计划是一项为开发者和初创团队提供各种工具和专业指导的项目，目的是支持 VR 开发者们创造更多的 VR 应用，共同建设完善 VIVE 生态系统。在该计划中，HTC 与合作伙伴为 VIVE X 加速器计划共同投入总值超 1 亿美元的基金支持，用以扶持具有创造力、技术能力和远见的团队，并通过 VIVE 平台推动团队取得商业成功，最终为 VIVE 平台乃至整个虚拟现实生态圈输送优质内容。

十一、Sony：战略辅助硬件

Sony 在 VR 领域已建立较强的先发优势，致力于构建最佳的元宇宙入口。Sony 致力于带给用户最优质的游戏体验，从未停止打磨硬件，一直在等待硬件技术相对成熟时，打造硬件、内容齐优的产品（Sony 元宇宙布局详见表 5-12）。

表 5-12 Sony 元宇宙布局

硬件及操作系统	后端基建	底层架构	内容与场景	人工智能	协同方
PS VR PS VR2（待发布）			PSN Dreams 投资与收购 投资虚幻引擎公司 Epic Games 投资虚拟拍摄公司 Sliver.tv 联合 Microsoft Azure 构建多媒体 云端游戏服务解决方案 技术储备		

1. 硬件及操作系统

PS VR：PS VR2

Sony 平台规划与管理高级副总裁西野秀明表示，"Sony 正在利用在 PS4 上推出 PS VR 以来所学到的东西来开发全新 VR 系统，下一代 VR 系统将全面加强在分辨率、视野、追踪和输入等各方面的表现"。在分辨率方面，PS VR2 将支持 4K 的分辨率以保障高度拟真体验。追踪方面，PS VR2 将包括能够实现凹点渲染的凝视跟踪、镜头分离调整刻度盘，以及允许开发人员提供直接触觉反馈的振动马达。市场普遍预期，PS VR2，代号"NGVR"（尚未正式命名）大概率将于 2022 年推出。

2. 内容与场景

（1）投资 Epic Games

2020 年 7 月，Sony 通过其全资子公司收购 Epic Games 的少数股权。Epic Games 在图形领域、虚幻引擎以及其他创新性的游戏开发方面处于领先地位。Sony 和 Epic 希望通过实时 3D 社交体验将游戏、电影和音乐融合，共同致力于为所有消费者和内容创作者建立一个更加开放和便捷的数字生态系统。这项投资合作有望在科技、娱乐和在线社交服务等技术前沿推动突破。

（2）投资虚拟拍摄公司 Sliver.tv

Sliver.tv 主营业务为提供 360 度全景观看电竞比赛的服务。Sliver.tv 团队将虚拟相机嵌入虚拟世界，通过实时捕捉 360 度全景生成 VR 视频流。该技术能够带给观众俯瞰整个赛事的沉浸式体验，并实现 360

度的视频回放。此外，该团队还在赛事画面内加了一个虚拟 LED 大屏，为第一视角 2D 的直播视频流做补充。该技术不仅能提升观众的观赛体验，同时对职业战队战术策略研究与复盘帮助巨大。

（3）合作 Microsoft Azure 构建云服务解决方案

Sony 在 Microsoft Azure 中构建云服务解决方案，以支持其游戏和内容流媒体服务。此外，Sony 和 Microsoft 还在人工智能领域进行合作，双方联合开发图像传感器方案，将 Microsoft 的人工智能技术和 Sony 优势的图像传感器进行结合以改善用户体验。

（4）游戏平台

PSN（PlayStation Network）：2006 年 11 月，Sony 在 PS3 发售的同时开始正式提供 PS3 的网络服务 PlayStation Network。玩家通过 PlayStation Network 可以进行玩家之间的文字聊天、视频聊天、网络游戏等基本服务以及游戏、游戏追加数据等内容下载服务。

UGC 平台 Dreams：Dreams 是一个集创作与游玩于一体的社交平台，提供了一整套可视化的游戏创作工具，从音乐、音效到角色建模、场景再到 CG 电影、事件触发器。该平台可以被当作一个无须从外界导入素材、无须任何编程语言的游戏开发引擎，同时还是一个开放分享的社交平台，用户可以将他人上传的素材纳为己用，也可以把它当成一个纯粹的游戏平台或艺术品鉴平台，只消费不生产。

十二、百度：All in AI

百度在元宇宙相关的前沿硬科技，包括人工智能、自动驾驶、量子计算、区块链、芯片等，近几年来也已逐步完善在 VR 核心技术、内容与服务平台、行业解决方案等方面的布局，是国内率先将元宇宙投入应用的科技公司之一。百度在元宇宙的布局偏向企业元宇宙，而非消费元宇宙，发展方向主要是向企业输出成熟的元宇宙解决方案（百度元宇宙布局详见表 5-13）。

1. 人工智能

百度 DuerOS、阿波罗（Apollo）两大开放平台、百度大脑、百度智能云将为金融、教育、医疗、出行等多个行业，提供一流的开发工具和有效的人工智能行业解决方案。

- DuerOS：整合了百度的信息与服务生态优势，精心打造了 10 大类目、200 多项能力，用户可以在不同场景下实现指令控制、信息查询、知识应用、寻址导航、日常聊天、智能提醒和多种 O2O 生活服务，同时支持第三方开发者的能力接入。它与市面上的人工智能系统不同的是，除了通过自然语言进行对硬件的操作与对话交流，DuerOS 借助百度强大的服务生态体系，能够为用户提供完整的服务链条。

- 阿波罗：是一套完整的软硬件和服务系统，包括车辆平台、硬件平台、软件平台、云端数据服务等四大部分。百度还开放环境感知、路径规划、车辆控制、车载操作系统等功能的代码或能力，并且提供完整的开发测试工具，同时会在车辆和传感器等领域选择协同度和兼容性最好的合作伙伴，推荐给接入阿波罗平台的第三方合作伙伴使用，进一步降低无人车的研发门槛。百度开放此项计划旨在建立一个以合作为中心的生态体系，发挥百度在人工

表 5-13 百度元宇宙布局

硬件及操作系统	后端基建	底层架构	内容与场景	人工智能	协同方
奇遇 VR 一体机			爱奇艺 VR 视频 VR 社区 VR 浏览器	DuerOS 对话式人工智能操作系统 apollo 阿波罗	

智能领域的技术优势，促进自动驾驶技术的发展和普及。

2. 硬件及操作系统

爱奇艺奇遇 VR 系列，搭载足够丰富的 VR 内容生态。其中，爱奇艺 4KVR 奇遇一体机由爱奇艺自主研发设计，是全球首款 4K 分辨率移动 VR 设备，首款拥有 6DoF Inside-Out 位置追踪系统的消费级 VR 一体机。此外，爱奇艺 4KVR 奇遇一体机配备突破延时技术的空鼠手柄，延时低于 50 毫秒，可极速响应操作。

3. 内容与场景

（1）VR 视频

百度视频推出的 VR 频道聚集了目前市场上最优质的 VR 内容链接，不仅为 VR 发烧友和潜在用户群体提供了丰富的 VR 视频、游戏、资讯等海量内容资源，还将率先举办诸多 VR 线下体验活动。

（2）VR 社区

VR 社区——百度 VR+，集 VR 游戏、视频、咨询、开发者和论坛为一体。VR+ 将集合 VR、AR、MR、CR 等广义虚拟/增强现实领域内容。

（3）VR 浏览器

百度推出国内首款 VR 浏览器。主要让用户体验 VR 环境下的网页浏览，带领用户走入 VR 世界。当然，VR 浏览器也提供海量 VR 视频电影以及众多 VR 游戏。百度浏览器本身支持绝大多数 VR 眼镜。

十三、Amazon：底层技术实力深厚

Amazon 布局元宇宙的优势在于拥有多种底层技术，能够实现协同效应，包括云服务基础设施、游戏引擎 Amazon Lumberyard、Twitch 直播平台以及低门槛的 VR/AR 开发平台 Sumerian（Amazon 元宇宙布局详见表 5-14）。

1. 底层架构

（1）云计算服务能力（AWS 云）

Amazon 拥有强大的云计算服务能力，是一家优质的云服务提供商。目前全球 90%以上大型游戏公司依托 Amazon 云在线托管。

（2）游戏引擎 Amazon Lumberyard

Amazon Lumberyard 是唯一一款融合了功能丰富的开发技术、对 AWS 云的原生集成以及对 Twitch 功能的原生集成的 AAA 游戏引擎。Lumberyard 的可视化技术方便用户创建近乎照片般逼真的、高动态范围环境和极其出色的实时效果。Lumberyard 拥有的强大的渲染技术和创作工具包括：基于物理的着色器、动态全局光照、粒子特效系统、植被工具、实时动态水流、体积雾和电影特写（如色彩分级、运动模糊、景深以及镜头光晕）。Lumberyard 的组件实体系统提供了一种现代方式来从比较简单的实体创建复杂实体。开发者可以拖放组件来构建所需的行为、在编辑器中编辑组件设置，以及在 Script Canvas 或 Lua 中创建脚本以快速更改或扩展实体的行为。

（3）VR/AR 开发平台 Sumerian

Sumerian 让开发者以简单的程序构建出一个能够在 VR/AR 现实

第五章 元宇宙全球产业地图

表 5-14 Amazon 元宇宙布局

硬件及操作系统	后端基建	底层架构	内容与场景	人工智能	协同方
		云计算服务能力（AWS 云） 游戏引擎 Amazon Lumberyard VR/AR 开发平台 Sumerian	Twitch 直播平台		

271

应用中使用的 3D 模型。Sumerian 开发平台的界面与 Adobe Photoshop 等传统图片编辑器的界面相似,打开主页之后便可以开始创建新的文件。在编辑器中,开发者可以设计任意的 3D 动画形象,并且将其置于选好或已经设计好的数字场景中。Sumerian 还支持 FBX、OBJ 多种模型并兼容 Unity、Unreal 等视频游戏引擎。

2. 内容与场景

Twitch 直播平台是面向视频游戏的实时流媒体视频平台,所覆盖的游戏种类非常广泛,包括实时战略游戏(RTS)、格斗游戏、赛车游戏、第一人称射击游戏等。Twitch 平台上的知名游戏包括《英雄联盟》《星际争霸 2》《虫族之心》《魔兽争霸》《我的世界》《坦克世界》和《暗黑破坏神 3》等。Twitch 每月的访问量超过 3 800 万,有超过 2 000 万个游戏玩家汇聚到这个平台,每个访问用户在网站的日平均停留时间为 1.5 小时。

十四、阿里巴巴:多场景协同发力

阿里巴巴的元宇宙战略核心在于利用自有的电商平台、庞大的用户基础,乃至相关的产业链公司带动相关内容、硬件、商业模式的发展与成熟(阿里巴巴元宇宙布局详见表 5–15)。

1. 硬件及操作系统

2016 年 2 月,阿里巴巴投资明星 AR 创业公司 Magic Leap。该公司于 2018 年推出首款 AR 硬件 Magic Leap One。

第五章 元宇宙全球产业地图

表 5-15 阿里巴巴原宇宙布局

硬件及操作系统	后端基建	底层架构	内容与场景	人工智能	协同方
Magic Leap One	阿里达摩院 XG 实验室		衣食住行		
Nreal Light AR 眼镜	阿里云				
投资以色列 AR 眼镜公司 Lumus	飞天操作系统		超写实数字人 AYAYI		
投资瑞士 AR 汽车导航公司 WayRay					

273

2017年1月，阿里巴巴投资以色列AR眼镜公司Lumus。Lumus从军工硬件起家，现今专注B2B AR市场，生产AR眼镜和头盔的关键部分——光学引擎。

2017年3月，阿里巴巴投资瑞士AR汽车导航公司WayRay。WayRay于2012年成立，主要有全息AR汽车导航仪Navion和行车习惯记录仪Element两款产品。

2020年5月，阿里钉钉发布DingTalk Work Space（钉钉平行协同空间）。同时，首款首款内置DingTalk Work Space的产品"Nreal Light AR眼镜套装专业版"也正式发布，这款产品基于Nreal原本的硬件进行扩容，并且搭载了钉钉系统的MR环境，为企业用户打造了更直观、简单、高效的线上视频会议和协同办公环境。

2. 后端基建

（1）XG实验室

阿里达摩院成立XG实验室，为VR/AR等场景研究符合5G时代的视频编解码技术、网络传输协议等且制定相关标准。

（2）阿里云

阿里云服务是全球领先的云计算及人工智能科技，致力于以在线公共服务的方式，提供安全、可靠的计算和数据处理能力，让计算和人工智能成为普惠科技。

（3）飞天操作系统

飞天（Apsara）由阿里云自主研发、服务全球的超大规模通用计算操作系统，为全球200多个国家和地区的创新创业企业、政府、机构等提供服务。飞天希望解决人类计算的规模、效率和安全问题。它可以将遍布全球的百万级服务器连成一台超级计算机，以在线公共服务的方式为社会提供计算能力。飞天的革命性在于将云计算的三个方向整合起来：提供足够强大的计算能力，提供通用的计算能力，提供普惠的计算能力。

3. 内容与场景

（1）淘宝 VR 场景

淘宝 BUY+ 利用 VR 技术，还原购物场景，让用户有机会在家游美国 Target、梅西百货、Costoco、澳洲牧场、Chemist Warehouse、日本松本清和东京宅等 7 个商场。

（2）数字人营销

阿里巴巴推出国内首个超写实数字人 AYAYI 布局元宇宙营销。AYAYI 任职成为天猫超级品牌日的数字主理人，未来她将与天猫解锁多个身份，如 NFT 艺术家、数字策展人、潮牌主理人、顶流数字人等。

十五、高通：元宇宙世界之"芯"

XR 是目前通往元宇宙的最佳入口，构造三维虚拟空间需要巨大的算力支持，这往往通过 PC 机的高性能 CPU 与显卡才能勉强实现。然而，这类高性能计算设备往往难以做到小型便携化，采用线缆连接方式造成的行动区域受限大幅削弱了 XR 的发展空间。高通 XR 芯片提供了优异的算力解决方案，使得 VR 一体机已经成为主流方案。高通在 XR 的上游核心环节——芯片已经占据了举足轻重的地位，是 XR 行业的重要参与者和技术赋能者之一（高通元宇宙布局详见表 5-16）。

表 5-16　高通元宇宙布局

硬件及操作系统	后端基建	底层架构	内容与场景	人工智能	协同方
骁龙 XR1（推出首款扩展现实（XR）专用平台）			以 XR 核心平台、软件与算法、参考设计、合作项目为主的 XR 四大战略		
骁龙 XR2			XR 行业生态 第一批成员企业决定加入该联盟，包括达晨财智、高瓴资本、歌尔战略与投资部、国投创业、红杉资本、火山石资本、金石投资、蓝驰创投、联想创投等 XR 产业投资联盟		

1. 硬件及操作系统

XR 芯片

最早应用到 VR/AR 设备的芯片是高通针对手机的 SOC 方案 821、835、845，其中 835、845 均针对 VR/AR 设备做了相应优化。2018 年 5 月，高通推出 VR 专用芯片骁龙 XR1，其性能与骁龙手机芯片 660 相近。2019 年 12 月，高通发布基于骁龙 865 衍生的 XR2，结合了高通的 5G、人工智能及 XR 技术。XR2 相对 XR1 其性能得到显著提升，目前新一代 VR 一体机 Oculus Quest 2、VIVE Focus 3、Pico Neo 3 系列等均采用 XR2 平台。XR2 芯片性能有：

- 在视觉体验方面，XR2 平台的 GPU 可以达到 1.5 倍像素填充率、3 倍纹理速率，从而实现高效高品质的图形渲染；支持眼球追踪的视觉聚焦渲染；支持更高刷新率的可变速率着色，可以在渲染重负载工作的同时保持低功耗；XR2 的显示单元可以支持高达 90fps 的 3K*3K 单眼分辨率；在流传输与本地播放中支持 60fps 的 8K 360 度视频。
- 在交互体验方面，XR2 平台引入 7 路并行的摄像头支持及定制化的计算机视觉处理器；可以高度精确地实时追踪用户的头部、嘴唇及眼球；支持 26 点手部骨骼追踪。
- 在音频方面，XR2 平台在丰富的 3D 空间音效中提供全新水平的音频层以及非常清晰的语音交互；集成定制的始终开启的、低功耗的 Hexagon DSP；支持语音激活、情境侦测等硬件加速特性。

- 除硬件平台外，高通还提供包括平台 API 在内的软件与技术套装以及关键组件选择、产品、硬件设计资料的参考设计。

2. 内容与场景

（1）XR 行业生态

基于 XR 平台，高通也在不断进行着功能调优。在软件算法端加入了如 SLAM、3D 音频、眼球 / 手势追踪、场景理解等功能应用，同时也联合产业合作伙伴推出了有关 XR 平台的设备参考设计，并逐渐形成了以 XR 核心平台、软件与算法、参考设计、合作项目为主的 XR 四大战略，加速其在 XR 行业落地。

（2）XR 产业投资联盟

2021 年 9 月，在 2021 高通 XR 生态合作伙伴大会上，高通创投宣布成立 XR 产业投资联盟，旨在加速 XR 领域的创新、规模化及成熟。XR 产业投资联盟将关注具有高度发展性及潜力的 XR 生态领域创新创业项目，并为联盟成员提供信息交流平台，帮助提升成员公司在 XR 领域的投资效率，促进成员之间的联合投资。

十六、小米：强势切入硬件

小米围绕云游戏、VR/AR 硬件布局元宇宙。云游戏是小米布局元宇宙必不可少的第一步，同时也已成为小米创新业务中的重点战略方向。同时，小米持续加码硬件，基于可穿戴设备的长期积累，推出小米智能眼镜（小米元宇宙布局详见表 5-17）。

第五章 元宇宙全球产业地图

表 5-17 小米元宇宙布局

硬件及操作系统	后端基建	底层架构	内容与场景	人工智能	协同方
智能穿戴设备 智能眼镜			小米游戏 投资当红齐天集团 XR 主题乐园		

279

1. 硬件及操作系统

小米智能眼镜：小米智能眼镜在目前硬件的支持下，在外观方面做得更加合理，符合用户使用体验，而且还是一个完全独立的智能终端。小米智能眼镜在镜片方面使用了最新的MicroLED光波导显像技术，可以让信息直接在镜片上显示，实现通话、导航、拍照以及翻译等全部功能。

2. 内容与场景

（1）小米云游戏

小米从优势大屏端切入云游戏，发布"立方米"计划，进一步树立云游戏行业标杆、培养用户使用习惯，打造云游戏平台全新商业模式。

（2）户外XR主题乐园

标杆性大型XR主题乐园的当红齐天集团宣布近期将完成数亿元B轮融资，小米战投、建银国际领投、野草创投、老股东联想创投跟投。本轮融资将用于推动5G+XR赛道更广泛的场景化应用落地，促进5G+XR产品的深度研发，打造线上线下联动的闭环XR生态链路，引领XR行业2.0时代的到来。

十七、Unity：远不止游戏引擎

Unity具有较强的图像处理能力，为创建和操作交互式、实时2D和3D内容提供领先平台，可用于多种应用，如移动游戏或电影制作，也可用于增强和虚拟现实设备（Unity元宇宙布局详见表5-18）。

1. 底层架构

（1）Unity 游戏引擎

Unity 游戏引擎平台由两组解决方案组成，即创建解决方案（Create）和运营解决方案（Operate）。创造解决方案中，内容创作者使用 Unity 的软件开发 2D 和 3D 内容，通过每月订阅产生收入。运营解决方案中，Unity 为客户提供了将其内容货币化的能力，而 Unity 从收入分成和使用的模型中获得收入。

（2）Unity VR

Unity 可用于开发 Windows、MacOS 及 Linux 平台及各类游戏主机平台、移动端平台等近 27 种平台的单机游戏。自 Unity5.x 版本后，Unity 开启了对 Oculus Rift、HTC VIVE 和 Gear VR 等主流 VR 产品的支持之路。

2. 后端基建

Unity 云端分布式算力方案

Unity 云端分布式算力方案由云烘焙（Cloud Bake）、Unity 云端分布式资源导入与打包、大模型数据云端轻量化三大方案组成。三大方案充分利用了高并发的云计算资源，帮助创作者大大提高开发效率，加快项目迭代。

3. 内容与场景

作为实时 3D 开发平台，Unity 为众多行业提供解决方案，包括游戏、汽车、运输与制造、电影与动画、建筑、工程与施工。

表 5-18 Unity 元宇宙布局

硬件及操作系统	后端基建	底层架构	内容与场景	人工智能	协同方
	Unity 云端分布式算力方案： （1）云烘焙（Cloud Bake） （2）Unity 云端分布式资源导入与打包 （3）大模型数据云端轻量化	Unity 游戏引擎 Unity VR	游戏 汽车、运输与制造 电影与动画 建筑、工程与施工		

282

十八、Roblox：元宇宙早期雏形

Roblox 通过 UGC 平台+沉浸社交属性+独立经济系统确立元宇宙概念。Roblox 提出平台通向元宇宙的 8 个关键特征：身份、朋友、沉浸感、随地、多样性、低延时、经济以及文明。而 Roblox 创立平台的主要特征与元宇宙的关键因素相对应：UGC 平台对应多样性，虚拟世界拥有超越现实的自由与多元性；沉浸式社交属性对应社交，用户通过虚拟世界交友；独立经济系统对应经济，虚拟世界中创造的价值与现实经济打通（Roblox 元宇宙布局详见表 5-19）。

Roblox 的构建有三大底层元素：用户端（Roblox Client）、开发端（Roblox Studio）以及云端（Roblox Cloud）。其中 Roblox Client 为面向普通用户的 3D 应用程序，构建超过 2 000 万个 3D 数字世界并支持 iOS、安卓、PC、Mac、Xbox 以及 VR 的游戏体验；Roblox Studio 为允许开发者及创造者构建、发行以及运行 3D 内容的工具集，通过实时社交体验开发环境降低编程门槛，Roblox Cloud 负责游戏虚拟主机、数据储存以及虚拟货币等业务，同时为玩家、开发者及内容创作者提供平台服务及基础架构。

1. Roblox Studio

Roblox Studio 提供 UGC 生产工具，降低创作门槛、提高自由度。当前主流的游戏开发模式为 PGC，以 Roblox 为代表的 UGC 平台为游戏行业的内容创作方式带来全新想象空间。Roblox 通过游戏引擎与游戏云为开发者提供实用且易用的创作工具，协助产出新颖的内容

表 5-19 Roblox 元宇宙布局

硬件及操作系统	后端基建	底层架构	内容与场景	人工智能	协同方
	Roblox Cloud（云端）	Roblox Studio（开发端）	UGC 游戏 社交 经济体系		

284

及场景。相较 MOD 类游戏创作，Roblox Studio 提供了丰富的素材选择和自由的创作空间，降低了创作门槛，提高了创作自由度。此外，作者对游戏作品拥有一定所有权。

UGC 内容生产模式的本质是由玩家自行开发玩法模式以及游戏世界，降低游戏开发门槛并丰富游戏内容与生态。截至 2020 年年底，Roblox 已拥有来自全球 170 个国家或地区、超过 800 万的开发者与内容创作者；运行超过 4 000 万款游戏，包括 *Adopt Me*、*Royale High*、*Welcome to Bloxburg* 等热门游戏，Roblox 已成为全球最大的多人在线创作游戏平台。

2. 虚拟货币 Robux

虚拟货币 Robux 构建经济系统，高激励政策构筑活跃创作生态。Roblox 内设有一套"虚拟经济系统"体系，玩家花费真实货币购买虚拟货币 Robux，并在游戏中通过氪金（pay to win）、UGC 社区（pay to cool）等体验皮肤、物品等场景，而平台收到 Robux 后会按一定比例分成给创作者及开发者。Robux 可以与现实货币兑换，买入比例约为 R\$1=\$0.01，换出比例为 R\$1=\$0.0035。最终开发者将获得 20% 的分成，平台则获得 55% 的分成。截至 2020 年底，Roblox 拥有超 2 000 万个游戏体验场景，全平台用户使用时长超 300 亿小时，开发者社区累计收入 3.29 亿美元。Roblox 向开发者支付的费用呈现逐年上涨态势，2021 年第一季度、第二季度开发者收益分别为 1.2 亿美元、1.3 亿美元，2021 年上半年开发者总收益达 2.5 亿美元，赚取收入的开发者超 125 万人。收入超 1 万美元的开发者有 1 287 人，收入超 10 万美元的开发者有 305 人。

十九、Epic Games：打破虚拟世界藩篱

Epic 元宇宙愿景的核心是改变人们在互联网上的社交方式。大逃杀游戏《堡垒之夜》超越了游戏的范畴，承载了越来越多的社交、娱乐功能，如演唱会、发布会、论坛等。Epic 同样非常关注创作者生态，Unreal Engine、Epic Games Store 致力于优化创作者环境与经济（Epic Games 元宇宙布局详见表 5-20）。

1. 底层架构

Unreal Engine（已更新到第五代）：虚幻引擎力求让内容创作变得更为便利，虚幻引擎 5 从三个维度来做尝试：一是提升引擎的表现效果，营造出次世代应有的画面表现力；二是改善迭代效果，让制作者得以将编辑工具中做的任何改变都能轻松迭代到各种目标设备组织平台上，基本做到"所见即所得"，这也是目前引擎的一个主要优化方向；三是降低门槛，通过提供更丰富、更完善的工具来帮助小团队甚至是个人去完成高品质的内容。具体来看，虚幻引擎 5 的两大核心技术 Nanite 及 Lumen，Nanite 技术让亿计的多边形组成的影视级美术作品可以被直接导入虚幻引擎，Lumen 则构建了一套全动态全局光照解决方案，去对场景和光照变化做出实时反应。

Meta Human Creator：帮助开发者创建照片逼真的数字人类，并包含完整的绑定、毛发和服装，以此满足像游戏、影片等内容创作者的需求。

第五章 元宇宙全球产业地图

表 5-20 Epic Games 元宇宙布局

硬件及操作系统	后端基建	底层架构	内容与场景	人工智能	协同方
		Ureal Engine Meta Human Creator	堡垒之夜 Robo Recall Epic Games Store		

287

2. 内容与场景

（1）游戏:《堡垒之夜》

Epic Games 成功说服各个主要的游戏平台允许《堡垒之夜》跨平台运作，各个版本中的规则、竞技功能和画风没有差别，手游端用户可以与 PC 端或主机玩家一起玩，玩家在另一个的平台登录时还可以使用其他版本中已有的皮肤或道具。《堡垒之夜》的另一个亮点是让各种现实生活中的 IP 同时、同地上线，进一步模糊游戏和现实的界限。正如颠覆童话的美剧《童话镇》，每一个童话故事都不是割裂的，白雪公主、阿拉丁、灰姑娘等生活在一个共同的童话镇，有相互交织的故事线。游戏之外，《堡垒之夜》逐渐演变为社交空间，实现游戏与现实生活的交叉。《堡垒之夜》已经不完全是游戏了，而是越来越注重社交性，演变为一个人们通过虚拟身份进行互动的社交空间。2019 年 2 月，棉花糖乐队（Marshmello）举办了《堡垒之夜》的第一场现场音乐会。2019 年 4 月，漫威的《复仇者联盟：终局之战》在《堡垒之夜》提供一种新的游戏模式，玩家扮演《复仇者联盟》成员角色，与萨诺斯（Thanos）作战。2019 年 12 月，《星球大战：天行者的崛起》在《堡垒之夜》举行了电影的观众见面会，导演 JJ Abrams 接受了现场采访。2020 年 4 月，美国说唱歌手 Travis Scott 在全球各大服务器举办了一场名为 Asronomical 的沉浸式演唱会，有 1 700 万人同时观看，并且引发了社交媒体上的疯狂传播。娱乐之外，《堡垒之夜》中的经济活动更活跃，玩家可以创建数码服装或表情出售获利，还可以创建自己的游戏或情节，邀请别人来玩。

（2）VR 游戏：*Robo Recall*

Robo Recall 是 Epic Games 使用 Unreal Engine 4 专门为 Oculus Touch 设计的一款 FPS 类 VR 游戏。游戏设计团队为 *Robo Recall* 设计了多种武器，玩家可以随身装备四种武器。除了武器多样化之外，*Robo Recall* 还满足了玩家对于武器的个性化定制需求，游戏中的每种武器都有多种配件，如红外瞄准、弹夹扩容、后坐力减轻、威力增强等。此外，Unreal Engine 4 的物理效果，包括各种物理击退、物理破碎等效果也极大提升了玩家的射击体验。

（3）平台：Epic 在线服务和 Epic Games Store

Epic 在线服务：开放基础设施与账户体系，让游戏可以跨平台运行。2019 年，Epic Games 开始提供 Epic 在线服务（online services），将这一套基础设施和自己的账户体系免费对外开放，允许外部开发者使用并在上面构建自己的多人在线游戏。这意味着外部开发者可以免费获得 Epic 的庞大用户，包括登录系统、好友系统、成就和排行榜。使用 Epic 在线服务可以不用考虑平台差异让游戏跨平台运行。

Epic Games Store：服务用户，更要连接厂商与用户。2018 年年底，Epic 游戏商店在 Windows 平台推出，任何公司的游戏都可以在其中销售，只收取 12% 的交易费。如果游戏是使用 Unreal Engine 开发的，还可以免除 5% 的引擎使用费。Epic Games Store 通过和开发者合作，用免费赠送的形式来为他们获得更多受众，进而收获更多的反馈。对比其他平台，Epic Games Store 背靠的是整个 Epic 生态布局，而它作为整个生态的一环，同样有着为整个行业构建正向循环的愿景。

二十、Valve：硬件、内容与平台

Valve 布局元宇宙的优势主要体现在 VR 硬件、游戏内容以及平台的良好协同。VR 硬件方面与 HTC 合作开发出 HTC VIVE，也自研出 Valve Index，同时 Steam 平台也是创业 VR 游戏厂商的首选平台（Valve 元宇宙布局详见表 5–21）。

1. 硬件及操作系统

Valve Index：Valve Index 头戴式显示器以保真度为首要任务，同时兼顾显示、控制等方面的平衡表现。Valve Index 能在高帧率下保持色彩逼真的高分辨率图像，镜片以自定义双元件设计为特色，位置略倾斜，可使视野达到最大化，且保证全面清晰度。与 Facebook Oculus 系列头显不同，Valve Index 的产品定位更倾向于高端 VR 玩家。

2. 内容与场景

（1）自研 VR 游戏 *Half-life: Alyx*

Half-life: Alyx 是严格意义上的第一款专属于 VR 的 3A 级大作，对 VR 游戏行业具有里程碑意义。之前市面上流行的 VR 游戏多是像 *Beat Saber* 类的休闲类游戏，也有一些较为大型的游戏如 *Boneworks*、*The Elder Scrolls V: Skyrim*，在细节优化及玩法创新上仍有欠缺，对硬件和内容带动作用不甚明显。*Half-life: Alyx* 代表着现阶段 VR 游戏所能达到的最高水准，或奠定了 VR 游戏未来几年的基本形态。例如游戏中加入了远超以往游戏设计中使用键盘、鼠标和手柄无法达到的游戏交互场景，简化和流畅化射击动作；加入真实场景中的动作如换弹夹、

第五章 元宇宙全球产业地图

表 5-21 Valve 元宇宙布局

硬件及操作系统	后端基建	底层架构	内容与场景	人工智能	协同方
Valve Index			自研 VR 游戏：Half-life:Alyx 全球游戏平台：Steam VR		

291

翻找物品等更加贴合真实场景,极大程度上增强玩家的沉浸感。此外,Valve Index 与 *Half-life: Alyx* 捆绑销售,带动 Valve Index 在多地区售罄。*Half-life: Alyx* 上线前最后一周,Valve Index 设备再次登顶销量排行榜。

(2)全球游戏平台 Steam VR

SteamVR 平台自 2016 年正式启动以来,VR 游戏数量基本按照每年新增 1 000 款的速度稳步增长,它现已成为 VR 游戏最大的内容库与中心区之一。Steam VR 快速建立起以平台的关键竞争要素为内容壁垒。相较其他平台,Steam 在内容上主要有三方面优势:一是 Steam VR 背靠全球最大的游戏社区 Steam,通过用户的评价反馈可以快速筛选出最优质内容;二是 Steam VR 平台对独立开发商政策友好,VR 游戏发展初期需要大量独立开发商作为主要的内容生产动力,目前 Steam VR 平台中近八成 VR 游戏来自独立开发商;三是 Steam 有强大的自研实力,Valve 以端游研发出身,相较纯硬件商转型做平台,具备更强的第一方内容优势。根据官方数据,截至 2020 年年底,Steam VR 的会话数量达到 1.04 亿次,新增用户人数达到 170 万(初次使用 Steam VR 的用户数量),VR 游戏时间同比增加 30%。

第三节 全球全方位产业地图

一、需求端与供给端的双视角

我们在《元宇宙通行证》中,引用了元宇宙产业价值链与图谱详解——据研发工具商 Beamable 公司创始人乔·多拉夫（Jon Radoff），元宇宙市场的价值链可划分为七层：体验（Experience）、曝光（Discovery）、创作者经济（Creator Economy）、空间计算（Spatial Computing）、去中心化（Decentralization）、人机交互（Human Interface）、基础设施（Infrastructure）。这一价值链包含从用户端（需求端）寻求的体验到能够实现这种体验的科技，并提出由创作者支撑的方法论，以及建立在去中心化基础上的未来元宇宙愿景。

元宇宙入局方按照七层价值链[①]，可被划分到相应的产业图谱。入局公司现有的投资和未来的决策将决定元宇宙真正的发展方向——是一个提供最丰富体验、靠它谋生的创作者推动的世界，还是由下一代守门人及抽租者定义的新平台？

图 5-3　元宇宙产业图谱（按照价值链划分，基于需求视角）

---

① Jon Radoff. The Experiences of the Metaverse [Z/OL]. (2021-06-04). https://medium.com/building-the-metaverse.

本书将给出投资角度的产业版图。元宇宙入局方按照六大投资版图同样可划分成为对应的产业图谱。这一产业图谱是从供给端出发——硬件入口、后端基建、底层架构、人工智能到内容/场景，以及繁荣整个生态的协同方。

图 5-4　元宇宙产业图谱（按照投资版图划分，基于供给视角）

资料来源：安信证券研究中心。

二、全球各区域特色与差异

元宇宙的发展现状，以美国和中国为主占据优势，其次是日本和韩国。中、美、日、韩元宇宙发展与布局各有千秋。美国有超强的技术研发的领先优势，中国拥有最大的市场和仅次于美国的技术优势，日本有丰厚的 ACG 产业基础与 IP 储备，韩国由政府引领、偶像工业驱动。

表 5-22　中美日韩四国元宇宙发展对比

	技术发展度	资本活跃度	产业健全度	政策支持度	市场规模
美国	★★★★★	★★★★★	★★★★	★★★★★	★★★★
中国	★★★★	★★★★★	★★★★	★★★★★	★★★★★
日本	★★	★★	★	★★★★	★★
韩国	★★★	★★	★	★★★★	★★

目前世界各国都把 VR/AR 产业上升到国家战略级高度，目前中国、美国、日本、韩国和欧盟等，都在加大政策扶持力度，引导虚拟现实产业的快速发展，以获取未来的领先地位。在我国，各级政府积极推动虚拟现实发展，虚拟现实已被列入《"十三五"国家信息化规划》《中国制造 2025》等多项国家重大文件中，工信部、发改委、科技部、文化和旅游部、商务部出台相关政策。

表 5-23　中美日韩四国虚拟（增强）现实政策支持[1]

美国	中国	日本	韩国
（1）2017 年确保美国国会层面对虚拟现实产业发展的支持和鼓励；（2）提供财政预算、相关的研究项目，并应用；（3）较早期就在军事训练中使用 AR/VR 技术	国家级战略支持，"十三五"规划和"十四五"规划里都作为核心发展的高新科技领域	《创新 25 战略》《科学技术创新综合战略 2014——为了创造未来的创新之桥》	培育本国虚拟现实产业，重点在于确保原创技术研发和产业生态完善方面

---

[1] LS 邈邈道人. 虚拟现实革命前夕：第四次工业革命的钥匙之一——VR&AR 深度行业研究报告［R/OL］.（2020-08-30）. https://zhuanlan.zhihu.com/p/209205925, 2020-08-30.

1. 美国：元宇宙概念的开拓者，着眼于功能性平台[①]

"元宇宙"概念的火热源于游戏行业的一次出圈的表演，即《堡垒之夜》中 Travis Scott 举办的虚拟演唱会，紧接着 Epic Games 创始人蒂姆·斯威尼（Tim Sweeney）正式抛出了"元宇宙"这一概念。Roblox 上市后，首次将"Metaverse"一词写入招股说明书，一举吸引了资本市场的高度关注。时隔不久，Facebook 创始人扎克伯格高调宣布进军元宇宙，计划五年内将 Facebook 转型为一家元宇宙公司，将元宇宙概念送上风口浪尖。

美国对元宇宙的关注点集中于基础设施与功能性平台，典型案例包括 Facebook 的 VR 设备与社交平台、Roblox 的 UGC 平台、Unity/Epic Games 的游戏开发引擎、Nvidia 的 Omniverse 硬件底层、Microsoft 的操作系统、Decentraland 的经济系统等。从投资角度看，美国 Roundhill Ball Metaverse ETF 的成分股将算力、云计算作为投资核心，同时相比元宇宙概念游戏更侧重于支持游戏研发的游戏平台。

2. 中国：元宇宙最大的潜在市场，强调沉浸式应用[②]

我国占据移动互联网的最大市场，拥有全球最大的移动网民规模。未来，伴随互联网用户的迁徙惯性，我国也将成为元宇宙最大的市场。元宇宙概念自美国兴起后，我国科技企业迅速跟进，以腾讯、字节跳动、华为、阿里巴巴等为代表的巨头整合资源优势，迅速反应

[①][②] 程实. 元宇宙投资解析［Z/OL］.（2021-09-22）. http://chinacef.cn/index.php/index/article/article_id/ 8436.

布局,以网易、米哈游、莉莉丝等为代表的游戏企业升维游戏场景,靠近虚拟世界,A股游戏公司中青宝、宝通科技、汤姆猫等宣布开发元宇宙概念游戏……

我国落子于元宇宙的沉浸式应用,当前阶段关注"to C"的体验与可能的应用场景,典型案例包括腾讯的多元化业务,字节跳动的全球化分发,以及网易、米哈游、莉莉丝等构建的虚拟世界。Wind最新发布的A股元宇宙指数显示,游戏和消费电子(包括但不限于VR/AR)是当之无愧的投资焦点。

3. 韩国:政府强力引领,偶像工业驱动[①]

(1)政府成立牵头"元宇宙联盟",配套产业培育支援计划

2021年5月18日,韩国信息通信产业振兴院联合25个机构(韩国电子通信研究院、韩国移动产业联合会等)和企业(LG、KBS等)成立"元宇宙联盟",旨在通过政府和企业的合作,在民间主导下构建元宇宙生态系统,在现实和虚拟的多个领域实现开放型元宇宙平台。元宇宙联盟具有以下特点:

- 共同遵守"元宇宙Hub"协议;
- 结合旗下企业各自的优势,共同发掘具有商业前景的元宇宙项目;
- 联盟内部成员之间共享有关元宇宙趋势和技术相关的信息;
- 成立咨询委员会避免道德与文化的问题;

---

① 清华大学新媒体研究中心.2020—2021年元宇宙发展研究报告[R/OL].(2021-09-16). https://mp.weixin.qq.com/s/CA73cnbBFeD60ABGzd2wIg,2021-09-16.

- 科学和信息通信技术部将提供支持。

同时，韩国数字新政推出数字内容产业培育支援计划，共投资2 024亿韩元（11亿16 000万元）：XR内容开发支援473亿韩元；（2亿7 000万元）；数字内容开发支援156亿韩元（8 900万元）；XR内容产业基础建造支援231亿韩元（1亿3 000万元）；数字内容企业基础建造支援186亿韩元（1亿600万元）；人才培养支援107亿韩元（600万元）；支持数码内容进军海外支援119亿韩元（6 800万元）；数码内容基金投资支援200亿韩元（1亿1 000万元）；公共环境建造支援15亿韩元（9 000万元）。

（2）三星、SK telecom、NC soft、ZEPETO等民间企业主导发力

①三星（SAMSUNG）

Relumino Glass：三星为视觉障碍人士开发的VR眼镜。有角膜混浊症状的人戴上与Reumino应用程序联动的VR机器可以看到更清晰的轮廓。该软件还有折射障碍和高度近视矫正效果。

"人工智人"（Artificial Human）项目NEON：于2020年国际消费类电子产品博览会（CES 2020）上正式展出，它能像真人一样快速响应对话、做出真实的表情神态，且每次微笑都不尽相同。它可以构建机器学习模型，在对人物原始声音、表情等数据进行捕捉并学习之后，形成像人脑样的长期记忆。

② SK telecom

JUMP AR：基于AR的App，可以设计自己的AR形象并放置

在现实场景中拍摄照片、视频，还与众多 K-POP 明星联名推出明星的 AR 形象，使用体积视频捕捉技术（Volumetric Video Capture Technology），允许用户与偶像随时随地合影留念。

③ NC soft

UNIVERSE：游戏企业 NC soft 推出的元宇宙平台。特别为 K-POP 粉丝们提供了服务，如"Private Cal"，用户可以收到深度学习生成的艺人的语音信息。此外还可以自由装饰偶像成员的 3D 角色、跳舞等动作。

④ ZEPETO

ZEPETO 目前拥有 2 亿名使用者，其中 90% 来自海外，80% 的用户是 10 多岁的青少年。2020 年 9 月，ZEPETO 上举行了韩国偶像 BLACKPINK 的虚拟签名会，超过 4 千万人参加。2020 年 10 月、11 月，BigHit 和 YG、JYP Entertainment 等对 NAVER 进行了 170 亿韩元的投资，标志着娱乐业大规模进军元宇宙。

ZEPETO 还与时尚名牌 GUCCI、NIKE、Supreme 等时尚大牌制作了系列联名虚拟产品。ZEPETO 开设了首尔创业中心世界展示首尔 64 家优秀创业企业和首尔市的创业支持政策。

韩国旅行公司 TRAVOLUTION 在 ZEPETO 上开展的"首尔 PASS"活动，开辟连接虚拟空间和现实生活的营销方式。

4. 日本：ACG 产业积累深厚，IP 资源丰富[①]

（1）虚拟世界 + 社交网络

日本社交网站巨头 GRE 将以子公司 REALITY 为中心开展元宇宙业务。预计到 2024 年它将投资 100 亿日元（约 5.9 亿元），在世界范围内发展 1 亿以上的用户。该公司认为，并不是只有 3D 画面才能叫虚拟世界，让用户感受到社会性的机制更为重要。好的元宇宙应该向用户提供有助于构建人际关系、长时间停留在虚拟世界的机制。

（2）发挥日本动漫文化的影响力

① Avex Business Development

2021 年 8 月 5 日，Avex Business Development 跟 Digital Motion 成立 Vitual Avex，计划促现有动漫或游戏角色，举办虚拟艺术家活动，以及将真实艺术家演唱会等活动虚拟化。

② Cluster

Cluster 主打 VR 虚拟场景多人聚会，用户可以自由创作 3D 虚拟分身和虚拟场景，在演出活动中，嘉宾可以在房间内连麦发言、登台演讲、播放幻灯片或视频，而普通观众则以发表文字评论、表情和使用虚拟物品来进行互动。

③任天堂《动物之森》

2020 年 3 月，任天堂发布《动物之森》系列第 7 部作品，与之前的《动物之森》系列相同，每个用户占据一座荒岛，可以访问其他用户的岛屿，也可以设计自己的衣服、招牌等道具。2021 年 9 月，

[①] 清华大学新媒体研究中心. 2020—2021 年元宇宙发展研究报告［R/OL］.（2021-09-16）. https://mp.weixin.qq.com/s/CA73cnbBFeD60ABGzd2wIg.

全球顶级 AI 研讨会议（Animal Crossing AI Workshop，ACAI）在《动物森友会》上举行研讨会。

（3）日本元宇宙平台 Mechaverse

日本 VR 开发商 Hassilas 公司正式宣布其最新元宇宙平台——Mechaverse，该平台无须用户注册，就可以通过浏览器直接访问，商务用户可在此平台上快速举办产品发布会，并为参会者提供视频介绍和 3D 模型体验。Mechaverse 平台单一场景最多可同时容纳 1 000 名用户，提供的服务包括虚拟音乐会、虚拟体育场等常见项目。

第六章

元宇宙中国之崛起

序号	外国故事	中国故事
1.	《头号玩家》(*Ready Player One*)	庄生晓梦
2.	《少数派报告》(*Minority Report*)	黄粱一梦
3.	《阿凡达》(*Avatar*)	凉州梦
4.	《钢铁侠》(*Iron Man*)	《红楼梦》
5.	《无敌破坏王》(*Wreck-It Ralph*)	《夏洛特烦恼》
6.	《#恐怖》(*#Horror*)	《你好，李焕英》
7.	《致命录影带》(*V/H/S*)	
8.	《智能房屋》(*Smart House*)	
9.	《她》(*Her*)	
10.	《雷神》(*Thor*)	
11.	《黑客帝国》(*The Matrix*)	
12.	《末世纪暴潮》(*Strange Days*)	
13.	《超体》(*Lucy*)	

第一节　中国文化土壤或更适配元宇宙精神

中国版本的元宇宙更值得期待，原因在于中国文化土壤着眼于扩大人的世界观后，修正价值观进而改变人生观，较西方文化更有普世价值。

我们从中国神话与西方魔法之间的对比来看东西方文化的差异。

第一，从目的来看，东方神话追求普度众生之境；而西方魔法追求自我强大。中国传统神话故事中，成功的修真者一般具备高尚的品性，通过修行、行善、渡化后成神，然后再去普度众生，而在西方魔法世界中，人们学习魔法的目的是实现自我力量的强大，进而追求毁灭力、杀伤力，将魔法作为一种达到目的的工具。

第二，从身体素质来看，中国神话中的仙或神寿命极长，且会随着修炼等级境界的提升而增长；而西方魔法师的寿命往往较为短暂，有时还需借助其他手段或宝物，如魔法石。一般认为东方仙术的力量寄居在修习者体内，不能脱离修习者而发挥作用；而西方魔法的力量多来自外界，如借助水晶球、魔杖等道具，魔法修习者本身具备的力量有限。

第三，从精神境界来看，中国神话传统上认为修炼应该是一种生命本质的升华，法力与心境的进步是同步的，是一种感知、思维模式、性情等全方位的进化。中国的神话传说往往富有浪漫主义色彩，它们的产生都是伴随着强烈的民族情绪和时代特征；而西方魔法则大多数追求自我力量的强大，具备强烈的个人英雄主义色彩。

第四，从术式或介质来看，中国神话中的人施放法术以阴阳五行、八股为基本，讲究变化，各种术式没有固定的使用限制。西方魔法一般以风、火、地、水为基本元素，各种魔法术式对应单一的魔法属性，当然不同术式可以排列组合，形成复合型术式，且施法者对介质依赖较强，比如借助魔杖。

综合来看，西方魔法与中国神话相比，前者与后者不在同一个境界层次。中国神话所呈现的是一个完整的宏大世界观，具备完备的体系；而西方魔法更像是现实世界的延伸，或者是说人能力的延伸，并不能独立构成一个体系。中国的庄生晓梦与美国的头号玩家，即是完备体系与能力延伸的故事呈现。

第二节　元宇宙在中国的投资洼地：高端制造、智力资源

元宇宙的建设是一项系统性的工程，是多方产业、多业态的协同。在本节，我们从较为宏观的角度，在通往元宇宙最终形态的路上，探讨中国企业最契合的发展脉络或受益方向，也是资本的投资洼地——未来潜在收益空间更大。国内也有众多企业在六大版图上各自发力，其中我们认为真正能够顺应产业和科技发展趋势而实现弯道超车的细分，大概率是与高端制造、智力资源方向相关。

首先，我们需要洞察全球经济的大格局演变，今天中国创新已经处于不一样的格局。2020年是一个分水岭，人类历史一定程度上是由黑天鹅事件决定的，小概率事件影响很大。2020年的全球新冠肺炎疫情加速了诸多产业的进程，使得本来可能是十年后，甚至是二三十年后发生的事情，全部拉近加速了，比如数字化进程、开拓生命科学新前沿、发展可持续能源、全球中心向亚洲转移。

以上四个大趋势正在加速，尤其是中国过去三十年的经济高速发展，创造了人类历史上的奇迹，基本上是由开放市场在驱动。那中国的下一个三十年由什么驱动？接下来中国的发展主旋律大概率是靠新技术驱动。可以预见的是，中国未来十五年内大概率会成为全球GDP第一，原因在于中国社会经济环境，有独特于其他国家的优势。这是历史上最大的一次市场机会。

相较于美国，中国在社交、"to C"端应用方面优势显著，美团、拼多多、抖音视频直播、京东物流、滴滴出行、共享单车、移动支付等，这些都是特有的中国式创新。

以上中国式创新得益于国家基础设施建设的规模化应用普及。经济繁荣需要扩大教育和生产规模，为此需要进行基础设施建设，道路、桥梁、港口、机场、码头、水利、电力等基础设施到位后，每个人在社会中生存、发展的交易成本就会降低、交易半径就会扩大，生产规模就会扩大，进而经济的规模效应就会出现。

基于以上背景，我们有理由认为，中国式创新还将保持领先，并且有能力输出到国外。中国式创新溢出到北美之外的地域更容易，如东南亚、非洲、拉美等。目前中国市场环境下，还有新基建、"十四五"规划，以及"双循环"这个大盘。总体来说，中国今天的大盘面从创新的角度来看有非常独特的机会。

一、高端制造的弯道超车

按照工业核心竞争力，全球经济呈阶梯状发展：第一层次为美国；第二层次为日本、德国，汽车产业链很鲜明；第三层次为韩国，智能手机产业链很鲜明；第四层次为中国；第五层次为东南亚，正在形成很鲜明的快消品产业链。

纵观当今世界的国力对比，中国与西方国家之间（主要为美国）的差距正在缩小。从具体的国力指标来看，中美在许多指标上各有胜场。比如在制造业的增加值、商品和服务的总出口量、中等收入群体规模、互联网用户人数、线上经济 B2C 市场规模、高铁、5G、数字货币技术等方面，中国已经或者正在赶超美国。西方国家也在以下领域领先我们，如品牌消费品、人工智能领域的论文数量和技术水平、药品和化学工程、高级机床和芯片等高科技产品的设计生产能力等。

围绕工业核心竞争力的阶梯状发展来看，除了前文所述的中国式创新，中国未来的创新主干是自主的高端制造或智能制造，我们梳理了三条逻辑线：一是围绕智能手机或其他可穿戴设备产业链，二是围绕新能源和新能源汽车产业链，三是围绕"国产替代"的高端制造或智能制造行业。

首先，智能手机或其他可穿戴设备为互联网的流量入口，中国要成功构建自己自主的产业链，以实现对韩国的赶超。目前国内已有领先的公司，如华为、小米。

比照 Apple 产业链，在元宇宙产业方向上，我们认为 XR 高端制造的产业链受益确定性最强。目前 Apple 是全球市值最高的公司。在移动互联网初期，Apple 在 2007 年发布第一代 iPhone，正式开启了智能手机时代，成为智能手机的领跑者。智能手机换机潮以及可穿戴设备（耳机、手表）的持续火爆，是 Apple 业绩大涨与股价持续创新高的主要原因，最终发展成为全球的消费电子龙头。

Apple 的崛起很大程度上也带动了上下游产业链的快速发展，即这些年围绕 Apple 产业链的公司受益性非常强。从产业链价值分布来看，Apple 系列（iPhone、MacBook、iPad 等）一直以来是全球代工的经典产品，即 Apple 负责产品设计、核心处理器研发、技术监控和市场销售，而大部分的生产、加工环节都以委托生产的方式外包给全球各地的制造商。美国也有很多企业属于 Apple 产业链，如 Apple 手机中的摄像头模组、PCB 线路板、触控马达、玻璃盖板、精密连接器等都由美国供应商供货。

基于以上逻辑推演，下一个元宇宙时代会带来 XR 新硬件，就如同智能手机对 PC、传统手机的替代一样，新硬件将带来新机会，围绕 XR 产业方向的高端制造产业链确定性最强。

其次，在汽车产业链领域，有两大变量：一是智能化，二是新能源。欧洲和日本汽车工业走的技术路线是为汽车加智能辅助驾驶系统；美国特斯拉汽车工业走的思路是，汽车作为一个真正能移动的智能设备，属于原生的智能新能源汽车，是多产业完美结合的最高度集成的科技结晶。而中国汽车工业的技术路线是新能源汽车，中国的光伏新能源产业链全球第一，中国的特高压电网产业链也是全球第一。中国的土壤孕育出了的宁德时代、比亚迪、北汽新能源等新能源企业。

最后，至于高端制造或智能制造，这是我国未来经济发展的主旋律。2021年7月30日的十九届中共中央政治局召开会议，强调了要强化科技创新和产业链供应链韧性，加强基础研究，推动应用研究，开展补链强链专项行动，加快解决"卡脖子"难题，发展"专精特新"中小企业。另外，9月13日，工信部在国新办发布会上表示，中小企业创业创新十分活跃，专业化水平持续提升，已培育4万多家"专精特新"企业、4 700多家"专精特新小巨人"企业、近600家制造业单项冠军企业。

短短2021年下半年时间以来，高层频繁强调"专精特新"和中小企业，背后的原因在于，中国制造业"大而不强"一直是亟待解决的问题。虽然中国正在主导新能源领域全球产业链，但是在一些更高端的制造领域，比如高级机床、关键基础软件、关键基础材料等，特别是芯片等"卡脖子"的关键技术，中国与欧、美、日、韩的差距还比较大。这有待补短板、锻长板，加强基础技术创新。我国经济发展到当前这个阶段，科技创新既是发展问题，更是生存问题。从工信部的评选标准上看，"专精特新"中小企业主要位于国家重点鼓励发展的重要制造业行业中，从而符合当下的产业投资趋势。

目前我国在高端制造领域的竞争力进步显著，国内的一些企业在某些领域中开始/已经具备了与国际品牌相抗衡的能力，具体体现是国产替代潮已经开启。

所谓"国产替代"，就是以国内生产替代进口，一般指的是国内企业生产的产品对国外企业生产的具有一定科技含量的产品的替代。国产替代大多是发生在具备科技含量的、被国外所垄断的行业，比如芯片、汽车零部件、医疗器械、特种材料等领域，在替代之前国内企业无法生产同类的产品或只能生产低端的、低附加值的产品。高端制造的国产替代正是当下中国经济不可逆转的发展方向和趋势，也是未来几年市场非常重要的投资方向。

二、智力资源的弯道超车

生产与消费共同构成了中国的经济主干。一方面，要发展高端制造，进行高科技、高附加值的经济活动，则需相应投入高研发，加强基础科研、基础教育，或者加强以工程师资源、知识产权为代表的智力资源；另一方面，中国制造的升级也会推动消费服务的升级，进一步扩大内需消费，中国式创新（如直播电商向农村地区进一步下沉和渗透）及中等收入群体的规模的扩大，预计会进一步放大国内消费市场规模。

现阶段，我们认为中国在智力资源领域有两大红利优势：一是工程师红利，对应后端基建与核心技术，目前国家政策与资金层面已进一步到位，预计未来中国相对于美国将有更快的技术进步、产业升级；二是创意红利，对应内容消费端，有望进一步强化中国式创新的优势，最直观的感受是近几年文化自信显著提升。

中国科技发明正呈现繁荣之势。翟东升教授在其所著的《平行与竞争》一书中提到，正是因为中国培育出了全球最大的消费市场，在各个制造业领域逐步完成了资本与技术积累，所以近年来国内的科技发明呈现出繁荣之势：每年国人发表的科研论文数量超过美国，深圳成为全球硬件创新中心，华为等大公司名列全球创新企业前列。[1]

---

[1] 翟东升. 平行与竞争[M]. 北京：东方出版社，2021.

互联网革命时代，中国互联网或科技行业的快速发展，也孕育出一些具备国际竞争力的头部企业，吸引了一大批中国顶尖人才留在国内。过去中国地方政府热衷于招商引资，即抢产业资本，但近几年出现了转变，全国各大城市纷纷从抢资本转向抢人，尤其是抢高学历的年轻人。正因如此，最近十多年中国的专利和创新产品才有后来居上之势。

中国经济正迎来工程师红利驱动时代。与此同时，大专院校扩招政策成果显著，国内每年有470万人左右的理工科毕业生，约等于美国、欧盟、日本、俄罗斯、印度等经济体理工类毕业生总人数，且国内大专院校的教学质量也在稳步提升。如此巨大规模的年轻工程师和高级技工的供给，将给中国经济带来新一轮的工程师红利，有效提升中国可贸易品的设计品质、产品质量和用户体验，也会带来一大批有品位、挑剔的中产消费者。从各国工程师的横向比较来看，在存量方面，美国、欧盟、日本仍然有优势，但在增量方面，中国则占上风；在工程师技能方面，美国、欧盟、日本仍有优势，但在数量方面，中国则占上风。

根据翟东升在其书中所述，我们总结来看，中国受过高等教育或者拥有类似劳动能力的中等收入群体持续扩容且具备压倒性的数量优势，近年来国内的科技发明呈现繁荣之势，以及巨大规模的年轻工程师和高级技工的供给，带来了人才资源红利的底气。以上都体现了我国智力资源正在发挥巨大的优势作用，我们也看到了中国式创新正在影响着全球经济格局。

中国正迎来创意红利，"国产替代"的不只是技术端，还有消费端。现今国产替代大潮已涌入诸多行业，除了技术领域的国产替代有助于提升中国综合国力和国际话语权之外，内容消费领域的"国产替代"也越来越受到消费者热捧。中国正迎来创意红利,最直观的体现就是民族文化自信显著提升,如中国文化与产品出海、中国手游行业全球领先、国潮兴起。

TikTok 火到国外。继打压华为、制裁中兴之后,2020 年 7 月美国对 TikTok 的打压力度不断上升,甚至美国官方政府表示要对 TikTok 进行封杀。在 TikTok 被封杀前,它曾一度跻身全球应用下载榜前十,自 2017 年 9 月 TikTok 出海以来,迅速在美国、泰国、日本等亚洲市场火爆起来,短短三年内 TikTok 就在全球 150 多个国家地区,拥有了超过 20 亿次的下载量(不包括中国下载量),TikTok 无疑是近年来中国互联网出海领域很成功的产品之一。美国所谓的封杀 TikTok 的理由是出于"国家安全"考虑,但背后其他原因有可能是因为它作为软文化的输出平台,对美国的文化造成了影响,同时也对本土竞争对手企业造成了威胁。其实 Facebook 早已推出同类短视频应用 Lasso,但投入市场后不敌 TikTok,经营数据表现惨淡。从另一个角度来看,TikTok 在美国被封杀,也正说明了在内容社交领域,中国公司的影响力也在增强。

近两三年,中国游戏海外发行表现极为耀眼,已成为新型文化输出载体。近几年,中国游戏厂商在全球市场上表现非常突出,过去四年里中国出海手游市场份额稳步攀升,至今约占全球手游市场份额的四分之一,已跻身为世界第一,预计中国将一直在手游领域处于领先地位,中国手游也会成为中国对外文化输出的一部分。根据 Sensor Tower 数据显示,2021 年上半年全球手机游戏总收入达 447 亿美元,全球手游收入 Top10 榜单上中国手游包揽前三位,分别是《王者荣耀》《绝地求生(手游版)》《原神》。2021 年 9 月中国手游发行商TOP100中的39家中国厂商，合计收入为25.2亿美元，占全球TOP100手游发行商收入的41.5%，收入和占比均创历史新高。

泡泡玛特（POP MART）让潮流玩具也可以传播中国文化。过去，在追求创意的玩具行业中，中国制造大多是代工的角色，很少有自己的原创火爆产品。不过现在，这一局面正在被一家新兴崛起的中国潮流玩具商所打破，即泡泡玛特。其所代表的并不是传统意义上的儿童玩具市场，而是势头迅猛的潮流玩具。目前泡泡玛特已经走向海外，其主推的盲盒已经进驻泰国、新加坡、马来西亚、日本、韩国、美国等海外市场，以热门潮玩IP逐渐带领中国潮流玩具在国际市场上崭露头角，展现中国创意与文化。正如泡泡玛特联合创始人兼副总裁司德所说："这也是在向海外市场展示，中国产品向海外市场的输出，不只是相对低端的代工产品，中国也可以做出一些有艺术和设计的潮玩产品。"

从游戏到泡泡玛特，我们可以看到中国的创意正在全世界崭露头角。目前我国已是全球第二大经济体，对世界经济格局影响深远，但中国在文化领域的影响力远落后于经济影响力。我们认为中华文化的复兴是不可逆转的趋势，近几年兴起的传统文化热足以证明，中国传统文化的存在感越来越强，这些文化正在以各种方式走入大众的视野和生活，甚至输出到海外，中国创意红利才刚刚开始。

第三节　中国元宇宙产业地图

目前海外互联网和科技巨头对于元宇宙的布局路径较为清晰，前瞻性布局上下游产业链，如 Facebook 大力押注元宇宙，收购 Oculus 布局 VR 领域，并推出 Horizon 发力 VR 社交平台；Epic Games 融资 10 亿美元发力元宇宙，推进在虚幻引擎领域的发展；计算巨头 Nvidia 和游戏平台 Roblox 等均凭借自身资源禀赋在不同方向上大展身手。

相较于海外大厂，国内对元宇宙布局的路径正在形成。我们认为元宇宙在国内机会与空间非常广阔。在通往元宇宙终局的路上，我们结合当下中国经济形势，以及中国产业特征及所具备的优势，系统梳理了元宇宙在中国的投资方向，除了关注一些国内巨头布局元宇宙（前章节已梳理）之外，重点关注以下四个细分赛道的具有资源禀赋及先发优势的国内公司，同时我们也给出了受益程度的优先顺序。（见附后彩页元宇宙的中国版图）

一、高端制造领域的 XR 产业链受益确定性最强

XR 新硬件之于元宇宙，如同智能手机之于移动互联网，元宇宙将带来 XR 新硬件，新硬件将带来新机会。比照 Apple 产业链，在元宇宙产业方向上，我们认为 XR 高端制造的产业链受益确定性最强。围绕 XR 核心器件及其他硬件方重点关注以下公司：

- 显示：京东方、TCL 科技、深天马 A、鸿利智汇、维信诺等；
- 光学：舜宇光学、韦尔股份、格科微、蓝特光学、联创电子、水晶光电、高伟电子、玉晶光等；
- 模组：歌尔股份、长盈精密、利亚德、惠牛科技等；
- 其他：瑞声科技、国光电器、蓝思科技、领益智造、欧菲光、

鹏鼎控股、兆威机电、欣旺达、超图软件、影创科技、亮风台、MAD Gaze、光粒科技、影目科技、佳禾智能、万魔声学等。

二、工程师红利视角下，看好人工智能、国产替代芯片、算法与云方向

智力资源领域的其中一个优势是中国正迎来工程师红利，对应后端基建与核心技术，目前国家政策与资金层面已进一步到位，预计未来中国相对于美国将有更快的技术进步、产业升级。在元宇宙的后端基建与底层技术领域，我们看好国内企业在人工智能领域的发展，其次为芯片、算法与云。

- 人工智能：百度、小米、商汤科技、旷视科技、云从科技、依图科技、科大讯飞等；
- 算力芯片：全志科技、上海贝岭、瑞芯微等；
- 算法与云：阿里云、腾讯云、百度云、华为云、优刻得、金山云等。

三、创意红利视角下，内容创意型及新型社交公司有望受益

元宇宙作为注意力的终极杀手，从刚出现开始就会一直不断的尝试抢夺用户时长，达到中期阶段一定会出现现象级的新内容加速吸引用户注意力，用户基数、使用时间、ARPU值大幅增长。相较于其他国家，中国具备领先的5G基建、数字化建设，且在创意红利背景下，

中国"to C"端内容消费优势逐渐凸显。此外,中国互联网最突出的基因是社交,社交基因有望在元宇宙中进一步强化。

- 游戏内容:腾讯、网易、米哈游、莉莉丝、宝通科技、汤姆猫、中青宝等;
- 视效内容:爱奇艺、芒果超媒、恒信东方等;
- 社交:腾讯、抖音、快手、哔哩哔哩、赤子城、Soul 等;
- "to B"端应用:视觉中国、丝路视觉、风语筑等。

(文中提到的公司,仅为学术探讨所用,不构成任何推荐)

第七章

全球投资脉络下的元宇宙价值

人性分为三部分。

天性：从生物学或心理学角度来看，具有天性。

德性：与后天相关的教育、磨炼、修养，以成为有别于其他生物的存在。

神性：人性中升华的部分，大无畏的精神、有担当的风骨。

在《西游记》里，"顺风耳""千里眼"是神仙的特异功能，但今天科技已经帮助人类实现了"顺风耳""千里眼"。从这个角度，技术和宗教在人类历史上发挥着相似的作用，但这个世界可能有科学发现不了的力量，信奉善恶与因果，科技也应如此。所谓科技向善，根本上取决于人性向善。

第一节　元宇宙是未来最宏大的全球叙事

关于元宇宙,科技领域一致推崇《三体》中描述的人类梦想——星辰大海。元宇宙是星辰大海的一个选项。元宇宙的定义及其在国内外科技圈的共识决定了元宇宙投资是全球最宏大的叙事。

所谓"宇宙",本身就预示着宏大,这是现有的VR场景不可比拟的。人们憧憬的新世界,正是这样一个容纳了全人类的、真实与虚幻场景的、历史与未来的时空的多维宇宙。元宇宙的本质是"体验"的数字化,元宇宙的终局是"生物与数字的融合",在本质与终局的牵引下,元宇宙必将集成最多的前沿技术。

投资元宇宙,本书给予的六大版图,背后的"龙骨"在于元宇宙所必须的技术支持[①]:

- 可穿戴设备的技术性支持,源于对PC、手机等设备的替代——对于沉浸、拟真体验而言,目前的PC、手机等设备仍不能完美还原真实世界中的感官体验,且受硬件所限,拟真度进步的空间很小。若要承担元宇宙的入口重任,唯有依赖能够实现3D显示、大视场角、直观体感交互的XR头显设备。

[①] 秒懂IT.元宇宙——如何从概念走向产业[Z/OL].(2021-09-18). https://baijiahao.baidu.com/s?id=1711229568164598493&wfr=spider&for=pc.

- 云计算的技术性支持，源于云原生的需求——终端设备的体积约束了它的算力，元宇宙的大量运算必须基于云设施，如云端 GPU 渲染优化了算力、改善了画质，能降低对用户终端设备的配置要求。元宇宙的运行特质决定了它应该是云原生的，满足即点即玩、线上更新、云上弹性调配算力等。

- 高速通信的技术性支持，源于低延迟的体验需求——元宇宙为了满足用户高实时、低时延的极致体验，实现用户随时、随地接入高清画质的传输需求，需要高带宽、低时延、广连接的技术，这些特性正是 5G 通信所具备的。当下的通信技术走在了用户需求之前，元宇宙提供了未来广泛的的应用场景。

- 区块链的技术性支持，撑起了元宇宙的经济系统——区块链的去中心化、不可篡改性、唯一性等特征，为元宇宙实现虚拟资产变现、跨宇宙流动等需要提供技术保障。

- 数字孪生的技术性支持，将实现高度仿真——数字孪生利用物理模型、传感器更新、运行历史等数据，在虚拟空间中完成映射，从而反映相对应的实体装备的全生命周期，数字孪生技术将为元宇宙提供高度仿真的场景及模型。

- 人工智能的技术性支持，提供了各环节上的部分生产力——正如物理世界我们需要机器人一样，为了在元宇宙中实现模拟现实世界的即兴体验，需要生成人工智能体（大量鲜活的 AI 人物与场景）。同时元宇宙中兼容无数的故事同时上演，需要 AI 自动生成内容；

- 量子计算的技术性支持，源于海量用户的并发需求——元宇宙能不能实现超多用户在线，最终离不开量子计算的支持。

第七章 全球投资脉络下的元宇宙价值

本书给予的元宇宙投资六大版图必将同步运行于不同的发展阶段，但在不同的发展阶段，呈现出来的投资价值，从配置的角度所赋予的权重不同：

- 当下混沌期，爆款内容先行。爆款内容大概率发轫于游戏，元宇宙的虚拟性使它天然适合游戏，同时游戏也有元宇宙需要的最成熟的用户、盈利模式，当下 Roblox 已经迈出了重要一步——世界最大的多人在线创作游戏，它兼容了虚拟世界、休闲游戏、自建内容，游戏中的大多数作品都是用户自行建立的。从 FPS、RPG 到竞速、解谜，全由玩家操控那些圆柱、方块形状组成的小人们参与、完成，吸引玩家的月活数据超 1 亿。同时在 Roblox 中，玩家拥有"币权"——利用 Roblox Studio 创作的作品获利，游戏平台上流通的虚拟货币 Robux 是可以直接转换成现实货币的。

- 爆款内容带来的剧场效应，在下一阶段将跃迁到社交。仍以 Roblox 为例，它的意义远远超出游戏领域，正在成为朋友聚会的另一个场所，即另一种形式的社交媒体，甚至未来对社交平台产生明显的竞争效应；Facebook 创始人扎克伯格认为自家的 VR 社交平台——Facebook Horizon，其开发周期比此前预计的要长，但仍对其寄予厚望，这款应用在建立更广泛的、跨 VR 与 AR 的元宇宙有很大作用。我们此前章节中也提到——元宇宙能最大限度地打破物理空间的界限——这一特性，先天决定了元宇宙能提供高度互动、共享、高参与感的社交体验，相较线下更多的社交玩法促使诸多社交活动向线上迁移。

- 由社交扩大至企业元宇宙、城市元宇宙。腾讯的社交基因，由 QQ 到微信，一开始的功能都只是社交，但当它的生态足够大时，就可以用于企业端，如工作交流、开会，可以获得各种方便的服务，如城市服务——线上、线下支付。元宇宙的大集合，囊括我们的所有需求——与抗战的早逝英雄对话、参观远古文明、认知已灭绝的各类动植物……这些也正是元宇宙巨大的商业价值和社会价值所在。

- 虚拟与真实互通。元宇宙不应该只是当代互联网的延伸，也不是一个让人躲避现实压力的虚拟世界，元宇宙所承载的星辰大海梦想，首先是让这个物理世界更美好，虚拟世界反向可以影响真实物理世界——扩大了世界观后，修正价值观、改变人生观。

- 多"元宇宙"融合。元宇宙的定义中，囊括了诸多"子宇宙"，元宇宙是有规模效应的①，吸引更多用户就能吸引更多的内容创作者，更多的内容创作者反过来可以创造更好的内容来吸引用户。短期来看，元宇宙是各巨头争夺下一代话语权的战场，诞生很多品类的元宇宙产品。未来终究要走向融合，正如 Epic Games CEO 蒂姆·斯威尼所强调的："我们想要的不是一家公司，而是一个协议，任何人都可以贯彻实施的协议。通过这个建立在区块链上的协议或生态系统，创作者可以通过自由竞争得到合理报酬，消费者也得到足够的保护。"这如同 http 协议一

---

① VR 陀螺.黑客帝国、头号玩家？Meteverse 元宇宙到底应该是啥样的［Z/OL］.（2021-07-19）. https://baijiahao.baidu.com/s?id=1704776129121434808&wfr=spider&for=pc.

样，是无数的公司、平台、开发者共同繁荣了互联网，把人类整体迁移到互联网时代。

第二节　推演各版图未来格局

在第七章第一节中，"龙骨"为投资脉络，权重决定了不同阶段可以下重注的部位，竞争格局则决定了如何下重注——围猎独角兽还是广泛的均等下注？是长期持有还是阶段性轮动？

一、操作系统比硬件的竞争更惨烈

本书一直强调硬件的重要性，参照智能手机这一全球竞争最惨烈的战场，元宇宙的硬件入口及操作系统的竞争格局，大概率是寡头化的——头部集中、格局稳定。但行业竞争的参与者若要存活下去，就必须拥有敏锐的嗅觉，包括但不限于把握用户多变的需求、品牌策略调整、捕获新机遇……看似竞争格局稳定的行业表象之下，变化无处不在。

从近两年的全球智能手机出货量数据来看[1]，TOP5品牌出货量占比均在70%以上，且有进一步集中的趋势。国内智能手机市场的头部集中现象更为明显，2020年国内智能手机出货量TOP5品牌瓜分

---

[1] 巨量引擎.2021手机行业白皮书［R］2021-05-12.

了行业96.5%的份额。反观其他品牌，虽然真我（realme）在2020年出货量大幅增长，甚至超越了部分老牌劲旅，但仍未改变其他品牌的生存现状，出货量占比由2019年的6.5%被压缩至2020年3.5%。"小而美"的品牌面临着更大的竞争压力，对于现阶段手机行业而言，"不美"或许可以，但小体量基本无法生存[①]。

元宇宙的入口级硬件，当下处于多路径探索阶段，可穿戴设备的头显、耳机、外骨骼等均可以通往各类"子宇宙"，各技术路径上的集中度刚开始不会特别高，呈现出欣欣向荣的百舸争流之势，后期集中度有望走高。

操作系统一直都是手机厂商的必争之地，也一直会是必争之地，且竞争壁垒远高于智能手机硬件本身——操作系统的竞争，不仅代表自研能力，更代表用户体验之争、用户数量之争、市场份额之争，甚至直接决定了利润的基本盘。早在1996年，Microsoft发布了Windows CE操作系统，开始进入手机操作系统，这场争斗就已经开始了。2001年6月，塞班公司发布了Symbian S60操作系统，并且以其庞大的客户群和终端占有率称霸世界智能手机中低端市场。2007年6月，Apple公司的iOS登上了历史的舞台，手指触控的概念开始进入人们的生活，iOS将创新的移动电话、可触摸宽屏、网页浏览、手机游戏、手机地图等几种功能融合为一体。2008年9月，安卓经由Google研发团队而横空出世，良好的用户体验和开放性的设计，让安卓很快地打入了智能手机市场。船行至今，智能手机的主流操作系统只剩下iOS和安卓（包括基于安卓深度定制的系统），其他

---

① 巨量引擎.2021手机行业白皮书[R].2021-05-12.

的手机系统都因为易用性差而早早被淘汰。能"生存"下来的，都是因为抓住了——用户体验：iOS尽管封闭，但足够流畅；安卓尽管比前者卡顿，但是足够开放，能够提供更丰富的应用体验和场景。即便如此，近年来iOS和安卓的手机在体验上越来越相似，iPhone在iOS系统的不断迭代中借鉴不少安卓手机的功能，如iOS14上加了来电弹窗、分屏；安卓的手机厂商为了让手机使用起来更为流畅，率先用上了高刷新率的屏幕。这种相似性的背后，两家走的是同一个方向——更好的用户体验。

相对于手机硬件的前五名垄断全市场，操作系统的残酷性在于全球范围内的安卓和iOS双寡头竞争格局。在全球范围内的智能手机市场上，一直都被iOS、安卓系统所垄断。虽然在过去几十年的发展时间里，也曾出现过不少出色的手机操作系统，如诺基亚Maemo系统、Microsoft开发的Windows Phone系统、三星自研系统Tizen等，但这些手机操作系统都未能够在智能手机市场上取得一席之地[1]。

元宇宙的操作系统，其竞争格局大概率会类似于智能手机的操作系统——元宇宙更注重开发者的创造力与消费者的体验，这恰恰是智能手机操作系统双寡头格局的核心主导力量。智能手机初期的三雄争霸开始（塞班、iOS、安卓，后来Windows Phone加入），手机操作系统就注定了不会一家独大，尤其是iOS的强势成功，给了很多新来者信心，无论是Microsoft雄心勃勃的Windows Phone，还是三星的Bada，抑或是华为的鸿蒙，都是在尝试模仿iOS的成功。手机操作系统和电脑操作系统的最大不同，在于手机操作系统的阵营本质上

---

[1] IT技术资讯.操作系统之争，非用户之争，实乃开发者之争［Z/OL］.（2020-05-22）. https://baijiahao.baidu.com/s?id=1667381699486701526&wfr=spider&for=pc.

是由开发者和消费者来共同推动的，只有源源不断的优秀开发者提供体验优异的软件，消费者才会买账，从而推动手机操作系统的发展。iOS 和安卓之外的操作系统难以发展，主要是因为新的操作系统很难对旧有系统实现完美兼容，从而导致开发者需要重新开发新 App，而用户群不大，反过来会导致开发者没有足够的动力，整个生态难以良性运转。未来手机操作系统的格局会否生变？基于安卓的定制操作系统是第一步，各大厂商都会在此基础上设法研发具有自主知识产权的操作系统，如何对开发者实现友好的迁移，以及对开发者提供足够的利益分成，决定了新的操作系统是否能够成功。鸿蒙的群众基础非常庞大，华为的体量以及给开发者的分成，理论上可以做到比安卓生态更好。

二、后端基建在国内的赔率更大

后端基建公司范围广、业务多样化，但共同的特征是面向企业服务为主、"to B"为主。国内外的"to B"公司，竞争力差异极大、竞争格局完全相反，背后的原因值得深究。我们判断在互联网、数据智能、人工智能的加持下，国内的后端基建走向有望优化，从而承载巨量的资本。

首先，我们来剖析，为何我国软件行业（"to B"）的竞争格局分散化，但国外的软件市场，竞争格局较优，涌现出大批大市值、有全球影响力的公司？

1. 回溯历史，我国企业服务的竞争格局，终于在电子商务领域有所改观[①]

以 SaaS 软件即服务为例，1995 年全球互联网景气度爆发，电子商务公司 Amazon、资讯门户类雅虎均成立于 1997 年，同年甲骨文（Oracle）技术副总裁创立了 NetSuite。两年后 Oracle 销售副总裁创立了 Salesforce。SaaS 是 Salesforce 在 2004 年首先提出的，Microsoft 在 2006 年开始跟进 SaaS；我国则是 2000 年用友创办伟库网。

- 2004 年，Salesforce 上市；我国则是 XTools 于 2004 年成立，定位于复制 Salesforce，但受阻于国内客户的自我需求认知不清晰。
- 2014 年起，全球资本开始介入。Microsoft CEO 萨提亚·纳德拉 2014 年提出 All in Cloud。云计算在我国则发轫于阿里，2012 年的天猫聚石塔、2013 年支撑对安全极为严格的金融保险业众安保险、2014 年支撑对并发要求极高的电子商务 12306。2014 年 5 月，成立于 2005 年的今目标公司获得老虎风险基金的 1 000 万美元投资，是彼时的轰动性事件；但彼时中国企业的软件业务都是靠自我回款滚动来发展的：先做一个能卖得出去的初始版本软件、去卖去回款、根据大客户要求打磨软件，中国企业软件行业本质上并不擅长产品化。这一僵局被互联网巨头给打破——2015 年互联网巨头入局企业服务行业。

[①] 酷扯儿. 中国 SaaS 二十年的回顾［Z/OL］.（2021-10-06）. https://baijiahao.baidu.com/s?id=1712833732421950316&wfr=spider&for=pc.

- 2007年iPhone推出，2008年iPhone应用商店推出，2008年安卓开源推出，开启了全球移动互联网时代。2011年米聊、小米推出，2013年中国4G发布、微信公众号向大众开放，微信朋友圈发布，微信爆发。微信支付的推出刺激了阿里，阿里在2014年年底推出钉钉，钉钉是中国企业服务行业的鲶鱼——2017年、2018年全力出击；2019年、2020年，钉钉抢占到了制高点——学习强国、全球新冠肺炎疫情在线直播上课。2019年，钉钉并入阿里云，钉钉开始作为阿里云战略的一部分。2019年企业微信和微信打通，形成前后台一体：企业人可以通过企业微信在后台和前台的消费者进行直接沟通并顺畅对接后续的管理。互联网公司入局企业服务行业，从2019年进入了新的发展阶段。

- 除了互联网巨头之外，2018年微盟、有赞上市，微盟是在线营销广告服务+IT工具、有赞是在线支付服务+IT工具，两者均受益于电子商务商家，企业服务在电子商务方向取得的巨大成功是有原因的：电子商务商家，虽然最近几年也开始发力线下，但是管理方式与系统却与线上尽量保持一致。2018年开始电子商务商家开展跨境，但管理方式与系统却和国内线上尽量保持一致，他们真正践行了中国式创新：线上线下一体化、国际国内一体化。

2. 纵观海外，为何美国可以诞生众多的SaaS巨头[①]

美国企业在过去两百年成熟的商业发展中，率先进入了市场红利

---

① 阎志涛."to B"市场会迎来春天吗[Z/OL].（2021-01-02）. https://weibo.com/ttarticle/p/show?id=2309404590026867474579.

枯竭的状态，加之地广人稀，美国企业不得不寻求自身效率提高和创新突破口，"to B"市场所提供的生产力工具，对提升效率、降低成本会起到关键作用，故美国"to B"市场起源很早，也诞生了SAP、Oracle、Salesforce等一大批赫赫有名的"to B"企业。

- 美国的"to B"浪潮已有两波，第一波在1970年左右，信息技术从军用转移到商用，SAP（1972）、Microsoft（1975）、甲骨文（1977）等B端巨头诞生；
- 第二波集中在2007—2009年，SaaS模式在美国爆发，Slac、Tanium、Sprinklr、AppNexus等主流"to B"公司都诞生于这个窗口期。美国的"to B"赛道毫不逊色于国内的"to C"巨头，仅SAP、Oracle、Salesforce三家公司的市值就已超过5 000亿美元（ASP 1 740亿美元[①]、Oracle 2 640亿美元、Salesforce 2 784亿美元）。

美国"to B"的巨头们，持续做对了什么？美国市场上近几年的几个趋势（互联网思维加持、数据智能加持、人工智能加持）值得国内企业借鉴。

（1）Salesforce市值何以超过Oracle

Salesforce是SaaS公司的鼻祖，公司创始人马克·贝尼奥夫（Marc Benioff）曾经是Oracle历史上最年轻的高级副总裁，正是预见到了互联网的发展将要颠覆传统的软件服务模式，他1999年从Oracle离职

---

① 市值数据均为2021年10月19日的数据。

并创立了 SaaS 公司 Salesforce。经过 20 多年的发展，Salesforce 终于超越 Oracle，成为企业应用软件领域最大的"to B"软件公司。对比 Oracle 和 Salesforce，可以说它们分别采用了两种服务企业客户的思路，而这两种不同思路的产生，都是由于其成立时所处的 IT 发展水平所决定的。

Oracle 成立于 20 世纪 70 年代，那个年代企业刚刚开始信息化建设，且信息化基础设施开始从封闭系统的大型机向开放系统的小型机迁移。基于开放系统，开发客户信息化所需的软件无疑是当时的最合适的选择。在互联网普及之前，所有的服务企业的软件公司所开发的软件，都是兼容这些开放系统进行发布，再采用安装部署的方式部署在客户的 IDC 当中。伴随着这种安装部署的软件，其销售模式就是售卖软件许可证加售卖服务维保的模式。这种售卖模式一般是客户通过首次付出相对比较高的价格购买终身授权，然后再每年按照授权费用的一定比例（一般不超过 20%）购买售后服务。

由于软件不像硬件或者传统家用电器有一定的使用年限，造成了传统软件公司只能通过继续拓展新客户，或者给老客户售卖新的其他类型的软件，才能获取新的授权费用。这种销售模式的增长难度会越来越大，维保收入占比也会越来越高，企业只能寄希望于开发新的软件来增加收入，而新软件的成功又依赖于对客户业务需求的足够了解。

由于软件部署在客户环境中，想要获取客户的反馈，或者通过销售人员、售后人员、产品经理去客户那里采访和调研，造成了需求采集比较缓慢，产品的迭代速度也因此变得比较缓慢。对于数据库、操作系统等纯基础层面的软件来说，这种节奏还可以满足客户的要求，但是对于面向业务的应用，由于企业客户的业务在互联网时代面临剧烈的变化，传统模式缓慢的速度已经很难适应这种变化，此类型的公司就面临非常巨大的挑战。另外，由于是一方部署加购买终身授权的方式，对于中小企业来讲，这些软件无论采买还是使用的代价都比较高，中小企业无力承担。

作为 SaaS 软件的鼻祖，Salesforce 意识到随着互联网的普及，对软件，尤其是业务应用类型的软件，未来企业会更多地通过互联网来获取服务。故 Salesforce 首先把对于企业应用至关重要的 CRM（客户关系管理）软件进行了互联网实现。在互联网的早期，用户都是个人用户，主要就是获取信息以及人际间的交互，Salesforce 首先把面向企业的软件服务互联网化。对于企业客户来讲，不需要再购买软件授权、再安装一套 CRM 系统到自己的 IDC，而是直接在 Salesforce 上开通企业账户，然后通过支付使用年费的方式来使用软件。

这种改变，首先受到了很多中小企业的欢迎。在欧美，由于企业运营的规范性非常高，同时人力成本比较高，业务流程的信息化对于任何企业都能带来切实的效率提高和成本下降。这种基于使用时间和企业规模付费，且不需要自己去维护的新型企业软件使用方式，无疑使得中小企业能够显著降低使用成本，并且不会带来过多的负担，因此很快就获得了中小用户的认可。且由于是基于互联网的服务方式，可以非常方便地利用互联网的方式进行销售，这相比传统一方部署软件严重依赖销售人员的线下销售方式也有了非常大的不同，客户增长的速度也快得多。Salesforce 成立于 1999 年，在 2004 年上市时，企业客户就达到了 13 900 家，其发展速度非常互联网化。

然而，SaaS 软件在服务大型企业时也有明显的局限，因为大型企业一般都有自己的业务特点，都需要一定的定制化。但是 SaaS 软件由于是互联网标准化的服务，针对客户的定制能力有缺陷。针对这个问题，Salesforce 推出了 PaaS（Platform as a Service）平台 Force，从而可以让合作伙伴针对客户的需求进行定制化开发，以满足大型客户的需求。而正是因为有了这样的 PaaS 平台，很多开发者开始基于这个平台进行应用开发，Salesforce 进而开通了应用交易平台 AppExchange，逐渐地将自己变为了一个企业应用生态厂商，这也是互联网带来的力量。

（2）Zoom 市值凭借什么一举超过百年老店 IBM

Zoom 的模式相较 Salesforce、Oracle 更是大放异彩。2020 年，年轻的 Zoom 市值一举超过百年老店 IBM。2020 年 10 月 19 日，Zoom 的市值最高达到了 1 749 亿美元，而 IBM 的同日市值仅为 1 074 亿美元。新冠肺炎疫情暴发后，远程办公、远程上课的需求激增，新冠肺炎疫情为 Zoom 在 2020 年的爆发式发展起了很大的助力作用，但在 2020 年之前，Zoom 就已经是一家明星 SaaS 软件公司。如果说 Salesforce 开创了 SaaS 服务的商业模式，那么 Zoom 则是将很多 C 端的产品设计以及获客优势引入到了 SaaS 商业模式中。

作为视频会议系统，虽然付费的是客户企业，但终端使用者可能是企业当中的任何普通员工。从产品设计上，Zoom 追求互联网应用式的操作方式和用户体验，一反过去企业应用的烦琐与门槛。在获客上，则采用免费转付费（free to pay）的模式，通过"病毒式"传播获取更多的终端用户，然后通过终端用户影响企业的决策，最后完成企业的付费转化。当然，Zoom 最终的收费模式还是采用 SaaS 的收费模式，即通过续费来获取营收，费用则根据企业客户的账户来决定。

Zoom 的成功也给 SaaS 企业带来了新的启示。过往企业软件的核心是技术和业务逻辑的抽象，但是缺乏对产品体验的重视，但企业软件的最终用户还是每个真实的人的个体，更贴近人的使用习惯、提供更好使用体验的软件，无疑能够更有利于完成最终的付费转化。且由于 SaaS 软件采用的是互联网使用方式，可以通过对用户使用行为数据的采集分析来优化产品和服务，将 C 端产品的设计和运营方式融入 B 端 SaaS 软件中，是未来的一种趋势。

（3）新秀迭出：Snowflake、Palantir、C3.ai[①]

新冠肺炎疫情下 2020 年的全球经济遭受重创，但是我们仍旧可以看到在美国有多个"to B"软件公司完成了自己的 IPO，并且在二级市场表现得非常的出色，如 Snowflake、Palantir 和刚刚上市的 C3.ai。

由彼得·泰尔（Peter Theil）参与创立的大数据智能公司 Palantir，由于帮助抓捕本·拉登而名声大噪，又由于其与美国政府机构和知名大型企业的合作而颇显神秘。作为全球大数据行业的明星公司，已经成立十七年的 Palantir 于 2020 年 9 月公开上市。

Snowflake 成立于 2012 年，提供的是在线数据分析（Online Analytical Processing，OLAP）的服务，属于典型的面向企业市场的业务。彼时 OLAP 是企业级市场中非常具有商业价值的领域，传统软件时代成就了 Cognos、海波龙、Brio 等成功的公司，但最终都被传统商业软件巨头通过并购纳入旗下。

在新的时代，云作为基础设施逐渐替代了曾经的小型机和开放系统，以云为基础设施的企业软件服务也才更符合客户的需求。而

---

① 阎志涛. 从五家领先硅谷公司看中国"to B"软件企业的"危"与"机"[Z/OL].（2021-01-01）. https://new.qq.com/rain/a/20210101A03RDL00.

Snowflake 就是顺应这一潮流的成功的代表之一。Snowflake 完全以主流的云平台为基础设施，构建自己的在线分析系统，为客户提供灵活的计费能力，进一步颠覆了企业软件的付费模式。

传统的 SaaS 大部分采用的是年费或者月费方式，Snowflake 由于完全构建在云上，可以充分利用云平台的弹性伸缩能力，然后将底层的云资源进行一定的封装，配合自身优秀的在线分析引擎，提供非常弹性的使用资源，支持客户按照资源的使用情况进行付费。

在实践中，大数据应用经常面临的是资源的弹性问题，尤其是对中小企业来说，采用公有云平台作为基础设施。利用云平台的弹性来合理规划计算能力是更具性价比的选择。Snowflake 的机制就充分利用了云平台的优势，叠加其超强的产品设计能力，从而颠覆了传统 OLAP 软件的商业模式，最终获得了巨大的成功，甚至获得了很少投资科技企业的巴菲特的投资。

另一个初上市就实现超过 100 亿美元市值的 C3.ai。C3.ai 是一家为企业提供 AI 赋能的 SaaS 软件公司，其核心业务是通过低成本的 AI 平台，让各垂直领域的企业能将 AI 能力整合到自身业务中，使得 AI 对于企业不再是高不可攀。C3.ai 也是基于云原生的能力，与云平台做适配，再提供一站式的 AI 能力，使得客户企业仅需要付出可控的成本，就能够构建自己的 AI 能力。

3. 国内为何迎来弯道超车的机会[①]

美国的"to B"企业无论从规模到价值再到认知度都取得了巨大

---

① 阎志涛. 从五家领先硅谷公司看中国"to B"软件企业的"危"与"机"[Z/OL].（2021-01-01）. https://new.qq.com/rain/a/20210101A03RDL00.

成功。但国内的"to B"企业，尚未有千亿美元市值的公司，上市公司的数量也远低于美国。

国内"to B"企业发展相对困难有以下几点原因：企业规范性不高；人力资源便宜；大型企业客户定制化需求太多；中小企业客户生命周期短；中小企业客户付费意识不强。

中国改革开放到现在四十多年的时间，前面几十年由于人口红利以及高速的经济发展，大部分的企业也都是在高速发展过程中，这样造成了企业无论从管理流程还是规范化程度都不如欧美成熟市场的企业。如果没有成熟的流程和规范化的管理，给企业提供"to B"服务时就很难平衡项目和产品间的关系。"to B"企业服务经常会沦为定制项目，然后就只能通过控制人力成本来保证项目的盈利，这样就很难有很高的质量将项目沉淀成产品。虽然有不同的企业做了不同的尝试，但是项目实施一直是中国服务"to B"企业一个绕不开的问题。

另外，无论曾经的 IT 还是现在的 DT，其中非常重要的价值是帮助企业提高效率、降低成本。欧美由于人的成本非常高，只要产品能够显著降低企业的人力成本，企业就愿意花钱买单，但是中国由于人工相对便宜，很多企业宁愿养人干活，也不愿意购买产品来提效。另外，过去很多企业员工的电脑使用水平不高，如果产品设计不能让企业的终端用户很容易上手使用，企业就更不愿花钱给自己戴上"枷锁"。这也是中国"to B"服务发展困难的一个非常重要的原因。

从客户群体来讲，国内由于商业环境不够成熟，造成很多中小企业的生命周期短，对于服务于"to B"行业的企业来讲，把大型企业客户做标杆、标准产品售卖给大量的中小企业客户，是典型的营收模式。可是如果中小企业生命周期短，就会存在客户生命周期价值小于获客成本的问题，最终使得"to B"业务很难盈利。

4. 但国内的"to B"行业正发生深刻变化

从宏观经济层面来看，中国的人口结构在发生变化，野蛮增长的时代已经过去，越来越多的企业都面临数字化转型升级的挑战，如果跟不上这一趋势，就很有可能会被淘汰。而各行各业的数字化转型升级，无疑是需要"to B"企业的技术和创新服务来支撑。

另外，随着移动互联网发展进入下半场，C端流量寡头化已经形成，做"to C"创业的机会越来越小、成本越来越大，基本成为资本＋巨头的游戏，这在最近的社区团购大战中也得到了充分的体现。对于投资人来讲，找到新的更稳妥的投资标的是不得不做的选择，而"to B"企业虽然成长慢，但是因为其核心是服务于B端客户，自身就能够"造血"，不像C端企业经常要考虑"羊毛出在猪身上"的问题。因此投资"to B"企业虽然很难快速产生百倍的回报，但是成功率更高，综合回报未必低于C端创业的低概率。

从国家政策层面来讲，中美贸易战也使得我们强烈意识到科技创新和自主知识产权的重要性，由于大部分"to B"企业的核心业务都是通过技术创新和商业模式创新来提供服务，更符合国家的政策方向，因此也更容易获得支持。

此外，人工智能加持有望助力国内"to B"企业弯道超车，人工智能恰恰又是元宇宙中最核心的生产要素，国内"to C"巨头的成功离不开天时地利人和，元宇宙时代的"to B"企业，也具备了天时（人工智能的核心生产要素性）、地利（元宇宙是囊括现实世界的虚拟集合，类似于"to B"业务在电子商务上的成功）、人和（智力资源优势、工程师优势）。我们预判后端基建类的公司，基于人工智能的天时地利人和，国内将有诸多优质企业迸发出全球范围内的竞争优势，国内的竞争格局有望较互联网时代有明显优化。这对于全球投资的资本而言，或许是最大的预期差之所在[①]。

三、内容与场景必然百花齐放

Google 与 Facebook 在短时间内相继对外宣布 VR 内容生态计划，无论是社交、电影、游戏、广告等行业，对优质的 VR 内容仍有大量的需求。目前看，不论怎样的场景，元宇宙的内容形态将有明显的变化。内容与场景基于抢夺用户"注意力"（时长），元宇宙的未来内容形态预计会发生深刻变化，游戏、影视等界限越来越模糊，也在不断迭代新的内容形态，如互动剧[②]。

屏幕前的观众不再是旁观者，而是可以和贝尔共同执行任务的剧情参与者。Netflix 继去年《黑镜：潘达斯奈基》后最新推出的交互式剧集《你与荒野》(*You vs. Wild*)，拥有高知名度的 IP+ 新颖的互动形式，进而创造出熟悉又陌生的全新体验，再一次引爆了观众的期待。

《隐形守护者》在国外社区 Steam 和 WeGame 上线后也好评如潮，给全行业树立了很大的信心。互动剧作为蓝海布局，抛开盈利模式，互动剧要想成为持续存在的内容形态，其本身的内容品质及吸引力才

---

① 阎志涛.从五家领先硅谷公司看中国"to B"软件企业的"危"与"机"[Z/OL].（2021-01-01）. https://new.qq.com/ rain/a/20210101A03RDL00.
② 娱乐资本论.影视与游戏结合的价值究竟是什么[Z/OL].（2019-04-26）. https://www.gameres.com/843214.html.

是重中之重，是产业上下正在积极探索的方向。

内容行业（各类场景的内容）有供给决定需求的行业属性，决定了行业的竞争格局必然是百花齐放。

回顾 4G 发展历程，通信网络设备在发放牌照当年先取得显著受益，终端产业链紧随其后，4G 时代爆款应用包括流媒体播放、《绝地求生》、直播应用等，为大众娱乐方式带来较大变革。5G 技术一方面通过云计算做大量数据处理减少用户 GPU/CPU 的功耗；另一方面具备高网速、低延迟的传输特性，有望打破 VR 终端高算力小型化不足、低定位精度带来"眩晕感"、有线传输造成的不便携性等的应用瓶颈。5G 商用落地在内容行业，有望带来包括影视、游戏，VR/AR 技术带动影视游戏等内容升级。

在元宇宙逻辑下，以 XR 及 XR 内容为例，XR 作为新技术有望带来新供给，进而创造新需求，进一步打开内容行业空间。不同于传统影视作品，XR 环境下的内容创作需要适应 XR 的技术发展，集合全球先进的视觉工业、特效、计算机等综合技术，对内容行业的技术进步提出了很高的要求。在分发方面，XR 电影突破传统电影的限制，用户可以参与到电影剧情的发展中，与电影中的人物进行互动以满足消费者的不同需求。现阶段由于 5G 网络普及程度与 XR 技术与终端普及度与成熟度较低的限制，互动游戏与互动视频的应用场景空间还远未打开。因此，我们认为在 XR 技术与硬件成熟背景下新公司或新业务有三条发展路径：一是 IP 化内容且百花齐放，二是内容升级及迭代，三是内容分发。

XR 对内容行业的升级，除了传统的线性推移（参考 4G 对内容行业的拉动作用）之外，还有三个特点：一是 XR 内容体验感更突出，故对周边衍生的拉动作用更强。VR产生一个三维虚拟空间，使得参与者可以和虚拟世界产生交互，增强内容消费的参与度与趣味性，虚拟场景与高参与度有望催生内容消费者对周边衍生品的更高需求。二是XR内容制作的壁垒比预期高，需要兼备游戏、影视的双要求。VR/AR电影的制作和传统电影有较大区别，XR电影不仅需要优秀的剧情，还要把观众注意力集中到剧情上面，加入与观众互动的环节，增加游戏性。这都需要融合CG技术、计算机等的综合运用，需要内容方同时拥有较强的硬件设施、技术实力与共情程度更高的"讲故事"的能力。三是分发环节将会重构，入局方更多，包括运营商、硬件商、内容方等。不同于传统电影依赖于电影院、传统电视剧项目依赖于各大卫视与视频网站播放，以及当前游戏行业分发平台集中度较高的现状，XR内容的分发将引进新的技术标准与牌照许可，硬件的革新也会对现有娱乐内容分发渠道带来较大变革。

四、底层架构、核心生产要素、协同方

区块链作为一种技术，被广为应用，预计会产生细分方向上的区块链技术服务方，竞争格局呈现为分散化、集中度低。

人工智能作为一种综合技术的集成，预计也将被广泛应用于各场景，在感知、认知等方向上，预计围绕各场景会产生细分龙头，竞争格局初期较为分散，后期预计集中度将有一定程度的提升。

技术方或服务方作为系统的生态合作伙伴，必将呈现为分散化、集中度低的格局状态，但由于处于不同的阶段，均有受益后快速爆发的新公司。

第三节　前置"科技向善"

科技向善的第一公式：$y=f(x)$，$x=$用户时长。针对互联网/移动互联网，我们认为，双刃剑的另一面是"燃烧一片森林只为照亮自己"。

元宇宙的未来发展，是科技的迭代，互联网/移动互联网的经验证明科技并不会进化伦理，故前置"科技向善"于当下的元宇宙是最有意义的。

科技向善是一种选择，用户时长是自变量，企业如何选择则是因变量。科技发展一方面为人类社会带来了进步与繁荣；另一方面，也衍生出许多非常严重的问题，这些问题是科技所不能解决的。人类文明的发展，从远古开始，都是从"尝试错误"着手，难免有方向不明、步履错乱的时刻，必须谨慎从事，以防止迷失方向，才能够无咎。

即便一个超级人工智能体是可能的，但它未必是生存最优化的结果，因为智能并不进化伦理，高智能与人的价值、意义之间并没有必然联系。如何才能让超级智能体在没有界限的情况下，和人的价值观相匹配？一种可能的方式是正确设置智能爆炸的初始条件，另一种可能的方式是尽早进入元宇宙，在新的环境中去真实地面对不确定性并模拟其结果。这些事情虽然很难，但都值得去做好，都需要前置"科技向善"。

以霍金为代表的科学家，一直对人工智能持有非常谨慎的态度。

他们认为人工智能是人类文明史上最大的事件,但也有可能是人类文明史的终结。国内的先行者,一方面认为人工智能会创造巨大的财富,并有可能彻底解决癌症等医疗问题;另一方面,认为人工智能也存在大公司作恶、人类失业等风险。

随着人工智能的发展,从实验室研究到有经济价值的技术形成良性循环,哪怕有很小的性能可以改进,都会带来巨大的经济效益,进而鼓励更长期、更伟大的投入和研究。目前人们广泛认同人工智能正在稳步发展,潜在的好处是巨大的,而它对社会的影响很可能扩大。由于人工智能的巨大潜力,研究如何从人工智能中获益并规避风险是非常重要的。在人工智能的最新进展中,欧洲议会呼吁起草一系列法规来管理机器人和人工智能创新,其中涉及一种形式的电子人格,以确保最有能力和最先进的人工智能的权利和责任。

结合互联网的过往经验,立足于元宇宙中的未来内容形态,科技向善的选择微观上着眼于如何科技向善于"用户时长"的使用。

科技向善的第一公式:$y=f(x)$,$x=$用户时长。"向善"应该有四个层面的含义[①]:

- 第一个是功用层面。科技肯定会在功用的层面上给人类生活的各个领域带来进步、提高效率,能够提高人的物质生活水平。
- 第二个是社会层面。在社会的层面,善的含义是公平正义,怎么样让社会各个阶层比较平等地享受到科技发展的成果,这就是我们提出"科技普惠"概念的意义。

---

① 天极网. 遵从科技向善 2019 腾云峰会求解科技文化融合之路[Z/OL].(2019-11-09). https://baijiahao.baidu.com/s?id=1649734977322262227&wfr=spider&for=pc.

- 第三个是伦理层面。在科技发展的过程中，怎么样尊重人类最基本的伦理价值——如人的生命价值，又如家庭伦理——生命科学、基因工程。伦理价值已经对科技发展形成了巨大挑战。
- 第四个是精神层面。人类不仅要发展物质生活，而且需要提升精神生活品质。科技本身并不能解决这个问题，一定需要科技和人文进行合作才能解决这个问题。

从技术伦理的角度出发，它的意义不是为了捆绑科技的发展，而是为科技的发展找到一个更加明确的人文目标，这里就需要新的方法和新的模式去承载"科技向善"的内容。

科幻作家郝景芳认为，现在是"防御型向善"，未来应该有"创造型向善"。对于"科技向善"，她觉得未来更需要做的是主动创造，而我们现在很多时候是在做"防御"，在想办法防止科技做坏事。未来，我们需要一种创造性的发展思路，即在科技研发阶段，朝着人性之善、社会之善的方向寻找发展需求。

元宇宙作为崭新且前沿的方向，科技向善有条件成为元宇宙世界运行的最大公约数。元宇宙不仅更充分地连接到社会的每一个人，向善于用户的使用时长（x），而且它提供的产品服务（y）要有责任感。

附 录

支持元宇宙数字资产定价评估框架的建立

一、圈层文化

《元宇宙通证》一书第二篇"价值与机遇"中提到,各行业的元宇宙化已悄然进行。行业的诞生源于人类在文明进程中对劳动和需求的细化。食物领域到行业的发展是从狩猎采集到大规模养殖的一系列进程的推进,人类也在这个过程中产生了分工与合作。纵观目前全世界的行业发展,行业需求导致生产端(企业)将不同专业领域的人集合在了一起,形成了不同的行业圈层。用户交互生产端与需求端不断对接和更新,使得各个行业形成了专有的圈层关系,而在更泛化的现实生活中,人与人之间的关系表现可称为"圈子文化"。由于元宇宙的超时空特性,"圈子文化"在元宇宙中将会爆发出璀璨且靓丽的新型社会圈层关系。由于个人在元宇宙中的多个社区的参与,使得圈层关系可以快速交叉融合,从全新的维度去推进元宇宙与实体交互。但是,圈层关系所在的虚拟社区之间的交互、信息传递、成果共享和孪生,其背后需要有经济原理及技术支撑。如何为元宇宙中的不同"文化圈层"及背后的"资产"提供可信任的、可靠的定价,支持价值传递和演变成为一个重要的问题。在本章中,我们试图提出一种对元宇宙中的数字资产价值进行评估的框架,这个框架将会为元宇宙中的文化及价值传递带来重要作用。元宇宙内各社区及社区之间交互的经济金融行为纷繁复杂，对数字资产动态评估必须引入更多维度的信息，对受评客体进行更为全面的特征刻画。同时，评估维度的增多也使得我们面临一个新的问题，即如何在多维度的分析框架下建立一个具有普适性的数字资产价值评估方法。如何对受评数字资产"生态风险"进行评估也是其中的重点和难点。

二、数字资产——支持元宇宙发展的核心概念

数字资产（Digital Assets）通常是指以电子数据形式存在的、在日常活动中持有可以出售或处于生产过程中的非货币性资产，这类资产可以为个人或企业所拥有。数字资产作为元宇宙中的一种基本要素，它的可计量性、可转移性等特征在区块链中能够真正地将产业和社区结合，成为应用及场景落地的关键。

2021年6月10日，巴塞尔委员会（BCBS）发布咨询文件《对加密资产敞口的审慎处理》，将银行类金融机构对加密资产的敞口纳入《巴塞尔协议》的监管框架。数字资产可以通过通证（Token）和共识机制，实现其价值在现实社会的体现和传递。

巴塞尔委员会对加密资产和数字资产给出如下定义：

加密资产是主要依靠密码学、分布式账本或类似技术的私人数字资产。数字资产是价值的数字表示，可以用于支付、投资或获得商品或服务。

通证是可流通的凭证，在区块链中是数字资产的表示，具有使用权、收益权等多种属性，它有三个要素。

第一,数字权益证明,通证必须是以数字形式存在的权益凭证。

第二,加密,通证有真实性、防篡改性、保护隐私等能力,由密码学保障。

第三,可流通,通证必须能够在一个网络中流动,从而随时随地可以验证。

如同 BBD 利用大数据分析框架对中国上市公司及发债企业提出的 CAFÉ 全息信用评级系统一样,我们可以利用人工智能等一系列大数据工具,建立对元宇宙世界中不同类型和社区的数字资产进行度量和评估的基本框架,形成支持数字经济发展最核心的基础设施。

这样,我们将为元宇宙中各个社区之间的价值传递提供一个客观可靠的平台,帮助更多应用在元宇宙和现实社会中的融合转变,推进世界发展。

三、虚拟社区、价值、存在必要性

该部分内容主要阐述虚拟社区的发展现状以及在元宇宙中可能的发展路径,由此带来的社区专属价值。

社区内部的部分专属价值可以因为多种条件,进行价值转移,该部分"社区成果"具有必要性和一定的流通性,可以为元宇宙跨社区、跨圈层价值评估提供基础支撑,成为元宇宙中进行投资的特殊通货。

虚拟社区是网络发展的必然产物,它是现实社会人在网络上开辟的另一种展现或表现自己兴趣、想法、目标的独立空间。随着网络信息技术的进步,虚拟社区由 BBS 论坛、邮件、行业网站、聊天工具等发展演变出现如今各类社交 App、新闻 App 等。这类 App 自带兴趣爱好分组、游戏在线好友分组等，形成了不同兴趣爱好和专业技术相互交流的空间场所。虚拟社区孕育出了新的人际关系，将现实生活中人与人的关系通过网络进行了定向交互和演变，拓展了新的人类社交和生活空间。

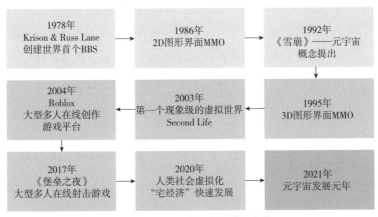

图1　虚拟社区发展进程关键事件

图2　人的兴趣、专业多元性在不同虚拟社区中的表现

在 VR/AR 等硬件技术的进步和支持下，虚拟社区发展越来越快速，新冠肺炎疫情的持续也推动了电子产品全球化的增长，更多的用

户接触到了与现实融合又有现实距离感的社区文化。一个现实人可以有 N 个社区身份，这些身份既独立又能够跨社区融合，这给新的文化融合和交互提供了一个又一个的锚点，通过现实个体的多种身份在虚拟社区的不同贡献和影响，使得虚拟社区之间或多或少的融合交互。

虚拟社区和现实社区之间的关系如同物质和意识之间的关系，他们之间并不是完全独立的，但是随着互联网技术的发展，出现越来越多的虚拟社区，不同的虚拟社区之间形成了相对独立且封闭的经济体。例如，网络游戏《魔兽世界》中产生的魔兽币，与 Roblox 平台产生的 Robux 之间是不通用的，但是两个虚拟社区平台的独立角色后面可能关联着同一个现实个体，这样的结构就带来了不同社区之间数字资产的交易和传递的可能。现实个体成为认可和衡量各社区之间价值转换的桥梁，但是任何一个个体都很难去精确地评估和认定社区数字资产的转换价格，因此建立对数字资产在社区中的价值体现和转移的可靠评估体系，可以推进虚拟社区之间与现实的融合进程，加快元宇宙的发展和变革。

在此，我们需要进一步思考现实个体和虚拟社区的交互进程，包括虚拟社区对应角色与现实个体之间的需求转换，找到不同社区之间数字资产价值传递的特征和共性，力图通过各方关联的特征强弱关系，塑造一个可以被元宇宙所认可的评估方式，并形成可以穿透各社区的信用链条，连通元宇宙社区与现实。

四、元宇宙中价值与现实的连接和传递

元宇宙通过软件、硬件、信息技术等多种技术融合产生多种互联

网应用和社会形态,虚拟社区的特定人群产生的圈层文化的积累将通过特定的数字资产在社区内部及社区间进行转化和演绎。数字资产的跨社区价值转移和传递,是连接现实社会人与虚拟多角色的重要基础,对于数字资产价值的评估需要从资产的拥有者、资产产生的行业、资产自身的价值等多个维度进行考量,力争使得最终的评估价值能够被多方接受,促使更进一步可能的跨区交易。

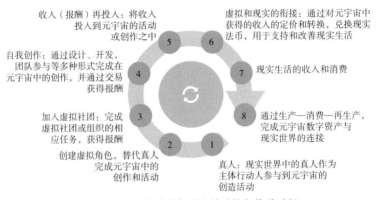

图3　元宇宙中价值与现实的连接和传递过程

在对元宇宙数字资产的评估中,对虚拟现实与现实关联的必要基础设施及其中的价值传递进行评估是重要的基础。在考虑该评估框架的过程中,我们需要对数字资产产生价值的根本性因素进行解构,给出相应的评估流程和可落地的评估方法。由于元宇宙的发展不是一蹴而就的,我们可以参考现实社会中的评估方法,从大数据和数字资产的角度进行拓展。现实社会中与大数据评估相关的如 BBD CAFÉ 信用评级则是针对现实企业进行全维度信用风险评估评级的大数据评级方法;韦氏评级(Weiss Rating)是美国领先的金融独立评级,目前针对区块链领域也给出了相应的评级方法;PWC 的 ESG 评级则是从环境、社会和公司治理等方面对企业长期价值进行评估。这些成熟的评级方法和框架，都将为我们在元宇宙中对数字资产的评估提供帮助。

五、元宇宙资产价值评估的四维度框架体系

基于对元宇宙中产生的数字资产的底层解构，我们需要深刻的理解以下几个基础要点：

- 数字资产是可以穿透和打通元宇宙各个不同社区并实现流通的基础元素；
- 以区块链形式发布的数字资产能够更为快速地实现价值传递；
- 对数字资产的价值评估的方法建立，能够加速元宇宙的社区融合与进化；
- 元宇宙的数字资产与现实关联，实质是价值的传递。

如果通过一种被大家所公认的流动货币来进行跨社区的数字资产交易，必然涉及定价问题，底层便是如何对数字资产准确评估和定价的技术问题。

我们希望提出以四个维度为基础的评估框架来实现对数字资产的价值评估，形成能够有效跨社区的元宇宙资产价值评估体系。

- 资产价值的穿透性。穿透底层资产的角度作为评估特征，实现对数字资产的价值评估。

- 共识粘性。共识价值是数字资产存在的基石，从共识粘性的角度出发，抽取量化共识的特征，支持对数字资产的价值评估。
- 交易活跃性。交易活跃性与用户粘性相辅相成，交易活跃意味着社区更具有活性，有利于其产生数字资产的价值评估。
- 安全性。从链上数据、私钥保存机制、系统机制和底层开发等的安全性出发，形成量化对应数字资产价值的指标。

资产价值穿透性、社区用户共识粘性、交易活跃性和安全性这四个维度是评估的底层支撑，利用每个维度所拥有的信息，通过大数据人工智能的分析方法，以全息画像为工具，实现对元宇宙中各个不同社区产生的数字资产及其底层进行价值评估。

在现实社会中，各种经济与金融行为越来越复杂化，对作为价值体现的公司及个人的信用风险做准确评估，以及对受评主体进行更为全面的特征刻画，已经成为评估及评级行业的致力解决的重要问题。同时，评估维度的增多使得我们面临一个新的问题，即如何在多维度的分析框架下建立一个具有普适性的信用评估方法，如何对受评主体企业所属集团、行业、上下游关联企业、政府等外部环境多方面因素构成的"生态风险"进行评估也是其中的重点和难点。

元宇宙对数字资产价值评估需要将现实中的评估体系进行转变，形成对数字资产的评估体系，以元宇宙的某一数字资产为例，我们尝试用四性评估框架，选取评估指标构建评估模型。在异构异源大数据有机融合的基础上，创新性地运用大数据特征指标提取工具与全息画像工具构建出动态特征风险评估体系。该体系包含资产价值穿透、共识粘性评估、交易活跃性、技术安全性等维度，该评估体系的一般性评估方法综合分析了数字资产价值传递过程中需要考虑的必要因素，包括评估数字资产自身的特征信息、行业特征和行业内共性问题、跨社区生态风险等方面的问题。从数字资产价值的内涵出发，在动态本体论（Dynamic Ontology）[①]基本理论框架下，对数字资产的"特征基因"（Feature Genes）进行提取，从而实现对数字资产较为精准的评估。

在独立性、稳定性、保密性和客观性的基础上，评估过程中对数字资产的圈层属性、交易流动性、共识粘性等进行分析，并将评估结果以等级的形式表示。

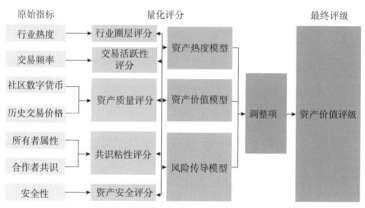

图4 元宇宙资产评估体系流程图

如评估流程图4所示，我们对评估框架进行细化，从数字资产的风险测算，资产所在社区的代币质量评估，资产历史交易基准测算等方面进行分项评估，给出相应的评分依据，最终实现对数字资产的价值评估与评级。基于以上的评估流程，我们将数字资产的价值评级分为A、B、C、D四个等级，A、B、C各有3个子级，总共4级10等，

---

① 动态本体论是通过结构化数据和非结构化数据在"对象、属性、关系"三者关系下对评估主体的动态评估与描述。

用于区分和判断数字资产的价值所在的区间和位置，如表 1 所示。

表 1　数字资产的价值评级

评估等级	资产价值等级含义
A1	资产质量极高，安全性极高，有极高的投资价值。
A2	资产质量很高，安全性很高，有很高的投资价值。
A3	资产质量较高，安全性较高，有较高的投资价值。
B1	资产质量尚可，不利经济或社区环境可能影响投资价值。
B2	资产质量较低，不利经济或社区环境令投资价值受到影响。
B3	资产质量低，不利经济或社区环境会令投资价值受到较大影响。
C1	资产质量很低或安全性较低，投资风险大。
C2	资产质量极低或安全性极低，投资风险极大。
C3	投资价值极小。
D	基本无投资价值。

六、打雷（DaR）——建立元宇宙数字资产的价值评估基本方法

这部分以支持元宇宙数字经济发展为出发点，简述在区块链生态技术支持下针对数字资产评估其资产价值的"打雷"评估方法（数字资产品回报，Digital Asset Return，DaR）。

以区块链平台为代表的去中心化分布式数字经济生态中，本质是"共识（Consensus）决定价值"。实际上，从技术的角度来看，元宇宙是一个至少包含内容系统、区块链系统、显示系统、操作系统和配套基础设施的平台，它突破了PC时代、移动时代后的屏幕限制，产生了具有3D界面功能的、可实现更进一步交互的全息平台。因此元

宇宙发展是否迅速与以下五个方面的技术板块紧密相关：算法技术和网络技术、人工智能技术、电子（包含支持游戏等虚拟世界的）技术、显示技术、区块链技术与紧密配套的智能合约。区块链技术与智能合约是支持元宇宙在数字经济框架下价值归属与流通，实现元宇宙世界本身连接商务发展的核心（可以理解为"心脏"）。

数字资产定价的基本框架和机制的建立是保证元宇宙社区及价值稳定持续发展的基础。接下来我们简要介绍对数字资产评估其资产价值的"打雷"评估思路。

1. 数字资产回报评估的基本框架

数字资产的使用价值是人们购买资产的主要原因，数字资产预期收益是人们持有数字资产的关键原因。数字资产预期收益由其使用价值、供求关系和基本收益、风险共同决定，我们基于动态本体，实现基于资产使用价值、供求关系的动态定价、资产基本收益和风险计量的数字资产回报评估模型。

动态本体论针对数字资产的风险计量和定价提出了前期、中期、后期三个步骤。

图5　数字资产的风险计量和定价步骤

通过上述三个步骤，动态本体论真正做到了实时风险计量与定价。数字资产的使用价值是指数字资产在使用过程中所产生的价值，是影响数字资产价格的基础因素。数字资产的供求关系是数字资产的产出与需求的总的关系，是影响商品价格的主要因素。依托元宇宙场景下，数字资产不同使用场景和不同供求关系下的数据可以实现充分流通，进一步完善了动态本体论框架在不同场景下对数字资产的评估体系。我们对于数字资产回报的评估分为以下五个层面。

第一层面是基于数字资产用途的使用价值评估。基于数字资产的定义，刻画数字资产使用价值至少包含以下四大因素：一是行业热度：数字资产的使用场景所在行业的发展前景与热度；二是资产用途：数字资产使用过程与其他要素共同带来的收益以及各项要素贡献；三是交易指标：数字资产的历史价格与交易活跃程度；四是真实世界：数字资产在真实世界与元宇宙世界的反馈机制。

$$使用价值 = \alpha_0 + \sum_i \beta_i X_{it}$$

其中，X_{it} 表示影响数字资产使用价值的各个影响因素，β_i 表示不同因素对使用价值的贡献。

第二层面是基于数字资产供求关系的价值评估。数字资产的供求关系将对价格产生影响，结合资产供给指标和需求指标建立影响价格的供需模型，在数字资产使用价值的基础上对数字资产进行基本价值的评估。

$$基本价格 = 使用价值 + 供求关系调整$$

第三层面是基于数字资产未来收益的价值评估。数字资产带来的收益是持有数字资产的关键性因素,通过对数字资产持有收益与未来价格的评估进行数字资产未来收益评估。

$$未来收益 = \frac{未来价格 + 持有收益}{现有价格} - 1$$

第四层面是基于数字资产风险计量的价值评估。在不同场景下,对数字资产潜在的风险进行全方位的评估,基于风险因素对第三层面的收益进行调整,得到数字资产的基本回报。

$$市场基本回报 = 未来收益 + 风险调整$$

第五层面是基于其他因素的数字资产回报调整。考虑到不同数字资产的差异性,在这一步将从影响数字资产的特异性因素出发,对数字资产回报进行针对性的调整。

总的来看,在不考虑其他因素调整时,数字资产市场回报的基本评估流程如图6所示:

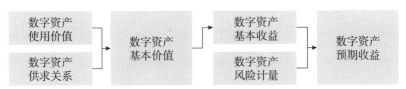

图6 数字资产回报评估基本流程

对于数字资产回报的计算基本公式如下:

$$数字资产回报(DaR) = \frac{未来价格 + 持有收益}{现有价格} - 1 + 风险调整$$

2."共识博弈"——支持元宇宙数字经济体系背后的激励机制

正如前面所讲,共识决定价值。它是支持以区块链技术为工具形成元宇宙经济体系及数字经济生态的基础,同时以区块链为基础的数字资产市场是元宇宙经济的基石,对应的针对去中心化分布式的激励机制可以通过"共识博弈"(Consensus Game)表现。共识博弈包含了传统以纳什均衡(Nash Equilibrium)为基础的非合作博弈和以著名的夏普里值(Shapley Value)为基础的合作博弈。我们简要介绍由"共识博弈"提供的支持元宇宙数字资产交易的激励机制及基本原理。

共识指的是一个社会不同阶层、不同利益的人所追求的共同认识、价值和理想。"共识经济"(Consensus Economics)最基本的解释就是经济活动的主体(一群人、社区或者国家)在特定历史时期的经济活动中对于某些特定议题或者问题的一般共识或协议。共识经济学则是研究共识经济一般规律的学科,它的最终目标是实现人们"共商、共建、共享和共赢"。共识经济能够得到实现的最基本的核心经济思想是支持经济活动信息的全面分享,即去中心化的账户管理。去中心化的账户管理需要配套的技术创新——区块链技术平台。通过共识的区块链可以支持构建人类经济的命运共同体,实现融合实体经济和虚拟经济的共赢共享。

在经济活动过程中,共识是契约的基础。契约是指双方或多方共同协议订立的有关买卖、抵押、租赁等关系的文书,也是对经济活动过程中某个产品、商品、服务或者某个规则的效用和边界(包括价格、价值、时间范围)达成共识的总结。如果将制度看作一系列契约的集合,那么就可以建立共识、契约、制度三者的相互关系,而共识则是这一关系的基础。在这一层面，也可以认为共识经济学研究的是共识、契约与制度的内在的逻辑联系及对经济体系的相互影响，而共识是共识经济学的核心。

一般来讲，共识可以分为两个层次：抽象共识和具化共识，前者是概念层面的共识，后者是具体化的共识。共识对应为二个基本的核心要素：信用和信任。其中，信用是经济和金融学中的概念层面，而信任是在社会和心理层面支持具体行为的概念，例如签合同时，双方只有在基于对方的信用的情况下，才可以签署合同书来保证对合同书中的条款义务等进行承诺。

在共识机制下，还需要基于因不遵守"共识"条款而发生的商务活动和共识与社会、经济、科技等各方面的密切关系，对其经济活动进行价值评估。为了制定合理的支持数字资产的价值体系，需要建立对应的通证理论（Token Theory）。在区块链经济体系里，数字通证（Digital Token）与传统经济体系中的货币相对应，它将不同的经济要素连接起来，形成一个有活力的整体。因此，数字通证是区块链经济体系中的关键要素，而通证论的建立则是连接理论与实践最为关键的一环。

3. 区块链的共识博弈

共识与数字货币硬分叉

区块链是分布式数据存储、点对点传输、共识机制、加密算法等计算机技术的新型应用模式。共识机制是区块链系统中实现不同节点之间建立信任、获取权益的数学算法。以数字货币的硬分叉为例来说明在实践中要真正达成并执行"共识"具有挑战和难度。

区块链架构是一种链式结构，并且具备了短链服从长链、代码即法律等原则。从共识原理上来讲，不应该出现分叉这种现象。

随着数字货币网络转账、交易的用户越来越多，数字货币结算的速度越来越慢，因此需要花费很长时间等待交易被打包和确认。交易很难挤进交易发生后挖出的第一个区块，可能轮到你的时候，前面5个区块都挖出来了。交易拥堵导致了转账速度变慢，手续费也就越来越高。

为了缓解"高峰拥堵"的状况，相关币种的网络需要扩容。2017年7月21日，某一数字货币的分叉方案BIP91已经获得全网算力支持，一致同意先进行隔离升级，并在之后的6个月内把底层区块链的区块大小升级至2M。这种支持向后兼容的隔离见证（Segregated Witness，SegWit）方案，旨在缓解该数字货币的区块链大小限制问题，我们称之为软分叉（Soft Fork）。方案实施之初，就遭到了挖矿巨头旗下矿池ViaBTC的挟持，它们准备了一套硬分叉的体系，修改了该数字货币的代码，支持大区块（将区块大小提升至8M），不包含SegWit功能。在分叉之前，它存储的区块链中的数据以及运行软件与所有该币种的节点兼容，当到了分叉那一刻，它开始执行新的代码，打包大区块形成新的链。这种分叉我们称之为硬分叉（Hard Fork）。硬分叉和软分叉如图7所示：

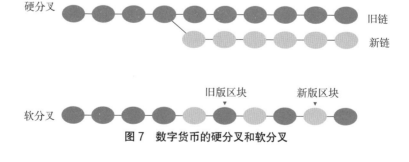

图7 数字货币的硬分叉和软分叉

我们将通过引入区块链共识博弈论的概念来解决上面提到的区块链分叉问题。

4.共识博弈的基本思想

在改进区块链机制设计的过程中，必须要引入博弈论的相关知识。博弈论是指研究多个个体或团队之间在特定条件制约下的对局中利用相关方的策略，而实施对应策略的学科。博弈根据是否可以达成具有约束力的协议可分为合作博弈和非合作博弈。但随着金融科技的发展，呈现出支持共识经济发展需要的新观点——共识博弈。

（1）合作博弈和非合作博弈

合作博弈是研究人们达成合作时如何分配合作得到的收益，即收益分配问题。合作博弈采取的是一种合作的方式，或者说是一种妥协。妥协其所能够增进妥协双方的利益以及整个社会的利益，因为合作博弈能够产生合作剩余。这种剩余就是从这种关系和方式中产生出来的，且以此为限。至于合作剩余在博弈各方之间如何分配，取决于博弈各方的力量对比和技巧运用。因此，妥协必须经过博弈各方的讨价还价，达成共识，进行合作。在这里，合作剩余的分配既是妥协的结果，又是达成妥协的条件。

非合作博弈是指在策略环境下，非合作的框架把所有的人的行动都当成是个别行动。它主要强调一个人进行自主决策，而与这个策略环境中的其他人无关。博弈并非只包含了冲突的元素，往往在很多情况下，既包含了冲突元素，也包含了合作元素。即冲突和合作是重叠的。在博弈理论中，非合作博弈通常提到的纳什平衡（Nash Equilibrium），即在一个博弈过程中，无论对方的策略选择如何，当事人一方都会选择某个确定的策略，则该策略被称作支配性策略。如果两个博弈的当事人的策略组合分别构成各自的支配性策略，那么这个组合就被定义为纳什平衡。在纳什平衡中，每个博弈者的平衡策略都是为了达到自己期望收益的最大值。

（2）共识博弈

现实中的绝大多数博弈问题可以看作是合作博弈与非合作博弈的混合物——共识博弈。个体有限次的、局部的策略选择行为与整个市场相比仍足够小。在理想的完全竞争的交换市场经济中，参与者（局中人）较多，策略选择行为发生次数足够多时，非合作与合作博弈的差异近乎消失，两者趋于一致。然而，这种理想经济与现实差距甚远。当大企业集团、国家对市场和国际经济的影响仍然举足轻重时，合作与非合作的分类研究及将两者有机结合起来的博弈模型研究仍有重要意义。参与博弈的局中人，为了各自的利益目标，都在努力寻找和实施能够获得更多利益的行为方式。如果联盟或合作更有利于目标的实现，部分局中人自然会以联盟为单位进行博弈，此时只需考虑如何在联盟内部分配这些比成员们单个博弈时所得之和还要多的利益。否则，局中人仍然会是单兵参战。因此，实际中的博弈问题，局中人常常面临着在合作与非合作之间的选择，这就是拟合作问题，例如经贸谈判，委托—代理关系中的激励相容问题、垄断竞争、国家政府、企业和个人的关系问题等。关键在于合作与非合作相互转化的条件（利益标准）、特点和均衡的实际情况。

区块链的本质，是一种多方参与的"共识系统"，是通过奖励遵守规则的参与者、制裁破坏规则者的良性竞争激励的一种机制设计。机制设计（Mechanism Design）是研究在自由选择、自愿交换、信息不完全及决策分散化的条件下,设计一套机制(规则或制度)来达到既定目标的理论,即回答在给定"一般共识"原则和对应激励机制的情况下,如果有团队进行"非共识"下的商务活动,即非合作博弈的时候,是否会有支持区块主链建设的诚实团队存在的问题。我们把这个问题和相关问题研究的理论成果,称为"共识博弈论"。目前,这种思想最成功的应用是在拍卖理论(Auction Theory)上。图8是一个在区块链背景下博弈论研究的案例。

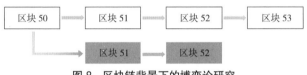

图8　区块链背景下的博弈论研究

如上图,假设在一个区块链上,矿工1和矿工2在第50个区块出块后,有两个决策:

一是继续在主链上挖矿:上白51,并且获得收益3;

二是分叉:下灰51,并且获得收益5;如果有人分叉了,主链上第51个区块的收益变为2;

如果矿工1和2都选择分叉并且没有惩罚的话,有可能出现大家都决定分叉,这也是区块链上很常见的"双重支付"(Double spending)问题。当分叉而获得收益足够大时,就会出现前述矿池ViaBTC直接采取硬分叉(即永久分叉)的行为,对区块链的稳定性造成威胁。

表2　区块链上的双重支付问题

决策收益	矿工2挖主链	矿工2分叉
矿工1挖主链	3,3	2,5
矿工1分叉	5,2	5,5

但是，如果区块链上的经济模型里面规定一些惩罚机制，比如矿工 1 和 2 都有保证金 6，系统如果发现任何人有分叉的行为，都将扣除 6 的保证金，那新的决策收益矩阵，如下表所示：

表 3　新的决策收益矩阵

决策收益	矿工 2 挖主链	矿工 2 分叉
矿工 1 挖主链	3，3	2，-1
矿工 1 分叉	-1，2	-1，-1

这时如果区块链上的纳什均衡变成矿工 1 和 2 都不分叉继续挖主链，矿工 1 和 2 都会理性地选择对整个链都有好处的决策，从而使得整个区块链系统更加稳定和安全，从而具有存在的共识均衡点。由此可见，区块链博弈论能使没有信任基础的区块链参与者都做出对整体区块链有利、安全和稳定的决策，从而实现去中心化的良好自治目标。因此，良好的博弈论机制设计是区块链经济模型设计中至关重要的一个环节。

我们需要指出的是博弈论的范畴还很多，除了前面提到的合作博弈和非合作博弈之外，还有静态博弈和动态博弈、完全信息博弈和不完全信息博弈。区块链上的经济问题也远不止"双重支付"，因此与之配套的顶层设计和对应的监管制度的建立也就显得非常重要。

如果要对合作与非合作行为的兼并使用或者同时出现，我们就需要引进一个共识博弈，它允许我们讨论存在一个可接受的（可能不是"帕累托最优"）混合协同策略。该策略包括在给定共性原则下的合作与非合作行为的兼并使用或者同时出现，所以过去我们分开考虑的合作或者非合作行为（博弈）是"共识博弈"的特殊情形。

例如根据中本聪的共识原则，每个矿工应按照最长链规则

（Longest Chain Rules，LCR）进行区块链的建设。这里，我们可以简单地定义按照最长链规则进行区块链建设的员工是合作博弈的执行者。矿工不按照中本聪的共识原则进行工作的行为称为非合作博弈行为。在这种情况下，一种典型的行为是矿工通过充当"自私的矿工"（Selfish Miner）或"采矿池攻击者"（Mining-pool Attacker）来开采对应的数字货币来获得高回报。因此当与传统的合作与非合作博弈相比较，共识博弈是一种自然的延伸统一经济。

袁先智等通过提出"共识博弈均衡"（Consensus Equilibrium Game）的概念，在给定的"一般共识"原则如果具有相容性的激励机制的情况下［即，基于区块链生态针对区块链建筑矿工（Blockcoin Miner）的收益函数（Payoff Function）是连续拟凹这个一般的环境条件下］，正面回答了是否有支持区块主链建设的诚实团队存在的基础性问题，这个结果可以看作是支持区块链共识经济的核心基础成果之一。如果支持区块链建设的共识机制具有一般的激励相容性，尽管可能有"间隙行为"（Gap Game Behavior）、"叉链行为"、"矿工池攻击行为"的出现，但是一定会存在有诚实的矿工遵守"一般共识"原则中的最长开采链规则（LCR）进行区块链的建设，从而保证区块链生态系统的长远运行，支持基于区块链生态系统的共识经济活动的运转。

因此，在金融科技支持下，元宇宙中的共识博弈应该作为数字经济体系背后的激励机制而存在。同时，作为共识博弈的应用，对不同虚拟社区和平台的各种活动形态以及产生的数字资产的表现，以及其存在的活跃性和稳定性都可以进行深入的研究，这都将为支持数字资产价值的评估起到重要的作用。

5. 数字资产价值的分层架构

通过以上的四性评估框架及评估基本流程，我们实现了对数字资产价值的评估。我们通过分层架构的方式，保证评估结果和过程的安全性。在评估设计中将区块链信任的传递分为 5 个层次：网络层、区块层、数据层、价值层以及合约层，不同层级服务不同的业务场景，从而实现区块链上不同层次的业务场景。

第一，网络层实现点对点去中心化的数据传输，建立数据传输的信任。

第二，区块层实现区块链的基本功能，不可篡改且有时间性的区块构造，并以区块形式记录所有交易信息，适合于构建基于大批量用户数据一致性的应用，包括征信、溯源、防伪等。

第三，数据层基于区块链层并允许所有节点使用自己的数据库技术将信息写入区块，实现了大数据和区块链的融合。

第四，价值层实现数字资产生命周期管理，以及资产的发布、交易、互联、交换、冻结和授权等功能。

第五，合约层，即在区块链系统上构建智能合约，并基于价值层实现复杂的商业逻辑计算功能。

在元宇宙世界中，每一个单独的元宇宙社区场景都在不断地完成"数字创造"，同时元宇宙本身提供的服务或者机会的价值由对应的"数字资产"来体现；而"数字资产"通过"数字货币"（Token）在"数字市场"的交易实现价值。本章介绍的基于共识博弈的去中心化分布式区块链平台产生的生态将作为核心支持和激励"数字市场"的持续稳定发展。数字创造、数字资产、数字货币和数字市场构成了元宇宙经济系统必备的四大要素,满足和支持元宇宙居民的数字消费。

我们也尝试提出支持元宇宙资产价值的评估和定价的四性评估框架和方法,促进元宇宙各社区之间的价值实现公平、安全可靠和快速的传递,以期在不远的未来,能让该框架伴随着元宇宙共同发展和壮大。

参考文献

［1］《比较》研究部,姚前.读懂Libra［M］.北京:中信出版集团,2019.

［2］布莱恩·阿瑟.复杂经济学［M］.贾拥民,译.杭州:浙江人民出版社,2018.

［3］马小峰.区块链技术原理与实践［M］.北京:机械工业出版社,2020.

［4］赛费迪安·阿莫斯.货币未来:从金本位到区块链［M］.李志阔,张昕译.北京:机械工业出版社,2020.

［5］尹沿技,张天,姚天航.元宇宙深度研究报告:元宇宙是互联网的终极形态?［R］.(2021-06).

［6］喻国明.未来媒介的进化逻辑:"人的连接"的迭代、重组与升维——从"场景时代"到"元宇宙"再到"心世界"的未来［J］.新闻界,2021(10):54-60.

［7］袁先智,周云鹏,严诚幸,刘海洋,李祥林,曾途,等.财务欺诈风险特征筛选框架的建立和应用［J/OL］.中国管理科学,2021-05-11. https://doi.org/10.16381/j.cnki.issn1003-207x.2020.220.

［8］袁先智.基于金融科技全息画像方法建立国际通用的中国企业主体和债券的信用评级体系［Z/OL］.现代金融风险管理,(2021-02-22).https://mp.weixin.qq.com/s/RwP6UTtk3hMF9gYkImqD7A.

［9］张翼成，吕琳媛，周涛. 重塑：信息经济的结构［M］. 成都：四川人民出版社，2018.

［10］周小川. 如何全面看待数字货币和电子支付的发展［Z/OL］.（2018-11）. https://www.jinse.com/bitcoin/277528.html.

［11］朱嘉明. 未来决定现在：区块链·数字货币·数字经济［M］. 太原：山西人民出版社，2020.

［11］Lan Di，George X. Yuan，Tu Zeng. The consensus equilibria of mining gap games related to the stability of Blockchain Ecosystems［J］. The European Journal of Finance，2021，27（4-5）：419-440.

推荐语

站在自己的对立面,脱离未知的世界,冲破未知的世界,跨进元宇宙世界。用灵魂的一半去对应另一半,用精神的一半去对照另一半,用身体的一半去合元宇宙里的另一半,合为一个完整的自己。以灵魂指引自己的精神逃脱过往的面具,在元宇宙中重生自己。这是一条必经之路。当我读完本书的目录时,一束光正好划破夜空,它眷顾我,让我看见了那个澎湃而清新的宇宙。读这本书的意义在于看见自己是一个完美的人。

三通企业(集团)有限公司董事长、
中国企业家俱乐部发起理事　艾新

《雪崩》"创造"的元宇宙是"在黑太阳里,一切都是立体的、不透明的、写实的"。欢迎来到元宇宙时代,重新定义人和人生。它也会带来迥异的商业,请你保持兴奋和警醒。

零壹财经·零壹智库创始人、
横琴数链数字金融研究院院长　柏亮

元宇宙的到来是技术发展的必然趋势,是工业 4.0 愿景达成后的最终形态。工业 4.0 愿景远未止步于工业，它所带来的物联网（IoT）服务理念，贯穿于各个行业，将人类的衣食住行、工作生产、水气电网等结合。在引入人工智能（AI）、NFT 区块链、数字孪生技术后，这张虚拟的"神经网"将具备自行运营、决策、纠偏的能力，并映射甚至驱动物理世界的实体，形成一个虚实结合、兼容并包的"元宇宙"。非常感谢《元宇宙大投资》这一前沿科技投资指南，宝通科技的布局与本书的理念不谋而合，未来宝通科技在发展中也将借鉴本书的指南，继续用科技输送美好的数字生活。

宝通科技董事长　包志方

人类社会一直在发展，但需求本身一直没变。衣食住行、生老病死、七情六欲，以及对更美好生活的追求，这些需求一直没变，变的是形式，比如，满足衣食住行、生老病死、七情六欲，以及对更美好生活的追求。可以说，元宇宙是一个会对我们整个社会生活再次带来改变，甚至是重塑的新形式，也会是影响个人、集体乃至财富命运的新形式。元宇宙系列，是我们通往未来的一张门票，意义重大，也必将影响深远。

华商韬略创始人　毕亚军

囊括物理世界、数字世界的元宇宙将成为未来人类的生活方式。如何找准投资的黄金着陆点，实现元宇宙价值裂变，或可从本书中找到答案。

芒果超媒党委副书记、总经理、总编辑，
芒果 TV 党委书记、总裁　蔡怀军元宇宙是继大数据、区块链、5G和云计算之后的未来新趋势吗？我的三位好友分别是大数据、金融科技和区块链专家，倾心创作国内介绍元宇宙的第一套书，勾勒出未来元宇宙的轮廓。不管你是否认可元宇宙为互联网的未来，这本书都能给你很多的启发。

点石资产管理创始人、前德意志银行战略科技部副总裁　蔡凯龙

本书清晰地梳理了从Web1（信息互联网）、Web2（移动互联网）到Web3（价值互联网）的发展路径，在元宇宙的世界里，内容产业将从信息传播、网络社交时代回归"内容为王"价值本质的通证时代！

视觉中国副总裁　柴继军

对未知的好奇从来都是人类文明进步的重要动力，爱因斯坦用相对论揭示了宏观世界的规律，普朗克和玻尔的电动力学展现了粒子世界的奥妙。致敬中观世界的好奇者，带着我们体验平行时空的人生，更奇妙的数字化人生！本书是对元宇宙重要的元年献礼。相信本书的出版，会推动我们更快抓住元宇宙生态发展的关键要素，迎接下一代数字化未来的到来。

阿里巴巴集团副总裁，阿里大文娱CPO，酷漾CEO　常扬

2021年是元宇宙的元年，堪比航海时代的大迁徙。本书用独特的视角带我们分析了当前的形势，窥探了元宇宙的秘密，是每个人在元宇宙时代必不可少的投资指南。

杭州妙聚网络董事长　陈博

在物理现实世界，约瑟投资持续为优秀创业者、优秀企业和IP创造价值，在元宇宙广袤的数字世界里，约瑟这个身份所创造的价值远远超出了投资本身。这套新书是进入元宇宙世界的最佳引路人。

约瑟投资董事长　陈九霖

"元宇宙"是一个新概念，但并不是一个新事物；相反，人类在技术与资本的推动下，已经在迈向元宇宙的进程中前行了多年。这本书恰逢其时地从理论基础层面，系统地阐释了"元宇宙"这一概念的构成，能够帮助读者前瞻性感知我们将要去哪里，时代将会如何变革。

东方富海董事长，中国中小企业协会副会长　陈玮

正如乔布斯感悟的"计算机是头脑的自行车"，计算机这个伟大的发明赋予我们最奇妙的能力。而后，基于计算机和互联网技术发展，人类不断地提升数字场景构建和体验，驱动消费市场的演变。20世纪60年代媒体理论家马歇尔·麦克卢汉（Marshall McLuhan）写下了著名的"媒介即信息"，认为数字技术影响了人和人之间的想法、联系方式和感知方式。今天，这些媒介是微信、抖音、微博等，它们影响甚至控制着我们的线上生活。我们正在成为一个数字优先的物种，同时我们也在拒绝平台的流程和机制。这两个因素结合在一起，使工作更加分解和具有创造性，助长了创作者经济，让每个人都能用技术来建设。下一个互联网框架和新的商业模式将更好地允许创作者和他们的社区获取和交换价值，形成更强大的数字经济。最终，这将产生一个沉浸式的、去中心化的元宇宙世界。

创梦天地联合创始人，董事会主席、CEO　陈湘宇

推荐语

2021年是元宇宙元年。区块链、人工智能、虚拟现实技术的突破性发展，使得超空间传输协议、跨场域价值通证与拟感官认知界面三者第一次能够协同于同一应用场景，从而揭开地球的数字纪，真正进入人机共生的时代。

元宇宙与未来资产研究智库 MetaZ 创始人、
NFT China 首席顾问　陈序

元宇宙作为一个全新的概念，让我们对未来虚拟世界的建立有了全新的憧憬。元宇宙未来潜力巨大。如果您想系统地了解元宇宙，那么，本书会给您带来新的视角。

中国电子学会秘书长　陈英

元宇宙是值得探讨和思考的话题，它提出了在移动互联网红利见顶的当下，发现下一个增量市场的可能方向。

掌阅科技董事长　成湘均

元宇宙来了！从创新到经济体系，再到政府，虚拟世界已经成为我们生活中越来越重要的一部分。大多数的服务都可以通过去中心化的虚拟方式得以实现，现实的机构在未来可发挥的作用越来越有限。《元宇宙》系列图书涉及新的未来，在这个未来中，人们将更加无拘无束。我期望元宇宙这个去中心化的世界将为人类历史上最具创造力和生产力的一次飞跃和进步提供一个平台。

DFJ 投资基金创办合伙人　蒂姆·德雷普

《元宇宙》系列图书极具前瞻性和洞察力，其所描述的虚拟世界与现实世界相辅相成，已然是物理世界中的实体与数字世界中的孪生体相互映射，未来必将成为人类社会数字化发展的新形态。"元宇宙"将会赋能现实世界的所有行业领域，基于现有商业模式进行元宇宙化创新，助力数字孪生的社会创新发展从概念走向落地实践，数字化社会已经到来。

广联达董事长　刁志中

　　物理能量是支撑"信息唯一性"的根本基础。元宇宙创世前的互联网，是低强度能源支撑的、低维度的信息世界。信息可以自主交流，但不能自主交易；未来，基于高强度、高载能、净零碳、新能源为底盘的元宇宙新世界，将通过人民群众的共识、聚沙成塔的物理能量，来确保新世界信息的"唯一性"。我们看到的还是互联网，但是，底层逻辑已经改变，底座已经重构。未来已来！

世纪互联集团创始人、董事长　陈升

　　近年来 VR/AR/XR、脑机接口、区块链、数字人、数字孪生等新技术和产品层出不穷，真实世界和虚拟世界的边界似乎正不可逆地变得模糊。元宇宙概念的提出，更是为人类终极的赛博世界提出了完整的构想，也可能为人类下一世代数字技术的发展指出了前进的方向。这套书从多个维度剖析了元宇宙的核心内涵和典型特质，畅想元宇宙未来在多个应用领域的发展前景，带领读者提前迈入了元宇宙的奇幻世界，成为元宇宙的原住民。值得先睹为快！

华兴资本合伙人兼董事总经理　杜永波

进入元宇宙，拥抱美好新生活与幸福新世界。

幸福社创始人　樊晓艳

《元宇宙》系列书向我们描述了一个与现实世界平行的虚拟世界，它的技术实现路径渐趋渐进。在这个永不离线的虚拟世界里，人们可以进行互动和交易，俨然是真实世界的镜像。本书高瞻远瞩、视野独到、极具先见之明，为我们打开了解未来虚拟世界的一道门。

猎豹移动董事长兼 CEO　傅盛

北宋学者邵雍曾推算出地球人类文明是周而复始的，人类发展的周期为 129600 年。数字技术和人工智能的时代仍然是人类在主导和思考，技术促进脑机连接的努力仍将一往无前。元宇宙是一切意识的幻化和投影，在无限时空里，人类的自觉和异化正值大数据的切片和共谱。恰在其时，天文学研究，火星与月球上都有类似地球的金字塔人面狮身的构造物。假如证实为同一来源，我们人类的历史和来源都将被重新改写，回归到不生不灭的"元宇宙"。我阅读这本书时，想象我们的祖先夙愿未了，与我们在量子纠缠的时空中，得以在这部书中进行终极的著述。

国际跨界艺术家，独立策展人　傅榆翔

链上原生艺术的非同质化通证，其实是执行智能协议的一种标准、一种行业规范。它天然具备可收藏性、可流通性和可证明性。非同质化通证不但有价值，而且具备进入虚拟社交游戏元宇宙的优势品质，势必与多链元宇宙应用场景、与虚拟世界所映射的人类交往理性及其乌托邦理想产生梦幻联动。显然，链上原生的加密数字艺术史将与物理现实中薪火相传的传统艺术史平行输出、虚实并进、互为表里、长期并存。然而前者终将成为后者的一种确证方式，从而让人类汇聚最高人文智慧和精神价值的艺术文明获得一种数字永生。互联网的尽头也许就是元宇宙。《元宇宙》系列图书是了解元宇宙的奠定基础的好作品，希望了解和参与元宇宙的朋友们，一定要读一读。

著名策展人　顾振清

　　元宇宙并非只是一个看似感性的概念，或对《我的世界》之类的"旧瓶装新酒"。它的意义也不仅是游戏领域的新革命，也可能成为新一代人类的社交或电商工具。这是一个人类自己也不知道会发育成什么样子的宇宙生态，不会有一家公司能够垄断式地打造或运行它。就如同真实世界，将由许多的个人、公司、组织共同实现，也会有非常多的工具、基础设施、协议来支持它的运行，几个关键影响因素包括：虚拟身份与资产、用户创造、经济体系、沉浸感、社交性。目前关于元宇宙的研究资料不多，也较为零散，《元宇宙》系列图书做了系统的观察与梳理，值得一读。

知名财经作家、浅海融媒董事长　何伊凡

　　由计算机、网络、算法构建的虚拟世界，如同城市一般，将汇聚新新人类，成就多元价值的创造、交换和消费。这个全新的虚拟世界被称为"元宇宙"。元宇宙正处于大爆炸的前夜，是因为感知技术正在突破临界点，弥合了碳基生物与硅基世界的鸿沟；而基于区块链技术的社区自治规则也已落地，规则成就秩序，秩序成就文明。先知者智，先行者慧。热诚推荐《元宇宙》系列图书，愿你成为元宇宙的先知先行者。

上海交通大学上海高级金融学院实践教授　胡捷

在"1000个人眼里有1000种元宇宙"的今天，本书非常难得地提供了从硬件到软件、从后台到前端、从历史到当下、从中国到全球，对元宇宙的全面深刻解剖。无论你是资本界的高明猎手，技术界的一流极客，还是商业界的弄潮先锋，甚至只是一个对元宇宙感兴趣的"吃瓜群众"，这本书都不容错过！

网易集团副总裁，雷火事业群总裁　胡志鹏

作者通过宏大的世界观及深刻的行业洞察，对元宇宙领域做出了全面细致的分析和观察。从基础建设、经济生态、技术演进与融合等方面为投资者构建了一个值得参考的元宇宙认识框架，并以独特的文化视野探索了元宇宙的中国版本及"科技向善"含义。

顺网科技董事长　华勇

一个全新时代的诞生，注定是科技全方位的突破。如何突破，该套丛书给了我们观测未来世界的视角。

魔漫相机创始人　黄光明

人类对真实与虚拟，或者说本质与表象的探索不曾停止，本书极具开创性地为投资者们提供了产业研究的一些定性链路。

友谊时光董事会主席兼CEO　蒋孝黄

元宇宙是一个火爆全球的新方向，科技巨头们都在奋力朝着这个方向努力。这本书中，对于全球巨头的分析非常详细，巨头们的布局思路值得我们借鉴。

江山控股董事会主席、执行董事、行政总裁　靳延兵

元宇宙是计算机们自己"算"出来、自己运营的一个世界，我们人类中的极少数人是初始建设者，而绝大多数人是参与者，但是我们人类加起来也只是"少数民族"，因为这个世界中最活跃的是机器人。

中科院上海计算所所长　孔华威

有很多人把元宇宙简单地理解为虚拟游戏，也有人知道元宇宙源自于科幻小说《雪崩》，我把它概括为：利用算法和数据，以区块链作为底层操作系统，通过计算和显示技术创造的后人类平行文明。它是一个接近于四维的世界，所以它的价值将不再与用户数的平方成正比，而是与用户数的 3 次方甚至 N 次方成正比！

嘉楠耘智前联席董事长　孔剑平

前几年，很多人在观看科幻电影《头号玩家》后被深深震撼，电影中的人们通过 VR 头盔进入名为"绿洲"的宏大虚拟世界，在其中可以去任何地方，甚至做任何事情。而近年来随着"元宇宙"概念的广泛传播和推动，大家突然察觉，电影中的科幻正加速走向现实。今天，科技巨头争相入局元宇宙以迎接下一波互联网革命狂潮，我认为关注该领域发展和投资的读者都不应错过本书。

盛天网络董事长　赖春临

元宇宙作为下一代具体化的互联网形态，带给用户的将是一种真正的沉浸式虚拟现实体验。但其所需要的技术、创作、经济等生态，也将带来新的需求和新的商机。未来也必将呈现百家争鸣的样态，谁能构建出独特的文化 IP 将会成为核心竞争力。而本书的观点和案例，将助力各位加速探索元宇宙的步调，并企盼真正元宇宙时代的到来！

新英才控股（集团）有限公司董事长、
北京市新英才学校董事长兼校长　蓝春

"元宇宙"作为当下最火爆的概念之一，吸引了各产业资本入局，掀起了全球投资热潮。本书系统性地梳理了元宇宙六大投资版图，结合国内外科技巨头的布局案例，独到解读了全球投资浪潮下元宇宙的普世价值。这是一本不论是投资者还是科技、金融乃至文化艺术行业从业者都值得一读的元宇宙指南。

风语筑董事长　李晖

元宇宙席卷了全球所有关注科技的人，它似乎很神秘，但已有的全球科技巨头均已介入，它尚未有共识性的入口但似乎各个环节都有了试水性的样板。这本书告诉了产业资本与金融资本："元宇宙"究竟是什么？怎样去投资？有哪些投资阶段？在历史长河中的位置是怎样的？又最终走向何方？

行动教育董事长　李践

未来元宇宙世界的基盘将会是对接了 BIM/CAD/IoT 等数据的数

字孪生系统，B 端应用将构建在这个系统之上。AR 将会是这个数字孪生系统和元宇宙的入口，也是真实世界与元宇宙的融合点。真实与虚拟的切换和衔接对空间映射的要求越来越高。但元宇宙单纯有技术支撑不等于能够驱动用户持续生成内容，寻找到这个点将是关键。

DataMesh 创始人、CEO　李劼

当我们还在三维空间和四维世界里探寻"我是谁"的答案时，元宇宙已经为人类开启了五维的界面。

丝路视觉董事长　李萌迪

探索前沿的精英们不断有新发展、新发现。现在是你们的时代！把握住方向奋飞！

第十届全国政协副主席　李蒙

若感知世界的最重要维度——"时间"与"空间"被赋予全新体验，生活行为和经济运行都会被重新定义。元宇宙底层逻辑中的"去中心化"思潮代表部分千禧一代的全新身份认同，但也将面临更多监管博弈。未来是《头号玩家》般的"多元宇宙"，抑或只是"垂类 3D 兴趣社区 App"，亲历技术变革的前三分钟，都是一件令人兴奋的事。

著名双语主持人、财经评论员、《硅秘》UP 主　李斯璇

科技的突破一直引领着现代社会飞速发展，从混沌到秩序的创新涌现让越来越多的想象变为现实。由虚拟世界联结而成的元宇宙将为我们展现数字经济与信息技术交相辉映的宏大前景，预示着人类新时

代的来临。未来已来，我们拭目以待。

混序部落创始人　李文

《元宇宙》系列图书付梓于辛丑，恰逢党诞百年，艰辛历历唤指华夏民族崛起之光辉航向。宇宙无限，初始有元，元亨利贞。万象自然，大道前行，积识启智，时代所需。

纪晓岚研究专家、书法家　李新永

每十年，新的技术范式都将代替以往的范式，带动全新的社会创新与进步。2000 年到 2010 年，我们历经了 PC 互联网的十年浪潮；而 2010 年到 2020 年，移动互联网来势汹汹，快速席卷全社会；如今，到了 2021 年，我们又一次站在历史的分水岭。预计未来十年，元宇宙将作为与物理世界平行的数字世界，推动全行业实现终极数字化转型，因为它的能量远超移动互联网。如果你错过了 PC 互联网、移动互联网，那么，不要再错过互联网的下一站——元宇宙。

51World 创始人兼 CEO　李熠

《元宇宙》系列书籍能给我们带来诸多的启发。它带领我们到平行于现实世界、又与现实世界密切联系的在线虚拟世界进行了一趟旅行，让我们了解了元宇宙的构建原理、运行模式和商业价值。可以预见，不论是否使用化身，元宇宙必将是我们每一个人生活、工作和学习中的一个全新世界。实际上，我们每个人都早已或深或浅地踏入元宇宙了。为了更好地迎接未来，推荐大家都认真读一读。

东方航空信息部副总经理、《旅行简史》作者　李志军

"元宇宙"概念在全球资本市场风潮正起,多个项目已经斩获大额投资,《元宇宙大投资》值得勇于冒险的你认真读一读,你将走进一个全新的世界。

希鸥网创始人　李志磊

宇时宙,宙间宇,宇宙梦;元宇宙通道,引领一个美丽而宏伟的世界!

艺术家　林家卫

我们现在从事的数字城市、数字政务、数字化产业,都是元宇宙的先导产业,是真实世界数字化的这部分;随着虚拟世界真实化另一部分地不断发展,双方将交汇成虚实共生的元宇宙世界。这套书是指引你走向元宇宙未来世界的好向导。

佳讯飞鸿董事长　林菁

下一个互联网时代必定是元宇宙的时代,通过本书可以清晰地按图索骥,了解行业纵深,深刻理解科技革命的新时代。

赤子城科技创始人、董事长　刘春河

元宇宙时代,物理、伦理、成本、生产力、生产关系、价值定义都发生了巨变。从尺度上,狭义元宇宙可指任意精神沉浸场景,如书、角色、电影、游戏、城市;广义元宇宙则是所有现实与虚拟世界及其中的物种、物质、信息、规律、时间等互联形成的超级文明体。人人皆可创建无数个狭义元宇宙,最终构成广义元宇宙统一体。从时间上,

2030年前，Web 2.5"虚实共生"，现实与数字世界的互通入口如AR世界地图至关重要；2050年前，Web 3.0"虚实莫辨"，海量子元宇宙们如《头号玩家》般实现体验互联；2070年前，Web 4.0才是脑机与AI + 系统互联的真·元宇宙时代。

爻宇宙发起人，悉见创始人兼CEO，本无起源创始人　刘怀洋

关于热点元宇宙，我来亮三点。左一点：现实世界正在加速数字化，我们都在奔赴数字化旅途；右一点：数字虚拟世界也在加速真实化，AR、VR、MR拐点将至；下一点：面对元宇宙这一新生事物，这套书可以帮助你更好地了解。

《亮三点》出品人、DCCI互联网研究院院长　刘兴亮

随着数智时代的到来，数字孪生、人机融合大势所趋！从物理世界到数字世界的映射正逐步构建，未来智能技术的发展将带来认知世界的深度变革！元宇宙不仅是物理世界的数字孪生，更应该是认知世界的数字孪生。尤其重要的是，人和机器作为未来世界认知交互的主体，需要我们从不同维度、不同视角去思考！

一体化指挥调度技术国家工程实验室主任　刘玉超

"元宇宙"概念像是一阵飓风，席卷社会各界并引发热议。这是一部因时而生的著作，将为目前社会热点大讨论贡献有价值的观点。《元宇宙》系列书籍从生态、治理、基础设施等诸多角度描述了元宇宙的全景，读者一定会惊异于三位作者能用如此生动而充满洞见的语言为我们展现如此令人兴奋的虚拟宇宙。元宇宙是当下真实的、正在发生的事，而且正在从根本上改变未来数十年的世界。可以确信的是，我们离元宇宙越来越近了。

上海财经大学教授　刘志阳

　　碎片化的数字信息时代，时间的巨轮呼啸而过。互联网革命以来，AI、区块链、数字货币、星链、加密艺术、元宇宙等一系列新概念接踵撞击着我们本已经负重的大脑。当"个体存在演变为巨大计算机（互朕网）母体中的一段程序时，真实和虚拟的恍然无界"。继工业世界的铁血巨头之后，在数字互联网时代的IT超霸操控下，人们离在线虚拟系统越来越近，离梦想机器越来越远。人人不过是一粒渺小的游尘或一个像素，世界或许只是无数代码编造的精神荒原……本套书应该可以成为许多人了解元宇宙的一把入门钥匙，相信会让许多人爱上元宇宙。未来世界是一个由人和机器构成的超级混合体，但再先进的算法也比不了人类会思考的大脑，元宇宙可能也有边界，但人的想象力永远没有边界。

著名互联网主义艺术家、
全球首个线下 NFT 加密艺术个展举办者　罗强

　　我们常说，区块链发现了数字经济的一片新大陆、一个平行宇宙。如果这种说法成立，元宇宙就是这个平行宇宙的终极实现，是数字资产的终极容器，也是数字商品的终极消费场景，代表了当前我们对于数字经济的最大胆、也是最激动人心的构思。了解元宇宙，是把握数字经济财富机遇的必经之路。

Solv 协议联合创始人、数字资产研究院副院长　孟岩

推荐语

元宇宙是一个很大的范畴，元宇宙产业链上的相关公司，不论体量还是规模，大致都符合"专精特新"的方向，我很期待众多公司在这个大方向上脱颖而出，这也是创业黑马服务的对象。

创业黑马董事长　牛文文

记得 1999 年的夏天，看大片《黑客帝国》觉得超酷！它告诉我们世界是可以通过数字进行万物互联的！虽然这不过是通过电影发挥一下人们的想象，但 22 年过去了，世界的发展，早已超乎人们的想象！数字时代就在眼前，没有网络的世界已不可想象。读这本书，深感它的热度，它启发人们思考在技术推动下的社会新形态、新模式和发展趋势。超炫！

清华大学苏世民书院常务副院长、教授，
中国公共关系学会副会长　潘庆中

书中分享的关于元宇宙的思考系统独到、深刻，为我们打开了一扇通往元宇宙世界的大门，希望大家和我一样能享受到这场思想的饕餮盛宴。

浙江恒峰国际控股有限公司董事长　钱峰雷

无论我们如何感知，其实早已身处数字世界。数字经济、数字生活、数字娱乐、数字工作，庞大的数字时空正在迅猛崛起。这正是本书定义的"元宇宙"。元宇宙的量子特性和离散特性是如此玄妙：不受任何物理规律支配，又能模拟任何物理规律。极致到终极一问：元宇宙和宇宙究竟哪个是真实存在的？本书将 2021 年定义为元宇宙元年，其命题之深远、内容之宏大、认知之先锋，值得推荐阅读！

国联股份创始人、总经理　钱晓钧

也许每个人都无数次地希望重活一次。元宇宙提供了现实之外另一种重新生活的方式。技术发展让这个"新世界"越来越生动，体验越来越真实。这套书的出版对于有意了解和投资元宇宙的有识之士具有重要的参考价值，值得细细评读。

人文财经观察家、秦朔朋友圈发起人　秦朔

元宇宙能否带来人类发展的范式创新？十年后，本书有可能成为预言家的惊世之作！

世纪天鸿董事长　任志鸿

对于希望了解元宇宙，尤其是希望投资元宇宙的读者，这是一本值得一读的书。虽然不是学术研究，但它按照研究对象的本质、回溯历史的历史观、研究对象的终局的严谨思路，对元宇宙这一未来方向进行了较为系统的推演，对元宇宙的研究与投资起到一定的领航作用。

**北京理工大学珠海学院会计与金融学院院长、
加拿大圣玛丽大学金融学终身教授　叶龙森**

本书从投资角度对元宇宙的价值发现和评估方法做了论述，是一把打开投资盲盒的神秘钥匙。

恺英网络党总支书记、副董事长　沈军

推荐语

在 2021 年这个时点，全球互联网行业进入了一个相对复杂的状态。Web2.0 和移动互联网的大浪潮似乎已经结束，接下来互联网会走向哪里成为了学术界、产业界、投资界都在思考的问题。而随着计算机视觉技术、AI 技术、区块链技术、云计算技术在过去几年的飞速发展，这些技术从实验室开始走到大规模的商业化应用，进而让整个互联网行业开始成为类似数字世界的存在。"元宇宙"这一此前来自于科幻小说中的概念在今天来看，也在逐渐成为可能。

广州趣丸 & TT 语音创始人、CEO 宋克

《元宇宙》系列图书全面描绘了互联网发展可能的未来形态，为我们描绘了一个与传统物理世界平行的数字虚拟世界，同时为我们社会的全面数字化转型提供参考路径。阅读本套书，可以指导我们更加深入地思考大数据、区块链等新技术与各行业的融合，以及数字经济、社会治理、数字基础设施等未来的发展方向，引领着我们去探索未来的数字世界。

联通数字科技有限公司首席数据科学家 宋雨伦

全球数字科技巨头纷纷参与布局下一个全新数字平台。本书作者客观、冷静洞悉本质，为你寻找最适合自己的投资路径！

华扬联众董事长 苏同

即便到现在，人类还无法完整描绘元宇宙的全貌，但已经可以看见的是，它会是一种媒介工具、一种社交方式，也会是一个无限的开放平台、一种重构的时空场景。通过万物互联、技术驱动和信息的标准化建设，我们正在创造一个全新的赛博世界，而全新的消费业态也正在到来的路上。

值得买创始人、董事长　隋国栋

我对元宇宙的理解是"平行互联世界"，随着通信技术、AR/VR、AI 技术的不断精进，元宇宙正从科幻走进现实，两个世界的运行规则在相互融合与适应，两个世界在资本浪潮中壮大与发展。在本书中去寻找一个投资方向，坚定地走下去，等待两个世界的收获！

鸿合科技总经理　孙晓蔷

透过《元宇宙》系列图书，我得以看到未来虚拟世界的前景，它拥有完整的经济和生活系统，已然是独立于现实世界的另一套社会生活体系，人类可以正常地进行社交娱乐、生产生活和交易等活动。支付体系的建立打通了现实世界和虚拟世界的桥梁，是元宇宙世界必不可少的元素。

易宝支付创始人、CEO　唐彬

元宇宙是平行于现实世界的一个虚拟世界，数字承载着人类的虚拟身份与资产，代表着人类的财富与信用，是未来数字社会发展的必然趋势。《元宇宙》系列图书展现的未来虚拟世界和技术发展路径给人以无穷的想象和启发，使我们对元宇宙世界的美好场景充满了憧憬。

宜信公司创始人、CEO　唐宁

今天我们探讨的以 VR、社交、游戏为基础的"元宇宙",仅仅是元宇宙的初级阶段。未来是将走向《头号玩家》式的人机交互虚拟世界,还是《黑客帝国》式的沉浸式虚拟世界?将以怎样的节奏走向元宇宙?可以预见的是未来将在"无人区"中不断探索。但万千虚拟世界的探索者中,一定会诞生元宇宙的"哥伦布",开创人类全新的历史篇章!比探索失败更危险的,是从未兴起探索的念头,并逐渐淹没于历史尘埃。希望打开这本书,如同打开元宇宙的大门,即使不能窥见全貌,也将比同辈更多一份把握未来的契机!

清华大学五道口金融学院"数字中国"

企业家项目高级主管　唐昕龙

本书别具一格的视角和探索,让我想起公司这些年在 VR 和元宇宙领域的追索和甘苦……解密元宇宙,首先要身在其中,乐在其中!相信此书会像兔子洞一样引领你寻觅通往元宇宙的入口,让你拥有前所未见的世界,邂逅更加精彩的自己!

恒信东方董事长　王冰

从数字经济到数字社会,人类创新的旅程一刻未停,新业态、新模式、新生态、新概念层出不穷。元数据、元地球、元宇宙,一脉相传。

国家电网有限公司副总信息师　王继业

数字产业化、产业数字化蓬勃发展,万物数字时代已然到来,元宇宙将是实现数字化领域创新链、产业链和资本链"三链"联动的汇聚点。随着 AR、VR、5G、云计算等技术成熟度提升,元宇宙逐步从概念走向现实。本套书系统地阐述了元宇宙的过去、现在和未来，值得研读。

中国行政体制改革研究会常务副秘书长　王露

元宇宙给予全世界一个新的思路，去表达、发扬真正的创意，带给用户全新的视效体验。这个过程也将伴随着大量的新机遇。

和君咨询集团董事长　王明夫

元宇宙是个新概念，我的理解是虚拟世界、是数字世界、是游戏世界，是 VR、AR 和 MR。真的"元宇宙"是什么？请看这第一套专著。

北大纵横创始人、中国生产力促进中心协会名誉理事长　王璞

纯数字形态产品的创造、交换、消费已经在当今时代的经济与社会生活中体现得越来越明显。元宇宙的提出就是为了揭示和描绘这一重要趋势。本书将带你系统了解和把握这个与你息息相关的新世界。

用友网络董事长兼 CEO　王文京

元宇宙的出现不是商业的偶然，而是技术发展的必然。从互联网开始就逐步打破了时空的界限，在信息上将世界连接在了一起。而元宇宙的开始，便是突破现实与虚拟的认知，从感官上将世界联结在了一起。这一轮的发展备受瞩目，也是社会经济进一步迭代的起点。《元宇宙大投资》这本书系统全方位地剖析了元宇宙经济的脉络，提供给投资界、产业界双向的价值参考。这本书最大特色是非常全面，由硬到软、由技术到市场、由理论到实例、由产品到产业链,用元宇宙的思维把读者带进元宇宙的世界。

创维集团 CTO,深圳创维-RGB 公司董事长,酷开 CEO　王志国

数字化转型的第一步是建立数字分身。《头号玩家》所想象的世界,是具象的数字分身所组成的虚拟空间,也是本书"元宇宙"概念的形象呈现。可以从三个层面前瞻充满想象力的元宇宙:在技术层面,它可能是将一系列的新科技和黑科技,比如 5G、区块链、沉浸式 VR/AR、数字加密货币等,有机组织的场域;在社群与经济的层面,它促生年轻世代的虚拟社群,将体验经济和注意力经济推向极致;前瞻人与人工智能博弈,它又似乎能扮演衔接基因进化文明与数字知识文明的连接器。本书虽有一种杂糅玄学的味道,但作为对"人+机器"的未来的一种思考,的确脑洞大开。

《经济学人·商论》执行总编辑　吴晨

我们一部分人花在虚拟世界的时间已经多过花在现实世界的时间。未来,我们绝大部分人花在虚拟世界的时间很可能会多过花在现实世界的时间!这种革命性的变化,即元宇宙新时代。强烈推荐中国首套系统描述"未来元宇宙世界"的系列丛书,让我们一起预测未来并创造未来。

沐盟科技集团董事长、中国通信学会创新驱动工作委员会副主任委员　吴家富

元宇宙需要经历不同的发展阶段:起始阶段、探索阶段、基础设施大发展阶段、内容爆发阶段和虚实共生阶段。今天的我们必须思考并尝试拥抱元宇宙，因为人类社会在现实世界的生存成本越来越高，发展所需的资源越来越少，而在元宇宙这个虚拟世界里，可以很好的解决这些问题，最终通过虚实共生使得人类社会发展到更高级的阶段。

科斯伍德董事长　吴贤良

随着区块链、人工智能、大数据、云计算、VR、5G等技术的发展，我们正身处一个充满变化和挑战的时代，不断提高科技创新能力关乎个人发展和民族复兴。"元宇宙"的提出，为我们创造了无数崭新的可能性，揭示了未来社会的生态图景。在这个大背景下，《元宇宙》《元宇宙通证》《元宇宙大投资》惊艳诞生。我们相信，元宇宙将带来一场巨大变革，对全球经济秩序产生巨大影响，年轻人任重而道远，正所谓"长江后浪推前浪""江山代有才人出"！

民建中央副主席、全国政协农委副主任　吴晓青

在这个平行的数字世界中，一般经济规律可能会失效，需要重新去审视经济基础、生产关系、社会关系、文化生态。在元宇宙的世界中，唯一的限制是自己的想象力。

天地在线董事长　信意安

在围绕元宇宙热点一众碎片化的网络狂欢之中，系列图书的出现难能可贵。这本以投资为主题的最新书籍中，不仅有对元宇宙进化前景的瑰丽想象，更有对植根于工业革命和互联网革命的发展规律的梳理，以及对产业投资前景所做的合理映射，让人有抽丝剥茧、豁然开朗之感。

东方明珠总裁　徐辉

"元宇宙"概念是人类未来生活方式的雏形，具有极高的发展潜力和投资价值。在不久的将来，我们每个人都会主动或者被动地成为元宇宙的建设者和参与者。熟读此书，让我们能更好地关注当下，洞悉未来。

姚记科技董事长　姚朔斌

元宇宙将是我们在未来的主要社交、娱乐、工作、协同的"载体"或"基地"。元宇宙是"新物种"，更将是新物种的"母体"，有望在五年内改变人类的生活方式。在区块链和NFT等技术与应用的助推下，未来我们都将在元宇宙这个全新的数字世界中，创造大量新型数字资产，进而重塑财富格局。从现在开始，每个人都应该关注和理解元宇宙，读一读《元宇宙》系列书，这对我们的未来将会至关重要。

中国通信工业协会区块链专委会轮值主席　于佳宁

元宇宙代表着互联网和数字科技发展的下一阶段，为人类的想象力和创造力提供一个崭新的舞台；将有限游戏、零和游戏变为无限游戏、非零和游戏；突破现有成熟市场的内卷、延展新的价值空间、带来新的商业模式，必将成为新经济和财富创造的引擎。

易宝支付联合创始人、总裁　余晨

21世纪人类社会正在发生巨大的数字革命，物理世界在技术的趋动和引领下，构建出虚实结合的繁荣景象，也催生巨大的数字经济潜能，本书可以帮助您全面了解数字产业的专业综合书籍，值得深入阅读。

天舟文化董事长　袁雄贵

元宇宙指明了互联网行业乃至人类社会数字化发展的方向，也揭示了参与者的历史使命。全新的时代正在来临，催人奋进的号角已经吹响，召唤我们投身这风起云涌的浪潮。

汤姆猫总经理　张维璋

在元宇宙时代，事业的版图取决于我们能在多大范围把不同的要素整合在一起，元宇宙提供了无尽的时空，真是"海阔凭鱼跃，天高任鸟飞"。

全国政协委员、永同昌集团董事局主席　张宗真

科技的方向是星辰大海，但确实需要将"科技向善"给予前置。本书以作者十年的研究经验为基底，系统地刻画了元宇宙投资应该具备的核心视角，我虽然以年龄较大的小学生的心态读完此书，但不论收获多寡，都能快速建立起完备的思路，去审视元宇宙的相关投资标的。

浙江富润董事长　赵林中

元宇宙极有可能成为人与自然、虚拟与现实、意识与物质高度融合统一的新形态，而投资元宇宙也必将成为全球资本市场的永恒主题。

宣亚国际董事长　张秀兵

元宇宙把虚拟世界和现实世界进行了有机的连接，未来潜力巨大。了解元宇宙，抓住数字经济投资大浪潮的新机遇。

凯撒文化董事长　郑合明

数字城市的本质是构建城市的数字孪生，其核心是通过数据的生产、采集、运营和赋能，打通数字空间和物理世界，形成数字孪生闭环。而数字城市的升级会不会将是城市化元宇宙？人们创造、生活、娱乐乃至工作的时间将越来越多地花在元宇宙中，相信这将带来一次全球范围内经济形态、文化范式等全方位的变革浪潮。正逢建党百年伟大的"觉醒时代"，"恰同学少年，风华正茂，书生意气，挥斥方遒"，相信你们正是"路漫漫其修远兮，吾将上下而求索"的一群浪漫的理想主义者！

360 创始人、董事长兼 CEO　周鸿祎

当前，数字技术已经广泛应用于社会生产、生活等场景，正在全方位、全角度、全链条为所有领域赋能、为所有个体赋智、为所有主体赋速。元宇宙剑指互联网的"终极形态"，是数字化未来的一个更具象化的综合体，是数字经济创新和产业链拓展的新疆域，随着 AR、VR、5G、云计算等技术的成熟度提升和沉浸感、参与度、永续性的实现，元宇宙有望逐步从概念走向现实，在数字化的世界中去重构现实中的社交、生活乃至经济与社会系统。

中国信息协会副会长　朱玉

　　随着科技进步，社会将步入数字化和智能化时代。元宇宙来势汹汹，本书是给读者了解元宇宙的科普全书，也是投资者深入围绕"元宇宙"概念展开投资的"工具书"。

中装建设总裁　庄展诺

易欢欢 互联网传奇分析师

元宇宙第一课

在"元宇宙第一课"中,您将获得

- 十堂元宇宙超级课程,全面深入,简单易懂了解元宇宙
- 定期与全球元宇宙大咖面对面直播
- 未来十年元宇宙全球大会优先参与权
- 未来十年元宇宙全球产业报告
- 接触更多最牛企业,持续产品分享

扫码购买
元宇宙第一课

十堂课课程目录

第一节:元宇宙兴起,2021年元宇宙元年
第二节:元宇宙:终极互联网
第三节:元宇宙与M世代的六大特点
第四节:元宇宙全球巨头在行动
第五节:元宇宙经济学,与传统经济的区别
第六节:元宇宙六大技术全景图,BIGANT详细解
第七节:元宇宙与游戏的未来
第八节:元宇宙怎么创?怎么干?怎么培养?
第九节:元宇宙中十百千万的投资机会解读
第十节:元宇宙的风险与安全边界